国家社科基金
后期资助项目

近代英国贵族地产开发研究

A Study of Estate Development of
Modern British Aristocrats

何洪涛 著

中国社会科学出版社

图书在版编目（CIP）数据

近代英国贵族地产开发研究 / 何洪涛著 . —北京：中国社会科学出版社，2018.9
ISBN 978 - 7 - 5203 - 2259 - 1

Ⅰ.①近… Ⅱ.①何… Ⅲ.①贵族—房地产开发—英国—近代 Ⅳ.①F299.561.9

中国版本图书馆 CIP 数据核字（2018）第 059474 号

出 版 人	赵剑英
责任编辑	宋燕鹏
责任校对	闫 萃
责任印制	王 超

出　　版	中国社会科学出版社
社　　址	北京鼓楼西大街甲 158 号
邮　　编	100720
网　　址	http://www.csspw.cn
发 行 部	010 - 84083685
门 市 部	010 - 84029450
经　　销	新华书店及其他书店
印　　刷	北京君升印刷有限公司
装　　订	廊坊市广阳区广增装订厂
版　　次	2018 年 9 月第 1 版
印　　次	2018 年 9 月第 1 次印刷
开　　本	710×1000　1/16
印　　张	14.75
插　　页	2
字　　数	260 千字
定　　价	78.00 元

凡购买中国社会科学出版社图书，如有质量问题请与本社营销中心联系调换
电话：010 - 84083683
版权所有　侵权必究

国家社科基金后期资助项目
出版说明

　　后期资助项目是国家社科基金设立的一类重要项目，旨在鼓励广大社科研究者潜心治学，支持基础研究多出优秀成果。它是经过严格评审，从接近完成的科研成果中遴选立项的。为扩大后期资助项目的影响，更好地推动学术发展，促进成果转化，全国哲学社会科学工作办公室按照"统一设计、统一标识、统一版式、形成系列"的总体要求，组织出版国家社科基金后期资助项目成果。

全国哲学社会科学工作办公室

目　　录

第一章　绪论 …………………………………………………… (1)
　第一节　研究目的与意义 ………………………………… (1)
　第二节　学术研究史的回顾与展望 ……………………… (4)
　　一　国外研究现状 ………………………………………… (4)
　　二　学术研究的发展趋势 ………………………………… (12)
　　三　研究思路 ……………………………………………… (13)
　第三节　相关概念的界定 ………………………………… (14)
　　一　何谓贵族 ……………………………………………… (14)
　　二　土地、地产 …………………………………………… (17)

第二章　英国贵族地产概述 …………………………………… (19)
　第一节　英国贵族大地产制的形成 ……………………… (20)
　　一　英国土地的分配与贵族大地产制的形成 …………… (20)
　　二　地产与贵族家族的地位 ……………………………… (26)
　第二节　贵族管理地产的方式：地产代理制度 ………… (27)
　第三节　土地继承制度对土地开发的影响 ……………… (31)
　　一　长子继承制 …………………………………………… (31)
　　二　家族严格授产制 ……………………………………… (33)

第三章　英国贵族对农业地产的经营 ………………………… (36)
　第一节　关于农业革命及其发动者的讨论 ……………… (36)
　　一　关于农业革命的争议 ………………………………… (36)
　　二　对农业革命发动者的不同意见 ……………………… (40)
　第二节　贵族对农业的改良与投资总况 ………………… (48)
　第三节　贵族开发农业地产的代表 ……………………… (55)
　　一　莱斯特伯爵 …………………………………………… (55)

二　斯潘塞伯爵 …………………………………………… (59)
　　三　贝德福德公爵 ………………………………………… (64)
　第四节　英国启蒙思想家对贵族开发农业地产的影响 ……… (69)
　　一　亚当·斯密与巴克卢公爵 …………………………… (70)
　　二　贵族的科技导师：自然史专家约翰·沃克 ………… (76)

第四章　工业化进程中的贵族地产开发 …………………………… (83)
　第一节　贵族对矿产的开发 …………………………………… (86)
　　一　贵族对煤矿的投资 …………………………………… (87)
　　二　贵族对铁矿的开发 …………………………………… (92)
　第二节　贵族经营地产的典型：莱韦森—高尔家族 ………… (95)
　　一　莱韦森—高尔家族的地产简介 ……………………… (95)
　　二　高尔伯爵的工矿业投资 ……………………………… (97)
　　三　斯塔福德侯爵的矿产管理 …………………………… (99)
　第三节　贵族对英国工业发展的贡献 ………………………… (102)

第五章　贵族对城市地产的开发 ………………………………… (109)
　第一节　贵族对伦敦地产的开发 ……………………………… (109)
　　一　在与王室的博弈中影响伦敦的规划 ………………… (112)
　　二　广场：贵族开发伦敦地产的杰作 …………………… (117)
　　三　建筑租赁制度的建立 ………………………………… (125)
　　四　伦敦西区的开发 ……………………………………… (129)
　第二节　贵族建设与管理郡城 ………………………………… (133)
　　一　贵族对郡城郊区的开发与公园的修建 ……………… (135)
　　二　贵族对郡城开发程度的影响 ………………………… (139)
　　三　贵族开发郡城的方案及其对郡城的管理 …………… (142)
　第三节　贵族与矿泉海滨城市的兴起 ………………………… (145)
　　一　矿泉城市和海滨城市的兴起 ………………………… (146)
　　二　开发海滨城市的背景和特征 ………………………… (151)
　第四节　贵族城市地产开发的经济收益 ……………………… (155)

第六章　交通革命与贵族地产开发 ……………………………… (158)
　第一节　贵族对公路建设的投资 ……………………………… (158)
　　一　贵族支持修建公路的原因 …………………………… (160)

二　因贵族反对而流产的修路计划 …………………………（162）
　第二节　贵族掀起的"运河热" ……………………………………（163）
　第三节　贵族与铁路修建 …………………………………………（166）
　　一　贵族对修建铁路的态度 ………………………………（166）
　　二　贵族在铁路投资中取得的利润 ………………………（168）
　　三　19世纪的英国铁路建设 ………………………………（171）
　第四节　贵族在交通革命中的历史地位 …………………………（174）

第七章　结语与余论 ……………………………………………………（177）

附录　世界近代史教材的参考文献刍议
　　　——以"新贵族"概念为个案 …………………………………（190）
　　一　国内世界近代史教材的参考文献状况 ……………………（190）
　　二　各种教材中的"新贵族"概念 ………………………………（192）
　　三　关于"新贵族"概念的评论 …………………………………（195）

参考文献 …………………………………………………………………（199）

中英文人名地名对照表 …………………………………………………（215）

后记 ………………………………………………………………………（224）

Contents

Chapter I Introduction ·· (1)
  I Research Purposes and Meanings ························· (1)
  II Review and Prospect of the Research ····················· (4)
    I) International Research Review ························· (4)
    II) Tendency of the Academic Research ················· (12)
    III) Research Approaches ·································· (13)
  III Related Conceptions ··· (14)
    I) What is Aristocracy ····································· (14)
    II) Land and Estate ·· (17)

Chapter II A Survey of Aristocratic Estate in England ············ (19)
  I The formation of the Great Estates of the British Aristocracy ······ (20)
    I) Land Distribution in Britain and the Formation of the
        Great Estates ·· (20)
    II) Estate and Status of Aristocratic Families ·············· (26)
  II Approaches of Aristocratic Estate Management:
    Land Agency ··· (27)
  III Impacts of Land Inheritance System on Land Development ······ (31)
    I) Primogeniture ·· (31)
    II) Strict Family Settlement ································· (33)

Chapter III Aristocratic Management of Agricultural Estates ······ (36)
  I Debate of the Agricultural Revolution and Its Starters ··············· (36)
    I) Controversy of the Agricultural Revolution ············ (36)
    II) Different Views of Its Starters ························· (40)
  II General Situation of Aristocratic Improvement and
    Investment in Agriculture ···································· (48)

III Case Studies of Aristocratic Development of Agricultural Estates ······ (55)
  I) Earl of Leicester ······ (55)
  II) Earl of Spencer ······ (59)
  III) Duke of Bedford ······ (64)
IV Influences of British Enlightened Thinkers on the Development of Aristocratic Agricultural Estates ······ (69)
  I) Adam Smith and Duke of Buccleuch ······ (70)
  II) Aristocrats' Scientific Tutor: Natural Historian John Walker ······ (76)

Chapter IV Estates Development of Aristocracy During Industrialization ······ (83)
I Aristocrats and Mineral Resources ······ (86)
  I) Aristocratic Investment in Coal Mine ······ (87)
  II) Aristocratic Development of Iron Mine ······ (92)
II The Typical Aristocratic Management of Industrial Estates: The Leveson-Gowers ······ (95)
  I) Estate Profile of the Leveson-Gowers ······ (95)
  II) The Earl of Gower in Industrial and Mineral Investment ······ (97)
  III) Mineral Management of the Marquis of Staffordshire ······ (99)
III Contribution of British Aristocracy in Industry ······ (102)

Chapter V Aristocracy in Urban Estates Development ······ (109)
I Aristocrats and London Estates Development ······ (109)
  I) Aristocratic Influence of London City Planning: A Game with the Court ······ (112)
  II) Masterpieces of Aristocracy in London Estates Development: Squares ······ (117)
  III) The Establishment of the Building Lease System ······ (125)
  IV) Development of the West End in London ······ (129)
II Aristocrats in Provincial Estates Development ······ (133)
  I) Aristocrats in Provincial Outskirts and Construction of Parks ······ (135)
  II) Influences of Aristocrats in Provincial Development ······ (139)

Ⅲ）　Plan of Aristocrats' Development and Management ········ (142)
　Ⅲ　Aristocrats and the Rise of Mineral and Coastal Towns ········· (145)
　　Ⅰ）　Rise of the Mineral and Coastal Towns ····················· (146)
　　Ⅱ）　Background and Characteristics of Developing
　　　　　Coastal Towns ·· (151)
　Ⅳ　Economic Returns of Aristocracy in Urban Estates
　　　Development ·· (155)

Chapter VI　Communications Revolution and Aristocratic
　　　　　　　Estates Development ·· (158)
　Ⅰ　Aristocratic Investment in Roads Construction ···················· (158)
　　Ⅰ）　Reasons for Aristocratic Supports ···························· (160)
　　Ⅱ）　Failure of Roads Schemes due to Aristocratic
　　　　　Opposition ·· (162)
　Ⅱ　"Canal Rush" Launched by Aristocrats ··························· (163)
　Ⅲ　Aristocrats and the Railway Building ····························· (166)
　　Ⅰ）　Aristocrats' Attitudes toward the Railway Building ········· (166)
　　Ⅱ）　Aristocrats' Profits in the Railway Building ················· (168)
　　Ⅲ）　British Railway Construction in the Nineteenth
　　　　　Century ·· (171)
　Ⅳ　The Historical Status of Aristocracy in Communications
　　　Revolution ··· (174)

Chapter VII　Conclusions and Remaining Remarks ················ (177)

Appendices ·· (190)

Bibliography ·· (199)

Table of names in Chinese and English ································ (215)

Postscript ·· (224)

第一章 绪论

土地作为人类"一切生产和一切存在的源泉"[①],一直是19世纪以前英国社会最重要的财富形式。而英国土地的很大一部分,或者说全国可耕地中最大、最好的部分常常掌握在贵族手中。起源于盎格鲁—撒克逊时代的英国贵族至今已有千余年的历史,其间大致经历了军事贵族、封建贵族、资产阶级贵族、工党贵族四个发展阶段。[②] 作为统治阶级,英国贵族占有大量土地,他们对土地的开发史与贵族本身的历史一样长久,他们在经营开发土地的过程中不自觉地推动了英国乡村现代化、工业化与城市化的进程。

第一节 研究目的与意义

17—19世纪是英国从传统农业社会向近代工业社会转型的时期,在这一时期,英国社会出现了现代意义上的经济增长和传统的社会结构变革。从经济的角度而言,近代英国发生的最大社会变化就是完成了工业化和城市化,但是这个过程非常漫长。英国在18世纪仍然是农业社会,从18世纪下半期开始至19世纪上半期工业革命才真正完成,英国最终由传统封建农业社会转型为现代资本主义社会。显然,18世纪下半期至19世纪上半期是英国社会发生变革中的关键时期。而社会变革的涉及面必然是广泛的,经济、政治、文化乃至人们的思想观念都在转变,社会变革是一个包容人类社会各个方面发生结构性转变的长时间的发展过程。英国社会的变革与转型,引起了土地经营模式的变化,即从传统的土地经营方式向

---

① 中共中央马克思恩格斯列宁斯大林著作编译局:《马克思恩格斯选集》第2卷,人民出版社1972年版,第102页。
② 关于英国贵族的演变历程,参见阎照祥《英国贵族史》,人民出版社2000年版。

近代的土地经营方式的转变。在农村，圈地运动历经几个世纪，促使英国农业从传统农业向现代农业转型，推进了乡村工业向近代工业的发展。同时，英国的交通网络也因土地的开发得到了前所未有的发展。在城市，随着城市土地不断被开发，城市不断从中心区域向边沿扩张，土地开发推动了英国城市郊区化的进程。

　　社会的变革也常常引起不同群体身份地位的变化，英国贵族从封建贵族身份转向资产阶级化贵族地主的过程中，曾被贴上过股东、矿主、厂主、商人、资本家、企业家、工业家等形形色色的身份标签。英国贵族身份的嬗变实质上反映了他们在社会转型过程中曾发挥过的重要作用。近代英国的农村现代化、工业化和城市化成为世界各国仿效的榜样。而英国贵族在农业、工商业、交通发展和城市建设方面的积极贡献过去常常被低估，人们往往容易把这一切归功于资产阶级的功劳。殊不知，英国的资产阶级范围广泛，贵族与资产阶级常常相互渗透。英国贵族通过经营非农产业成为矿主、企业家、股东，而完成了资本积累的工商业资本家又热衷于购买地产，有的甚至摇身变成了贵族。

　　那么贵族在英国现代化进程中的作用是如何体现出来的呢？众所周知，英国是世界上第一个实现工业化与城市化的国家，近代英国贵族长期占有国家最具有开发价值的大地产，形成了典型的大地产制，而贵族地产的开发与利用是英国实现工业化与城市化的关键之一。近代英国贵族的地产问题是英国贵族史、农业史、工业革命史研究中的一个重要问题，历来受到国内外史学界的重视，劳伦斯·斯通、约翰·坎农、阎照祥等国内外学者对此问题均有研究，不过，目前学术界仍然缺乏对贵族地产开发进行专门性、系统探讨的专著。因此，本书拟对17世纪至19世纪英国贵族地产的开发在农业革命、工业革命、交通革命、城市化进程中起到的重要作用进行系统论述，力图客观地总结和梳理相关的各种历史事实。具体来说本书试图在如下几个方面有所突破。

　　第一，以土地为视角，探求贵族地产与农业革命、工业革命的内在联系，以此深化英国贵族史的研究，加深农业革命对工业革命的孕育作用、工业革命起因、城市开发模式的认识。尤其是本书将结合大量贵族对各类地产开发的史实，论述贵族对英国资本主义发展的积极作用，在某种程度上弥补以往研究偏重资产阶级对工业革命的影响而忽视贵族作用的不足。

　　第二，本书关于城市土地开发研究拟从建设者的角度切入，不同于国内史学界对英国城市化的研究多侧重于城市的起源、特点、功能、类型等问题的现状,将把这一研究扩展到城市建设的规划、土地开发模式、城市管理等方面,这势必使得研究成果有助于深化英国城市史的专项研究,从而在一定程度上填补学术空白。

第三,从思想文化的层面来看,苏格兰启蒙运动对贵族开发地产具有促进作用。苏格兰启蒙思想家与贵族的联系,以往的研究大多侧重于思想文化领域,从贵族农业地产开发的角度来探寻二者关系的研究并不多见,目前仅有爱丁堡大学布莱恩·邦尼曼的著作涉及此问题,但并未进行深入探讨。改良是苏格兰启蒙运动的重要主题,启蒙思想对英国社会出现的贵族农业改良思想产生了重要的影响。国内学术界因资料的缺乏也尚未有相关研究成果面世。本书拟选取亚当·斯密与约翰·沃克两位启蒙思想家作为个案,探讨他们对贵族开发地产的影响与作用,以此来研究启蒙运动与农业革命的关系。

第四,英国的公路、运河、铁路均依靠私人出资建立,贵族为了农业和矿业利益常常支持运河和铁路修建计划,从而引发了"交通革命",才建立起联通全国的交通运输网。之后欧美各国争相学习英国的经验,并由此引发了这些国家的工业革命。无疑,本书拟对英国贵族地产在交通领域的开发进行较为全面的研究,不仅能更好地评价贵族地产开发在英国工业化、城市化过程中发挥的作用,也可以更客观地总结其成功经验和失败教训。

第五,贵族在经济变革的年代,以矿主、商人、股东、工业家等不同的身份进行了一系列的"非农"活动,透过对其身份嬗变的研究,可以更深入、更准确地透视英国从封建主义向资本主义过渡、农业社会向工业社会转型的历史轨迹和发展进程。本书拟用"身份认同"这一社会学术语来解析英国经济转型时期贵族在工业化进程中的地位和作用,可以为英国工业革命的研究提供一种新的观察视角。

此外,从经济史的研究角度而言,对土地的管理、利用、开发的研究,从世界范围来看都具有普遍的现实意义。他山之石可以攻玉,解析英国贵族在农业现代化、工业化、城镇化中对土地的利用与开发的经验与教训,在一定层面上为国内"三化"的协调发展提供一些历史参考。同时,相对于政治史、文化史、社会史而言,国内学术界对英国经济史的研究还较为薄弱,本书可以为我国编写具有时代特征的世界近代经济史教科书提供一定的理论支持与个案史实。

第二节 学术研究史的回顾与展望

一 国外研究现状

近代英国贵族地产的文字记载资料历史悠久，诸如档案、契约、簿记等比较丰富，保存较为完整。英国贵族地产的开发是一个漫长而复杂的过程，涉及社会经济的诸多层面，研究内容十分丰富，个案研究硕果累累，学者们在地产的基础上研究了如下问题：贵族在农业、工业、交通业、城市化等领域中的作用与贡献，因此，国外学者的研究成果大致可分为四种：贵族地产的经营与管理的关系贵族地产与农业生产改进的关系、贵族地产与工业革命的关系、贵族地产与城市化的关系。

第一，对贵族地产管理的研究。地产开发涉及的方面甚广，地产的经营与管理也属于地产开发的范畴之内，虽然国外学者没有撰写英国贵族地产开发的专著，但是他们撰写了不少有关地产管理的著作。沃迪博士的《18世纪英格兰的地产管理：莱韦森—高尔家族的财富》是18世纪贵族地产管理的经典个案之作，该书叙述的莱韦森—高尔家族地产位于工业化的摇篮地带，沃迪博士通过这个个案向读者展示了贵族在农业、工业、政治中的作用。[1] 戴维·斯普林教授是研究维多利亚时代地主阶级的权威，他的《19世纪英国地产管理研究》一书是19世纪英国地产管理研究的代表作，书中主要讨论了地主、律师、土地代理、国家在地产管理中的作用，在斯普林教授看来，英国贵族在19世纪强化了对地产的管理，他们采取了一种更商业化，更科学的态度来经营地产，遗憾的是，贵族在书中所占篇幅较少。[2] 这两部代表作中论述的"地产管理"的范围都比较宽泛，两位作者均站在国家社会经济发展的高度来考察英国地主的地产管理，然而这两部著作过分强调管理，将地产开发也视为管理之列，一定程度上混淆了地产"管理"与"开发"的区别。

此外，部分涉及贵族地产管理的著作还有贝克特博士的《1660年至1914年的英国贵族》[3]、多卷本《英格兰和威尔士的农业史》（第四卷、

---

[1] J. R. Wordie, *Estate Management in Eighteenth-century England: The Building of the Leveson-Gower Fortune*, London: Royal Historical Society, 1982.

[2] David Spring, *The English Landed Estate in the Nineteenth Century: Its Administration*, Baltimore: Johns Hopkins Press, 1963.

[3] J. V. Beckett, *The Aristocracy in England, 1660–1914*, Oxford: Blackwell, 1986.

第五卷、第六卷)①、马丁思的《大地产：19世纪霍卡姆地产和居民》②、约翰·哈巴卡克的《婚姻、债务、地产制度：1650—1950年的英国土地所有制》③、戴维·奥尔德罗伊德的《工业革命前地产、企业与投资：英国东北部地产管理和会计制度，1700—1780年》④等等。对于上述作品，国外学者的共识为贵族地产一般是大地产，地产管理对于贵族个人及其家族意义重大，因而贵族采用管家与土地代理的方式来管理。美中不足的是，上述多数著作虽然详细论述了特定历史时期英国大地主地产管理的发展脉络，但没有将地产经营模式的变革与社会制度的变迁联系起来考察。

第二，关于贵族地产与英国农业生产改进的关系。考察国外学者对英国贵族地产的研究涉及对英国农业史研究的回顾，国外学术界对英国农业已经进行了深入而细致的研究，学者们主要围绕着两个问题展开讨论。

一是关于农业资本主义的讨论。人们常常认为，英国贵族的大地产通常是采用资本主义雇佣经营的大农场，贵族将土地租给农场主，由农场主再雇佣农业工人进行农事活动，这种模式常被视为农业资本主义的明显体现。R. H. 托尼、罗伯特·艾伦、简·惠特尔、莫里斯·多布、波斯坦、罗伯特·布伦纳和马克思等众多学者对农业资本主义均有描述。R. H. 托尼认为16世纪是资本主义兴起的时代，他撰写的《16世纪农业问题》是农业资本主义在英国农村发展的一部重要著作，该书讨论了农村土地的占有与分配状况、农耕技术、租佃制度、雇佣劳动等内容，托尼研究16世纪大量地产档案时注意到，国王解散教会地产，新兴的地主阶层大量排挤佃农，农业资本主义得到很大发展。⑤

托尼从土地问题来分析资本主义初步产生的观点遭到后人的质疑。罗

---

① Joan Thirsk ed., *The Agrarian History of England and Wales*, Vol. IV, 1500 – 1640, Cambridge: Cambridge University Press, 1967; Joan Thirsk ed., *The Agrarian History of England and Wales*, Vol. V, 1640 – 1750, Cambridge: Cambridge University Press, 1985; G. E. Mingay, ed., *The Agrarian History of England and Wales*, Vol. VI, 1750 – 1850, Cambridge: Cambridge University Press, 1989.
② S. W. Martins, *A Great Estate at Work: Holkham Estate and Its Inhabitants in the Nineteenth Century*, Cambridge: Cambridge University Press, 1980.
③ H. J. Habakkuk, *Marriage, Debt, and the Estates System: English Landowership, 1650 – 1950*, London: Oxford University Press, 1994.
④ Oldroyd, David, *Estates, Enterprise and Investment at the Dawn of the Industrial Revolution: Estate Management and Accounting in the North-East of England, c. 1700 – 1780*, Aldershot: Ashgate, 2007.
⑤ R. H. Tawney, *The Agrarian Problem in the Sixteenth Century*, New York: Harper & Row Publishers, 1967, p. 1, pp. 57 – 72.

伯特·艾伦认为 16 世纪资本主义发展并不充分，因为贵族和乡绅在 17 世纪末就占有英格兰大约 2/3 的土地，他们把其中的 1/3 出租给资本主义雇佣经营的大农场主，剩余的 2/3 出租给佃农，其中的土地大多不是采用资本主义经营方式。因此，到 17 世纪末，佃农经营了几乎 2/3 的土地，而采取资本主义雇佣经营大农场的事情主要发生在 18 世纪。① 简·惠特尔在《农业资本主义的发展：1440—1580 年诺福克的土地和劳动》一书中以诺福克地区的农业为研究个案，他也指出 16 世纪英国农村资本主义确实有一定的发展，但是从整体来看，英国农村阶级差别比这个时期之前要小一些②。

马克思把英国当作资本主义经济发展的典型国家，曾经这样描述英国农业资本主义的形成和发展："懒惰的农场主被实业家，农业资本家所取代，土地耕种者变为纯粹的雇佣工人，农业大规模经营，即以积聚的资本经营。"③ 马克思把"农业资本主义"定义为："我们假定，农业和制造业完全一样受资本主义生产方式的统治，也就是说，农业是由资本家经营；……如果说资本主义生产方式总的来说是以劳动者被剥夺劳动条件为前提，那么，在农业中，它是以农业劳动者被剥夺土地并从属于一个为利润而经营农业的资本家为前提。"④

马克思对"农业资本主义"的定义是他根据英国资本主义生产方式在农村的发展而总结出来的，这种观点一直影响到当代。1976 年 2 月，美国历史学家罗伯特·布伦纳在《过去和现在》杂志上发表题为《前工业欧洲农村的经济结构与经济发展》文章，引起西方史学界围绕从封建主义向资本主义过渡问题展开了国际性的学术讨论，史称"布伦纳辩论"（Brenner Debate）。布伦纳在这场辩论中强调农业生产关系对于资本主义财产关系的形成以及随之而来的生产力的提高意义重大，布伦纳批评了莫里斯·多布的"贸易根源说"和英国经济学家波斯坦以及法国历史学家勒华拉杜里的"人口根源说"。他用比较的方法研究了英国和法国农村的阶级

---

① R. C. Allen, *Enclosure and the Yeoman: the Agricultural Development of the South Midlands, 1450 – 1850*, Oxford: Clarendon Press, 1992, pp. 81 – 85.
② Jane Whittle, *The Development of Agrarian Capitalism: Land and Labour in Norfolk, 1440 – 1580*, Oxford: Clarendon Press, 2000, p. 313.
③ 中共中央马克思恩格斯列宁斯大林著作编译局译：《马克思恩格斯全集》第 26 卷，人民出版社 1972 年版，第 116 页。
④ [德] 卡尔·马克思：《资本论》第 3 卷，中共中央马克思恩格斯列宁斯大林著作编译局译，人民出版社 2004 年版，第 693—694 页。

结构，认为英法农村阶级结构的不同决定了农业生产力发展的不同结果。英国农业进步成功的原因在于特定的"阶级结构"。他说："在我看来，正是古典的地主——租地资本家——工资劳动者结构的出现，才使英国传统农业生产的转型成为可能，而这又是英国独特的全由经济发展成功之关键。"① 法国农村不具备英国那样的阶级结构，农业因而没有根本的转变。

历史事实也是如此，圈地运动后，英国农村形成一种三层式结构，即地主—租地农场主—农业工人。在这种结构中，地主把土地租给农场主，坐收地租；租地农场主雇用工人，获取利润；而农业工人在失去土地等生产资料外，只能靠出卖劳动力为生，英国地主在圈地的基础上进行了农业改良和投资，这是一种资本主义理念在农业中的体现，地主因采用资本主义生产方式演变为资产阶级化地主。学者 R. A. 布里耶尔用英国农场主和地主的账目来解释英国农业革命，他认为 18 世纪末英国拥有世界最发达的农业生产力，资产阶级化农场主出现于 1650—1750 年，资产阶级化地主大约在 1750 年出现，农场主和地主具有资本主义精神，实际上就可以当作资本家。② 学者 R. A. C. 帕克重点分析了资产阶级化地主的代表——诺福克郡的科克。③

二是农业革命的定义、发生的时间以及农业革命的主力军等问题。包括贵族在内的英国地主阶层对地产进行改良和投资，引起了农业发生变化，有人将这种变化视为"农业革命"，此种观点是否有夸大之嫌呢？这需要从近现代英国农业的整体发展状况来进行判断。国外对英国近现代农业发展问题的研究从研究方法上存在马克思主义史学观和资产阶级史学观两种观点。以马克思、W. E. 塔特④等人为代表马克思主义史学观注重宏观分析，马克思在《资本论》中从社会改革的角度深入分析英国农业和农业革命，并把土地所有权关系的变革作为农业革命的主要内容。⑤ 资产

---

① Robert Brenner, "Agrarian Class Structure and Economic Development in Pre-Industrial Europe", *Past and Present*, Vol. 70, No. 1, February 1976, p. 63.
② R. A. Bryer, "Accounting for the English Agricultural Revolution: A Research Agenda, Part one: Genesis of the Capitalist farmer", *Warwick Business School Working Paper*, 2000; R. A. Bryer, "Accounting for the English Agricultural Revolution: A Research Agenda, Part Two: Genesis of the Capitalist Landlord", *Warwick Business School Working Paper*, 2000, p. 1.
③ R. A. C. Parker, *Coke of Norfolk: A Financial Agricultural Study, 1707–1842*, Oxford: Clarendon Press, 1975.
④ W. E. Tate, *The English Village Community and the Enclosure Movement*, London: Gollancz, p. 79.
⑤ [德] 卡尔·马克思：《资本论》第 1 卷，中共中央马克思恩格斯列宁斯大林著作编译局译，人民出版社 2004 年版，第 820—853 页。

阶级史学观侧重微观研究，以瑟斯克、钱伯斯、明盖、克里奇、琼斯、艾伦和奥弗顿为代表。他们把英国农业革命看作农业生产技术和耕作方法的改进，这一派学者对农业革命的定义、发生的时间分歧较大，笔者将在正文里详细讨论，此处从略。

第三，对贵族地产与工业革命的研究。前工业社会的欧洲贵族经营工商业是一个普遍的现象，然而许多学者贬低了欧洲贵族的企业家作用，认为欧洲贵族"天生的狂妄和长期的负债"[①]。虽然欧洲社会上层鄙视商业，经商在法国还要面临被削夺爵位的危险，但是近代早期的欧洲存在大量贵族企业家的例子。这种情况在英国尤为突出，英国贵族资本家的产生也正是贵族经商的缘故。商业和工业关系密切，16—18世纪的英国是典型的重商主义国家，这期间国家重视商业的程度远远大于工业，到了18世纪下半期，英国对工业的重视程度超过商业，由此而发生举世闻名的工业革命。英国是世界上第一个工业化的国家，贵族地主开发地产与工业革命有何联系？现就国外史学界在这方面的研究作一简介。

关于贵族开发地产与工业革命关系的研究，通常有两种观点。一种观点认为贵族是传统意义上的土地出租者，不愿意冒风险经营工业企业，他们趋向于把矿场和厂房出租出去，坐享地租。哈罗德·珀金、M. L. 布什、M. J. 威纳、戴维·坎纳戴恩和弗朗索瓦·克鲁泽等学者均持这种看法。[②] 哈罗德·珀金认为贵族的作用不是工业企业家，相反，贵族提供土地和资金，为其他人开办企业创造前提条件。珀金虽然也承认贵族在农业、矿业、城市发展、交通方面的重要作用，但他还是不同意贵族是工业革命的开创者，他认为贵族的作用是赢利，贵族只是创造了工业革命发生的气氛和条件。[③] 虽然 M. L. 布什承认，由于贵族的政治权力、资本来源和地主身份，这个集团很自然应该在工业化中发挥作用。然而，从总体来

---

① [英] E. E. 里奇、[英] C. H. 威尔逊主编：《剑桥欧洲经济史：近代早期的欧洲经济组织》第5卷，高德步等译，经济科学出版社2002年版，第405页。

② Harold Perkin, *Origins of Modern English History*, 1780 – 1880, London: Ark Paperbacks, 1969; David Cannadine, "Aristocratic Indebtedness in the Nineteenth Century England: The Case Re-opened", *The Economic History Review*, Vol. 30, No. 4, November 1977; Francois Crouzet, *The First Industrialists: The Problem of Origins*, Cambridge: Cambridge University Press, 1985; M. L. Bush, *The English Aristocracy: A Comparative Synthesis*, Manchester: Manchester University Press, 1984; Martin J. Wiener, *English Culture and the Decline of the Industrial Spirit*, 1850 – 1950, Cambridge: Cambridge University Press, 2004.

③ Harold Perkin, *Origins of Modern English History*, 1780 – 1880, London: Ark Paperbacks, 1969, pp. 74 – 78.

看，布什的观点是："在大多数情况下，英国贵族对工业生产冷淡，强烈维护地租者的地位，以地租、矿区使用费和股息而不是直接靠利润和工资来取得收入。"① M. J. 威纳甚至认为，从长远来看，贵族对国民经济起抑制作用。贵族在 19 世纪后半期"以自己形象成功塑造工业资产阶级"，随着企业家进入统治阶级，新财富流入进来，他们理应夺取财富。结果，英国的工业化没有直接发展出资产阶级或工业精英。威纳指责贵族不仅未能起领导作用，而且为经济发展制造出一种不利的氛围，虽然它承认了商人的气质，但这个假设是根据他们购买土地的活动来判断。②

另一种观点是肯定贵族经营工商业。哈巴卡克在这方面做了开创性的工作，他认为贵族凭借政治和经济上的优势以牺牲小地产为代价大肆扩大地产，1953 年，哈巴卡克在《17、18 世纪英国地主的经济功能》③ 一文谈到 1600—1880 年贵族在农业改革和工业革新方面的积极贡献，在史学界引起轩然大波。四年以后，劳伦斯·斯通在《1540—1640 年贵族经商》一文中详细介绍了伊丽莎白都铎王朝时期贵族在工商业方面的贡献，④ 1965 年，他又在《贵族的危机：1558—1641 年》一书继续讨论贵族的经济作用。斯通声明他不是挑战哈巴卡克教授的任何结论，而是同意哈巴卡克关于 17、18 世纪英国贵族的经济作用十分重要的结论，斯通只想强调该问题在 1540—1640 年的重要性，以便证明英国贵族不是稍晚些时候才对经济发展产生最重大影响。⑤

对于贵族地主投资工业的相关研究，下面几部著作相对来说比较有代表性。拉布教授认为乡绅投资工业更积极，他统计 1575—1630 年里的 6300 多位投资企业的人群，乡绅人数远远超过贵族。⑥ 克鲁泽通过大致计

---

① M. L. Bush, *The English Aristocracy: A Comparative Synthesis*, Manchester: Manchester University Press, 1984, pp. 187 – 190.

② M. J. Wiener, *English Culture and the Decline of the Industrial Spirit, 1850 – 1950*, Cambridge: Cambridge University Press, 2004, pp. 173 – 174.

③ H. J. Habakkuk, "English Landownership, 1680 – 1740", *The Economic History Review*, Vol. 10, No. 1, February 1940, pp. 15 – 17.; H. J. Habakkuk, "Economic Functions of English Landowners during the Seventeenth and Eighteen Century", *Explorations in Entrepreneurial History*, Vol. 6, No. 2, December 1953.

④ Lawrence Stone, "The Nobility in Business, 1540 – 1640", *Explorations in Entrepreneurial History*, Vol. 10, No. 2, December 1957, pp. 54 – 55.

⑤ Lawrence Stone, *The Crisis of the Aristocracy 1558 – 1641*, London: Oxford University Press, 1967, pp. 136 – 173.

⑥ Theodore K. Rabb, *Enterprise and Empire: Merchant and Gentry Investment in the Expansion of England, 1575 – 1630*, London: Routledge Thoemmes Press, 1999, p. 26.

算出英国社会不同阶级、不同职业的团体对工业的领导作用和贡献程度，他也发现乡绅比贵族成为工业家的数目要多一些。① 贝克特在《1660—1914 年的英国贵族》一书的第六章中专门讨论贵族投资工业的问题，他认为英国贵族的工业活动是建立在地产基础上，主要从事的工业领域是采矿业，贵族对工业的贡献应看其质量而非数量。② 沃迪专门分析了 18 世纪英国大地主莱韦森—高尔家族在地产上投资工业的突出事例。③ 该家族投资领域广泛，包含道路、运河、铁路建设、农业改良、开矿，家族的几代继承人曾经担当过贵族地主、矿主、工厂老板和股东的角色，从他们身上可以更好地分析贵族身份转变的复杂性和多样性特点。明盖在《18 世纪英国土地社会》一书的第八章专门讨论 18 世纪贵族地主与工业开发的关系，他把贵族地主描述成"革新者""赞助者""投资者"。他尤其欣赏贵族地主对经济发展的态度比他们直接的亲身努力更重要这一点，认为他们肯定点燃了企业的革新之火，地主不仅仅是变革年代消极的旁观者。④ J. T. 沃德和 R. G. 威尔逊著有收录了 6 篇英国地主从事工业的专题论文集——《土地与工业：地产与工业革命》。⑤《土地与工业》一书资料来源于各郡的原始档案，翔实可靠，堪称研究英国工业化初期地主投资工业的代表作。沃德认为地主在工业中的作用差不多可以与其在农业中的地位相比，但是汤普森认为地主投资工业的作用被夸大。⑥

第四，对贵族地产与英国城市化的研究。近代英国的城市地产开发大部分由贵族通过地产租赁制度来实现。无论是 F. 谢泼德在其著述的多卷本《伦敦的调查》中的梅费菲尔和考文特花园，D. J. 奥尔森详细叙述的布卢姆斯伯里和设菲尔德，还是戴维·坎纳戴恩笔下的埃德巴斯顿和伊斯特本，这些作者都把大规模占有土地的贵族地主作为英国城市史的主题。

---

① Francois Crouzet, *The First Industrialists*: *The Problem of Origins*, Cambridge: Cambridge University Press, 1985, p. 73.
② J. V. Beckett, *The Aristocracy in England*, *1660 - 1914*, Oxford: Blackwell, 1986, p. 236.
③ J. R. Wordie, "Aristocrats and Entrepreneurs in the Shropshire Mining Industry, 1748 - 1803", in C. W. Chalklin and J. R. Wordie, ed., *Town and Countryside*: *The English Landowner in the National Economy*, *1660 - 1860*, London: Unwin Hyman, 1989, p. 191.
④ G. E. Mingay, *English Landed Society in the Eighteenth Century*, London: Routledge & Kegan Paul, 1963, p. 201.
⑤ J. T. Ward and R. G. Wilson, ed., *Land and Industry*: *the Lnded Estate and the Industrial Revolution*, David & Charles: Newton Abbot, 1971.
⑥ E. P. Thompson, *The Making of the English Working Class*, London: Harmondsworth, 1963, pp. 12 - 13.

事实上，近代英国贵族对城市的地产开发与城市规划到底起着什么样的作用，西方学界的研究由来已久，成果颇为丰富。约翰·萨默森、伊丽莎白·麦凯勒泽、戴维·坎纳戴恩、J.V.贝克特、F.M.L.汤普森、劳伦斯·斯通、唐纳德·J.奥尔森等西方学者把贵族描述为"土地投机者""贪婪的贵族地主""城市的无冕之王""专横的地产大鳄"，他们认为贵族在地产开发中扮演"发起人""赞助人""组织人""投资人"的角色。[①]

有关英国贵族城市地产开发的研究可分为两类：第一类是个案研究，即研究某个贵族的地产或者某个贵族家族的地产，其代表性著作是戴维·坎纳戴恩的《领主和地主：1774—1967年的英国贵族和城镇》一书。该书通过19世纪上半期贵族地产开发的两个个案——考尔索普家族开发的伯明翰埃德巴斯顿地产与德文希尔家族开发的苏塞克斯伊斯特本地产，以此来讨论贵族与城市开发的关系。此外，戴维·坎纳戴恩还发表了一些关于贵族地主和城市建设的专著和论文。[②] 上述成果的特色是从贵族地产与英国城市开发的关系入手，以贵族家族地产的个案研究见长，其研究大多观察细致，注重细节和局部的分析。

国外学术界专门研究贵族城市地产开发的成果并不多见，一些研究地主开发城市地产和伦敦城市建设的成果中更容易涉及贵族城市地产，即第二类为城市专题研究，如英国著名建筑史学家约翰·萨默森研究伦敦城市建设的著作《乔治时代的伦敦》、西蒙·詹金斯的《伦敦的地主：首都的

[①] John Summerson, *Georgian London*, New Haven: Yale University Press, 2003; David Cannadine, *Lords and Landlords*: *The Aristocracy and Towns*, *1774 - 1967*, Leicester: Leicester University Press, 1980; F. H. W. Sheppard, ed., *The Survey of London*, XXXIX, *The Grosvenor Estate in Mayfair*, *Part I*: *General History*, London: Athlone Press, 1977; Donald J. Olsen, *Town Planning in London*: *The Eighteenth And Nineteenth Centuries*, New Haven: Yale University Press, 1964; Elizabeth McKellar, *The Birth of Modern London*: *The Development and Design of the City 1660 - 1720*, Manchester: Manchester University Press, 1999.

[②] David Cannadine, *Lords and Landlords*: *The Aristocracy and Towns*, *1774 - 1967*, Leicester: Leicester University Press, 1980; David Cannadine, *The Decline and Fall of the British Aristocracy*, New Haven: Yale University Press, 1990; David Cannadine, *Aspects of Aristocracy*: *Grandeur and Decline in Modern Britain*, New Haven: Yale University Press, 1994; David Cannadine, "Urban Development in England and America in the Nineteenth: Some Comparisons and Contrasts", *The Economic History Review*, Vol. 33, No. 3, August 1980; David Cannadine, "The Calthorpe Family and Birmingham 1810 - 1910: A Conservative Interest Examined", *The Historical Journal*, Vol. 18, No. 4, December 1975.

故事及成长》、C. W. 乔克林的《乔治时代的英国郡城》,① 等等。

二 学术研究的发展趋势

目前，国内学界尚未对英国贵族地产的开发进行过深入研究。从研究专著来看，沈汉的《英国土地制度史》、姜德福的《社会变迁中的贵族：16—18 世纪英国贵族研究》、阎照祥的《英国贵族史》与《英国近代贵族体制研究》等著作中有一些章节涉及这一问题，但因研究重点不在于此，故偏重于整体概述，未能涉及具体的个案分析。从研究论文来看，迄今为止，仅有少数文章涉及贵族地产的经营与开发，如 2011 年郭爱民撰文探讨了工业化时期英国大地产的管理方式——地产代理制度，文中仅仅涉及少数贵族地产的管理，但并未讨论贵族地产的开发②。同年，《兰州学刊》第 4 期刊登了欧阳萍的《"城市的无冕之王"——论贵族地主在近代英国城市发展中的作用》一文,③ 该文简述了贵族在城市化中的作用，但也仅此而已，研究的深度与广度亟待提高。这些研究的总体特点是偏重于整体概述，而从城市规划、城市管理、地产开发、土地市场等角度丰富和完善英国城市土地开发与城市建设的关系，则是这一领域亟待开拓的处女地。

总体而言，学术界对此问题的相关研究现状与未来发展趋势可概括如下：

1. 国外史学界对英国郡城和矿泉海滨城市的贵族地产开发的研究相对薄弱，尤其是首都与这两类城市的联系。从宏观上探究三类城市贵族地产开发的共性与个性，从整个英国城市化的发展进程来考察贵族地产的开发与利用程度，尚存在着学术空白。

2. 研究深度有待进一步加强。作为贵族家庭教师的亚当·斯密曾经指导过巴克卢公爵经营农业地产，英国启蒙思想家对英国农业革命有何影响？贵族地产作为英国城市地产重要的组成部分，它的利用模式对英国城市化产生了何种作用？近代英国王室、佃农、农场主、商人、地产代理人

---

① Simon Jenkins, Landlords to London: The Story of a Capital and Its Growth, London: Constable, 1975; C. W. Chalklin, *The Provincial Towns of Georgian England: A Study of the Building Process, 1740–1820*, London: Edward Arnold, 1974.

② 郭爱民：《工业化时期英国地产代理制度透视——兼与中世纪庄官组织相比较》，《世界历史》2011 年第 3 期。

③ 欧阳萍：《"城市的无冕之王"——论贵族地主在近代英国城市发展中的作用》，《兰州学刊》2011 年第 4 期。

以及贵族本人对贵族地产的开发与管理，所起的作用有何不同？诸如此类的问题较多，尚需得到真正的解决。

3. 加深对工业革命的认识。贵族政治是少数人的统治，可就是在这种环境下，英国爆发了工业革命，保守的政治制度和快速的经济增长在英国同时并存，这种现象令人深思。然而英国贵族也曾反对工业主义和经济变革，贵族在工业化过程中究竟起到了什么作用？这需要研究者从贵族地产的开发这一新视角来重新审视。

4. 目前已取得的成果多局限于某个学科的单一视角和单一研究方法，研究视野相对狭窄，而贵族地产开发问题，其实广泛涉及历史学、经济学、地质学、化学、建筑学、政治学、法学、社会学等诸多学科领域。例如贵族在地产的继承与转让等问题上需要律师的专业援助，在地产开矿的过程中常常咨询地质学家、化学家，在开发房地产时又不得不聘请建筑设计师，因此从多学科的角度，在宏大的学术视野中重新审视这项研究，则成为未来研究的发展趋势。

三 研究思路

本书将在上述研究成果的基础上，针对研究现状与发展趋势进行深入研究，拟以历史唯物主义为指导原则，坚持经济史和社会史相结合的研究方法，吸收和借鉴历史学、经济学、社会学和法学等相关研究成果，广泛搜集英文资料，特别注意搜集国内外学者的相关最新研究成果，重证据，重定量分析，对所涉及的相关学术争论进行细致而详尽的学术史梳理，并提出了自己的见解。在写作中，笔者把近代英国贵族地产作为一个整体进行考察，从农业、工业、城市建设和交通四方面对贵族地产的开发与管理进行了多层次的深入剖析，将个体与群体结合起来，将理论与史实结合起来，将静态的历史与动态的历史结合起来，将具体事例与历史长时段的发展趋势结合起来，较真实地展示英国贵族这一重要群体生活场景和历史面貌。从而有助于我们对英国农村现代化、工业现代化和城市现代化三方面的历史进程有更深刻的理解。

英国贵族地产数量庞大，采用宏观研究虽能把握其总体特征，但往往难以解释个体的独特差异，英国各地发展不平衡，而且时间跨度大，牵涉面广，使得宏观研究不能完全反映全国和各地的具体情况，并对其中涉及的诸多实践逻辑作出解释。为此，笔者对贵族地产开发的研究主要采取典型个案研究，经营农村地产的贵族主要选取了科克家族、斯潘塞家族、贝德福德家族，经营工矿业地产的贵族选取了莱韦森—高尔家族、菲茨威廉家族，参与交通建设的贵族抽取了莱韦森—高尔家族，从事城市地产开发的贵族选取了贝德福德家族、格罗夫纳家族、德比家族、考尔索普家族。英国贵族家族家世久远，投资领域广泛，贝德福德家族在开发农业地产与城市地产方面的力度和广度是其他贵族难以望其项背的，莱韦森—高尔家族在开发工矿业地产与投身交通建设方面的贡献也是其他贵族望尘莫及的，因此，本书重复性地选取了这类贵族。与代表性的贵族相对而言，本书中提及的其他贵族人数众多，差异极大，他们做出的贡献有大有小，虽然无法与典型个案相提并论，但是可以弥补典型个案的缺陷。总之，笔者力图从典型个案和非典型个案以管窥英国贵族地产在社会经济发展中的作用与地位。此外，本书采用了比较研究的方法，例如比较首都伦敦、郡城、矿泉海滨城市地产开发的异同。

第三节　相关概念的界定

一　何谓贵族

英国贵族的英语表达法有如下单词："gentlemen""nobles""nobility""peer""peerage""aristocracy""aristocrat"。1500年之前，"gentle"一词与"noble"意思相近，故当时人们把有些绅士（"gentlemen"）也称为贵族，[1] 后来，绅士的范围越来越大，绅士逐渐成为一个有别于贵族的称呼。"nobles"在《牛津英语词典》的意思："出身高贵的人；贵族成员"；"nobility"的意思是指国王或者某位大贵族授予某人贵族身份，作为回报，贵族履行军事义务，在封建社会，该词语也用来指称"有爵位的社会地位较高的人，例如品质高尚的贵族"；"peer"是指世袭贵族成员，"peerage"是贵族的统称，或者指有爵位的贵族。"aristocracy"则被解释为"nobles"的统治集团，一个寡头政治集团，或"构成与国家政权相关的特权阶层的人的集体"。"aristocracy"来源于希腊语"aristos"，意思是"最优秀者"。18世纪时，"aristocracy"一词越来越指贵族精英，表示这个阶层享有巨大的社会和政治特权，而"aristocrat"是指贵族中的一个成员。[2]

---

[1] J. V. Beckett, *The Aristocracy in England, 1660-1914*, Oxford: Blackwell, 1986, p. 18.
[2] H. M. Scott, *The European Nobilities in the Seventeenth and Eighteenth Centuries*, Vol. I: *Western and Southern Europe*, London: Longman, 1995, p. 21.

英语中的"nobility"和"aristocracy"的意思都是贵族，二者区别很小。在英国，从诺曼征服到近现代，"aristocracy"不仅指大小贵族，还指称骑士。五级爵位贵族（公爵、侯爵、伯爵、子爵、男爵）形成后，为显示区别，又用"peers"以及集合名词"nobility"和"peerage"特指上院大贵族。① 关于对英国贵族的定义，国内学术界已经进行了大量的界定和讨论②，这里不再赘述。

贵族是一个具有一定法律意义、政治意义、社会意义的社会阶层，贵族特权、贵族身份、贵族职业、贵族财产、贵族血统、贵族爵位等具有贵族特色的品质常常成为衡量一个人是否是贵族的标准，这些标准普遍适用于欧洲大陆的贵族。从贵族财富的角度而言，与欧洲大陆任何一国的贵族相比，英国贵族是最富有、最强大的土地精英，即英国贵族占有的土地远远多于欧洲大陆贵族。因此，本书主要从土地这一视角来解读贵族的含义。

英国封建社会的基础是封建土地所有制，土地在英国近现代社会的重要性不言而喻，即便是当代英国学者都承认英国在18世纪、19世纪仍然是一个"土地社会"。1963年，英国著名学者G. E. 明盖出版了一本重要的学术专著《18世纪英国的土地社会》。同年，另一位英国著名学者F. M. L. 汤普森的《19世纪英国土地社会》一书也问世了，汤普森在书中描绘了英国土地阶层的制度和生活方式，把经历过工业革命的19世纪的英国社会都称为"土地社会"，他甚至认为直到1914年，或者更精确地说直到1922年，英国不仅是一个贵族的国家，还是一个土地贵族的国家。③ 读者在阅读明盖、汤普森以及其他学者的论著中会碰到一些内涵丰富的语词，这些语词用于表示与土地有关的人，往往被用来指代贵族，读者很容易引起误解，因而有必要对它们进行一番说明与解释。

---

① 姜德福：《社会变迁中的贵族：16—18世纪英国贵族研究》，商务印书馆2004年版，第34页；阎照祥：《英国贵族史》，人民出版社2000年版，第104页。

② 沈汉：《西方社会结构的演变——从中古到20世纪》，珠海出版社1998年版，第82—98页；阎照祥：《英国贵族史》，人民出版社2000年版；陈曦文和王乃耀主编：《英国社会转型时期经济发展研究：16世纪至18世纪中叶》，首都师范大学出版社2002年版，第128—123页；徐浩：《地主与英国农村现代化的启动》，《历史研究》1999年第1期；姜德福：《国内学术界对15—18世纪西欧贵族的研究述评（1979—2001）》，《安徽史学》2003年第3期。

③ F. M. L. Thompson, *English Landed Society in the Nineteenth Century*, London: Routledge & Kegan Paul, 1963, p. 1.

英文中表示与土地有关的人的语词有"landowner""landholder""landlord"。"landowner"与"landholder"是同义词，指的是拥有或者使用土地的人，可翻译为"土地持有者"。在英国，凡是持有土地的人都可以叫作"landowner"或者"landholder"，此类人的数量非常庞大，难以计数，上至国王、贵族、乡绅，下至农场主以及各类身份的农民，如自由持有农（freeholder）、公簿持有农（copyholder）、租地持有农（leaseholder），他们都不同程度持有土地，均可称之为"土地持有者"，但是他们对土地的权属存在很大的差别。从法理上讲，英国所有土地名义上是国王的，国王对土地具有所有权，国王将土地分封给贵族，贵族就成为土地的"持有者"，在这种情况下，贵族可以被叫作"landowner"或者"landholder"。贵族在最初还不具有对土地的所有权，只有占有权、使用权、收益权等，随着王权的衰微，尤其是1688年光荣革命后，贵族实际上拥有了土地的所有权，土地因而成为他们的私人财产。本书没有将"landowner"翻译成"地主"，如果那样做，很容易与中文语境中的"地主"（地之主人）概念相混淆，英国的农场主、自由持有农、公簿持有农、租地持有农等土地持有者并不是"地之主人"，他们一般是租种贵族或者乡绅土地的人，他们对土地有使用权而无所有权。当然，从持有的土地数量来比较，贵族是大土地所有者，拥有土地的数量远远高于其他各类土地持有者。

与"landowner"或者"landholder"相比，"landlord"占有土地的数量更多，而且对土地具有所有权。该词由"land"和"lord"复合而成，字面意思表示土地上的领主或者主人，可翻译为"地主"[①]，一般指占有众多土地的地主。毫无疑问，贵族是名副其实的地主，而且贵族一般占有的土地较多，通常被称为大地主，这类大地主在英文书籍里被称为"土地贵族"（landed aristocracy），或者"贵族地主"（aristocratic landowner）[②]。英国的贵族和乡绅均可称为地主，有些乡绅占地多，也被称为大地主，但贵族常常是大地主中的主体部分。19世纪60年代，一位名叫梅瑞迪斯·汤森德（1831—1911年）的编辑解释了"aristocracy"在当时社会的定义：

[①] Landlord在英国也可指领主、房东、出租者，所以，landlord不完全等同于中文语境中的"地主"。

[②] 我们可以肯定地说，贵族是"土地持有者"或者"地主"，但是"土地持有者"或者"地主"并不一定就是贵族。国外学者笔下的"great landowner"与"great landlord"有时也包含了贵族在内，本书有时也用"地主"指代贵族。

英国"贵族"是唯一一个可以称为大土地持有者的词语。这个称号几乎与从政没有关联……与血统联系也不紧密。……英国法律中的"贵族因素"实际上只是一个占有土壤的阶级。①

劳伦斯·斯通也认为"aristocracy"的含义比较宽泛，从广义上而言，所有大地主都可以称为贵族，不论这些大地主是否具有爵位、封号，据他的统计，1641年英国贵族在大地主中占的比例大约是2/3，到1883年这一情况都未有很大变化。② 因此为了强调贵族的土地身份，本书在行文的时候根据实际需要分别用"土地贵族"和"贵族地主"来指代"贵族"。在进行直接引用，或是概述他人的学术观点、数据时，为了忠于原文，也使用"地主"一词，在这种情况下，"地主"是包括"贵族"在内的。

二 土地、地产

土地是人类的生活场所和基本的生产资料，人类的财富来自土地，没有土地，就没有人类的生存和发展。可以说"土地"是一个含义广泛的概念，经济学、法学、地理学、管理学等不同学科都对土地进行过定义。

经济学对土地的定义。17世纪西方资产阶级古典经济学家威廉·配第说"劳动是财富之父土地是财富之母"③。英国经济学家马歇尔（Alfred Marshall）认为："土地是指大自然为了帮助人类，在陆地、海上、空气、光和热各方面所赠与的物质和力量。"④ 美国经济学者伊利（R. T. ELy）认为："土地这个词，指的是自然的各种力量，或自然资源。它的意义不仅是指土地的表面，因为它还包括地面上下的东西，水的本身就被看成是土地，因为它是一种自然资源。"⑤ 土地最初只是一种物质资源，随着商品经济的发展，它逐渐转化为一种特殊的商品。也就是说，土地在市场运行中，其价值会发生增值。地产是指明确了所有权的土地，是土地经济属

---

① D. C. Moore, "Landed Aristocracy", in G. E. Mingay, ed., *The Victorian Countryside*, Vol. II, London: Routledge & Kegan Paul, 1981, p. 371.
② Lawrence Stone, *The Crisis of the Aristocracy 1558–1641*, London: Oxford University Press, 1967, pp. 57, 59.
③ ［英］威廉·配第：《赋税论·献给英明人士·货币略论》，陈冬野等译，商务出版社1972年版，第71页。
④ ［英］马歇尔：《经济学原理》，上卷，朱志泰译，商务印书馆1964年版，第157页。
⑤ ［美］伊利·莫尔豪斯：《土地经济学原理》，滕维藻译，商务印书馆1982年版，第19页。

性的体现，既包括住宅或非住宅的土地，也包括已经开发和有待开发的土地。凡是在法律上具有明确权属关系，在经济上能够给所有者、经营者带来收益的土地就是地产。土地与地产的区别在于是否有权属关系。可见，经济学家主要是从土地的自然属性和经济属性来界定土地的。

　　法学对土地的定义。法律意义上的土地属于不动产，根据1925年英国《财产法》的规定，土地是指以保有（tenure）形式持有的任何土地，包括地下的矿井、矿藏，地上的建筑物或其组成部分以及其他形式的保有物（hereditament），还包括与土地相关的各种权益，例如，领地权（manor）、牧师推荐权（advowson）、地租、无体保有物（incorporeal hereditament）、地役权（easement）、权利（right）、特权或者其他利益。[1] 英国法律关于土地的定义表明，任何东西，只要与土地产生关联，在法律上都可被视为土地加以规范。这是现代意义上对土地的定义，其实，英国古代并没有明确的关于土地的法律概念，然而这并不意味着英国没有一套调整土地关系的法律规范，土地法就是这一调整土地关系的法律规范的总称。

　　盎格鲁-撒克逊时期英国还没有统一的土地法，1066年诺曼征服之后，英国的土地关系被纳入统一的法律关系框架之下，统一的土地法在全国实行。13世纪中叶，英国土地法出现了一个专门的术语"地产"（estate）[2]，该词的本义为地位（status），指一个人在保有制结构中所处的法律身份和地位，但同时也用来指称当事人依该身份地位所享有的土地权益，以表示在保有制下该土地权益的身份性、时间性等特征，后来主要指代各种保有权益在时间延续性方面的特征。[3]

---

[1] Law of Property Act, 1925, section 205 (1), ix, in S. H. Goo, *Sourcebook on Land Law*, London: Cavendish Publishing Limited, 2002, p. 29.
[2] F. Pollock & F. W. Maitland, *The History of English Law before the Time of Edward I*, Vol. II, Cambridge: Cambridge University Press, 1978, p. 79.
[3] 咸鸿昌：《英国土地法律史——以保有权为视角的考察》，北京大学出版社2009年版，第128页。

第二章　英国贵族地产概述

英国贵族体制从产生至今已有千余年的历史，其间从未间断过。英国贵族最早可追溯至公元 5 世纪中期，当时盎格鲁人、撒克逊人、朱特人三个日耳曼部落入侵不列颠并建立殖民地，靠征战起家的部落首领依据军事才能、军功大小等因素被分为国王和军事贵族，国王又根据军事贵族的军功大小将征战抢劫得来的部分土地赏赐给军事贵族，军事贵族可以看作是英国贵族的最早形态。

1066 年，诺曼底公爵威廉征服英格兰，没收了原来英格兰贵族的土地，对土地重新进行了划分，建立了封建土地分封制。按照法律规定，英国的全部土地在法律上都直接或间接属于国王威廉，国王是最高领主，是唯一绝对的土地所有人。根据封建土地制度的规定，国王把土地分封给封建主（也可称为封臣），封建主然后再把一部分受封的土地转封出去，同时设定土地领有条件，各级封建主都可继续往下转封土地，一直到最低一级的土地持有人。直接从国王那里接受领地的封建主常常在自己土地上修建一处宅邸，即是庄园。领地是封建主履行军事职责和承诺的经济保障，上级封臣对下级封臣实行人身保护、负责领土防御、行使司法审判权等职责。封臣对封地的继承权、占有权、割让权均在不同程度上受到其上级封臣的限制，双方的权利和义务十分明确，以便维持一种有序的封建秩序。在这种制度中，封臣以领地的形式从上级封臣手中获得土地，下级封臣向上级封臣缴纳贡赋、服兵役。土地的层层分封使得贵族的土地分散于各地，不能连成一片，贵族的力量自然被削弱了，很难在短时间内抗衡国王。

为了弄清楚贵族的财富和分配情况，国王威廉于 1085 年派人调查全国各地的土地和财产收入状况，这个调查结果被记录在《土地调查清册》中，史称《末日审判书》。据《末日审判书》的记载，当时英国全国的土地，国王占了大约 1/4，教会占了 1/4，世俗贵族占了 1/2。[①] 从法律上

[①] 马克垚：《英国封建社会研究》，北京大学出版社 2005 年版，第 132 页。

讲，虽然英王是法定的、全国土地的最高的所有者，但是这种土地国有的形式后来逐渐发生改变，15世纪的圈地运动、16世纪的宗教改革和17世纪资产阶级革命使国有土地一步步转入贵族地主的手中，最后形成贵族大地产制。

第一节 英国贵族大地产制的形成

一 英国土地的分配与贵族大地产制的形成

英国贵族诞生于盎格鲁-撒克逊时期，一部分来自世袭，一部分来自君主的赏赐，由于资料的缺乏，目前还无法统计出英国贵族形成时期的具体人数，学术界对英国贵族数量的记载多从英国的中世纪[①]开始的。中世纪英国贵族的人数不多，大致在50—60人之间。[②] 其间的1475年，英国贵族人数略有增长，达到71人。16世纪时贵族人数变化不大，仍旧在70人以下，从17世纪开始贵族人数才开始猛增。根据约翰·坎农的统计，1603年英国贵族人数是55位，英国内战爆发前夕增加到138人，玛丽二世（1689—1694年）和威廉三世（1689—1702年）在位时贵族人数达到153人，1700年贵族有173位，1750年187位，1780年189位，1800年267位。[③]

其他学者同样得出了英国贵族在17世纪之后人数不断上升的结论，例如，贝克特研究了1660—1914年英国贵族的数量，据贝克特的估计，英国贵族的数量在1658年是119人，1688年是160人，1714年是170人，1780年是189人，1790年是220人，1800年是267人，1830年是300人，1860年是400人，到1900年时，这个数字超过了520人。[④] 英国贵族的人数虽然不多，但他们在全国土地所占的份额却很大。

土地是土地所有者的政治、经济和社会地位的基础，土地拥有数量的多少是衡量贵族地位的标准。土地和人口是农业社会的基本要素，西方学术界惯常将英国持有土地的人划分为三类：贵族、乡绅、小土地持有者，

[①] 英国的中世纪是指1066—1485年这一时期。

[②] W. G. Hoskins, *The Age of Plunder*: *The England of Henry VIII, 1500 – 1547*, London: Longman, 1979, p. 53.

[③] John Cannon, *Aristocratic Century*: *The Peerage of Eighteenth Century England*, Cambridge: Cambridge University Press, 1984, pp. 13 – 15.

[④] J. V. Beckett, *The Aristocracy in England, 1660 – 1914*, Oxford: Blackwell, 1986, pp. 27 – 31.

从土地占有的多少和收入的状况来看，在英国农村土地持有者中，一般而言，从单个土地持有者所持有的土地数量来看，贵族占地最多，乡绅次之（注：少数乡绅占地比贵族多），乡绅之下是大量的小土地持有者，他们包括租地农场主（tenant farmer）、自由持有农、公簿持有农等。

据彼得·克瑞德特的分析（见表2—1），15世纪至19世纪下半期英国贵族在英格兰和威尔士的土地中所占的份额在稳步增长，1436年，大地主[①]在英格兰占有可耕地的比例是15%—20%，1690年大地主在英格兰和威尔士占有的可耕地比例是15%—20%，1790年这一数字上升为20%—25%，1873年大地主在英格兰所占可耕地面积是24%。汤普森统计的时间比克瑞德特稍晚了两个世纪，但统计的数据结论基本一致：大地主[②]在英格兰和威尔士的可耕地中占的比例如下：1641年为15%—20%，1688年为15%—20%，1790年为20%—25%，1873年为24%。[③]

表2—1　1436—1873年英格兰和威尔士社会各阶层的土地分配（%）

比较项目	1436年	1690年	1790年	1873年
大地主	15—20	15—20	20—25	24
乡绅	25	45—50	50	55
约曼/自由持有者	20	25—33	15	10
教会与王室	25—33	5—10	10	10

资料来源：Peter Kriedt, *Peasants, Landlords and Merchant Capitalists: Europe and the World Economy, 1500–1800*, Warwickshire: Berg Publishers Ltd, 1980, p. 60。

英国学者明盖估算了1790年英格兰和威尔士土地持有者年收入状况及其所占可耕地的比率。他把英国土地持有者分为三类。第一类土地拥有者是大地主，据明盖的估计，18世纪末英国大约有400家大地主，其年收入为5000镑至50000镑，平均收入为10000镑。这些大地主每家的土地最少不低于5000英亩，多者超过了50000英亩，他们占有英格兰和威尔士

[①] 克瑞德特此处所谓的大地主（great owners）即贵族。
[②] 汤普森此处所谓的大地主（great landlords）即贵族。
[③] F. M. L. Thompson, "The Social Distribution of Landed Property in England Since the Sixteenth Century", *The Economic History Review*, Vol. 19, No. 3, 1966, p. 510.

20%—25%的可耕地，从地理位置和土壤肥沃程度等因素来看，这些可耕地常常是最好的。第二类土地持有者是乡绅，乡绅又分为富有的乡绅、缙绅（squire）、绅士，富有的乡绅有700—800家，其年收入是3000—5000英镑，缙绅有3000—4000家，其年收入是1000—3000英镑，绅士有10000—20000家，其年收入是300—1000英镑。乡绅占有英格兰和威尔士50%—60%的可耕地。第三类土地持有者是自由持有农，共有10万家之众，其年收入在300英镑以下，他们占有英格兰和威尔士可耕地的15%—20%。① 很明显，明盖所统计的400家大地主就是位于社会上层的贵族地主。

按照明盖的标准，18世纪末，拥有5000英亩土地的人才配称为大地主，到了19世纪，这个标准又被提高。例如，1865年，汤申德绘制了一幅英国大地产者的地图，图上注有202位大地主的217处乡村宅邸，这202位大地主中，世俗贵族168人，从男爵19人，没有贵族封号的仅为15人。其中有36人的地产在英格兰少于10000英亩，但是这36位中的9位大地产者，如果把他们在英国其他地方的地产也包括在内，那么其地产则在10000英亩以上。汤申德认为了解这202位大地产者就可以认识英国"贵族"的真实含义。② 继汤申德之后，更多反映英国大土地所有者的调查展开了。

1872年，德比勋爵展开了一个关于英国土地所有与年度收入的官方调查，这是自1086年以来英国首次关于全国土地所有者的数据统计，该调查报告于1873年出炉，史称《新末日审判调查书》（*New Domesday Survey*），该报告证明了全国大部分土地集中在一小部分人手中。据《新末日审判调查书》的记载，1873年，英格兰有363家大地主，每家拥有的地产均超过10000英亩，其中186家为世俗贵族，58家为从男爵，117家属于没有头衔的大地主。③ 在19世纪大部分时间里，乡绅的年收入的下限为1000英镑，上限为1万英镑，这些收入大致相当于拥有1000—10000英亩土地的收入。缙绅的土地为1000—3000英亩，其收入在1000—3000英镑。1873年，英格兰大约有1000名大乡绅和2000名缙绅，其中大乡绅

---

① G. E. Mingay, *English Landed Society in the 18th Century*, London: Routledge & Kegan Paul, 1963, pp. 19, 26.
② J. L. Sanford & M. W. Townsend, *The Great Governing Families of England*, Vol. I, Edinburgh: William Blackwood, 1865, p. 9.
③ F. M. L. Thompson, *English Landed Society in the Nineteenth Century*, London: Routledge, 1963, pp. 28 - 29.

拥有英格兰土地的17%，缙绅拥有12.5%的土地。①

贵族占有的土地越多，土地给贵族带来的年收益也越多。19世纪70年代，继《新末日审判调查书》之后，约翰·贝特曼又对英国土地的分配情况进行了统计，他将统计结果撰写成《大不列颠及爱尔兰大地主》一书，该书于1876年出版，之后又出现1878年、1879年、1883年三个版本，不断对统计数据进行修订。他在最后一个版本，即1883年版本中认为英格兰与威尔士有32999350英亩土地，男贵族和女贵族当时共计400名，共占有5728979英亩土地，这个数字在全国可耕地面积中的比例是17.4%。② 此外，他还不辞辛劳地调查了全国331名大地主，整理出当时英国和爱尔兰最富裕的40位大地主，这些大地主全部是贵族，他们每年的土地总收入超过60000英镑，如表2—2所示。贝特曼的数据低估了英国土地的数量，事实上，英格兰和威尔士的土地面积是3700万英亩。③ 其实，贝特曼统计的数据忽略了伦敦的土地，表2—2中贝德福德公爵的收入被严重低估，贝特曼没有把贝德福德公爵在伦敦的地产收入计算在内，而且他还遗漏了道路、河流、荒地等包含的土地。

表2—2　1883年大不列颠及爱尔兰最富裕地主的土地年总收入

地主	土地（英亩）	年总收入（英镑）	收入的主要来源
安格尔西侯爵	29737	110598	矿产
贝德福德公爵	86335	141793	英格兰土地
博恩子爵	30205	88364④	矿产
布朗劳伯爵	58335	86426	英格兰土地
巴克卢公爵	460108	217163	苏格兰土地
比特侯爵	116668	151135	矿产和苏格兰土地
考尔索普男爵	6470	122628	城市土地
克利夫兰公爵	104194	97398	英格兰土地
科博伯爵	37869	60392	英格兰土地

---

① F. M. L. Thompson, *English Landed Society in the Nineteenth Century*, London: Routledge, 1963, pp. 112 – 113.
② John Bateman, *The Great Landowners of Great Britain and Ireland*, Leicester: Leicester University Press, 1971, p. 515.
③ J. V. Beckett, *The Aristocracy in England, 1660 – 1914*, Oxford: Blackwell, 1986, p. 50.
④ 坎纳戴恩统计的年总收入是88793英镑，参见Cannadine, David, *Aspects of Aristocracy: Grandeur and Decline in Modern Britain*, New Haven: Yale University Press, 1994, p. 256.

续表

地主	土地（英亩）	年总收入（英镑）	收入的主要来源
德比伯爵	68942	163273	矿产、城市土地
德文希尔公爵	198572	180750	英格兰、爱尔兰土地
唐希尔侯爵	120189	96691	爱尔兰土地
达德利伯爵	25554	123176	矿产
达勒姆伯爵	30471	71671	矿产
埃尔斯米尔伯爵	13222	71290①	矿产、运河、铁路
芬夫伯爵	249220	72563	苏格兰土地
菲茨威廉伯爵	115743	138801	矿产、爱尔兰土地
哈同男爵	10109	109275	城市土地
汉密尔顿公爵	157386②	73636	苏格兰土地
兰斯唐侯爵	142916	62025	爱尔兰土地
莱肯菲尔德男爵	109935	88112	英格兰、爱尔兰土地
伦敦德里侯爵	50323	100118	矿产、爱尔兰土地
朗斯代尔伯爵	68065	71333	矿产、英格兰土地
纽卡斯尔公爵	35547	74547	矿产
诺福克公爵	49886	75596	城市土地、英格兰土地
诺森伯兰公爵	186397	176048	矿产、英格兰土地
彭布罗克伯爵	44806	77720	城市土地、英格兰土地
彭林男爵	49548	71018	威尔士土地、矿产
波特兰公爵	183199	88350	英格兰、苏格兰土地
拉姆斯登男爵	150048	181294	城市土地、苏格兰土地
里士满公爵	286411	79683	苏格兰土地
拉特兰公爵	70137	97486③	英格兰土地
奥宾男爵	6555	95212	城市土地
赛费尔德伯爵	305930	78227	苏格兰土地

---

① 坎纳戴恩统计的年总收入是 71209 英镑，参见 Cannadine, David, *Aspects of Aristocracy: Grandeur and Decline in Modern Britain*, New Haven: Yale University Press, 1994, p. 256.
② 坎纳戴恩统计的土地数量是 157743 英亩，参见 Cannadine, David, *Aspects of Aristocracy: Grandeur and Decline in Modern Britain*, New Haven: Yale University Press, 1994, p. 256.
③ 坎纳戴恩统计的年总收入是 97683 英镑，参见 Cannadine, David, *Aspects of Aristocracy: Grandeur and Decline in Modern Britain*, New Haven: Yale University Press, 1994, p. 256.

续表

地主	土地（英亩）	年总收入（英镑）	收入的主要来源
萨瑟兰公爵	1358545	141667	苏格兰、英格兰土地和矿产
特德嘉男爵	39157	60000	威尔士土地
华莱士男爵	72307	85737	爱尔兰土地
德雷丝比女男爵	132220	74006	英格兰、苏格兰土地
温莎男爵	37454	63778	城市土地、威尔士土地
亚伯勒伯爵	56893	84649	英格兰土地

资料来源：John Bateman, *The Great Landowners of Great Britain and Ireland*, 4th edn, 1883, ed. David Spring, Leicester: Leicester University Press, 1971, p. 10, p. 34, p. 52, p. 61, p. 63, p. 69, p. 72, p. 94, p. 109, p. 127, p. 130, p. 137, p. 140, p. 145, p. 150, p. 164, p. 168, p. 199, p. 203, p. 259, p. 261, p. 277, p. 279, p. 331, p. 334, p. 337, p. 355, p. 356, p. 365, p. 375, p. 380, p. 391, p. 392, p. 400, p. 431, p. 446, p. 462, p. 480, p. 484, p. 493。

从上述论述可知，从11—15世纪，贵族地产呈现减少的趋势，16—17世纪末期基本持平。西方学术界认为英国贵族的大地产大约从1660年开始形成，到19世纪末，为数不多的贵族始终占据了全国相当数量的土地，形成了众所周知的大地产制。即贵族地产常常是大地产，地产的主体（或者说主要的地产）比较集中，贵族在主体地产上建立一座宅邸，随着时间的推移宅邸及其周围的地产便形成一座庄园。在贝克特调查的331位大地主中，其中有79人的地产全部分布在一个郡中，其中绝大部分地产在10000英亩以上。[①]

同时，还应该注意，地产分散是英国中世纪以来土地分配的特点，贵族地产同样也存在分散的情况，有时横跨几个郡。例如，德文郡的一些公爵在诺丁汉、约克郡和伦敦拥有地产。[②] 贝德福德、克利夫兰、德文希尔、科博四大土地贵族家族的地产分布在11个郡中，豪伊伯爵和欧文斯通勋爵两位贵族的地产散布于10个郡之中。[③] 对于分散的地产，贵族有时出售，有时出租，有时与人置换，总之，他们千方百计整合自家土地，扩大地产的规模。

[①] J. V. Beckett, *The Aristocracy in England*, 1660–1914, Oxford: Blackwell, 1986, p. 52.

[②] G. E. Mingay, ed., *The Agrarian History of England and Wales*, Ⅵ, 1750–1850, Cambridge: Cambridge University, 1989, p. 552.

[③] J. V. Beckett, *The Aristocracy in England*, 1660–1914, Oxford: Blackwell, 1986, p. 51.

二 地产与贵族家族的地位

这里需要强调的是，英国贵族家族的地位、声誉与土地紧密交织在一起，土地不仅代表财富，也代表稳定和连续性以及统治的长远利益，贵族很少卖地。劳伦斯·斯通认为17世纪末期，因为地税收费高，贵族有经济危机，即使是这样，地主家庭也很少卖地。[1] 在第一次世界大战之前，土地一直是英国社会和政治唯一最重要的通行证，一个家庭拥有土地越多，升迁的机会就越大。大地产是英国贵族取得和保持爵位的基础，因此历代贵族千方百计扩充地产。即便是在遭遇财政困难的情况下，卖地都是不被接受的。因为在大众的眼里，卖地会使一个贵族家族降低身份，失去尊严。19世纪40年代，卡文迪什第六代德文希尔公爵欠下巨债，急于出售一部分地产，他的朋友第三代菲茨威廉伯爵站在地主阶级的立场，于1845年7月2日写信好言相劝：

> 出售地产收益不多，你怎么才能弥补因卖地获得的一小笔收入而造成的损失呢？你应该考虑后果，作为约克郡东赖丁的头号绅士，你卖地绝对会对你的声誉和国内地位造成明显的伤害。[2]

德文希尔公爵接受了他的建议，后来德文希尔公爵告诉贝德福德公爵未卖地的原因：卖地会降低家族的地位。

18世纪、19世纪英国的一些著名人物也非常强调地产对于贵族的重要性。例如，英国18世纪农业作家威廉·马歇尔（1745—1819年）说："地产是其他一切物质财产存在的基础，只有在土地上，人类才能够生活、迁移、产生后代。"[3] 19世纪的英国作家S.G.费利在1860年撰写的《给地主、佃户、劳工的提示》一书中写道：

> 你不能仅仅把土地当作一种商品……如果你买了地，那么你就可能不需要花钱也能得到其他东西，土地不能、也不会成为任何一种交

---

[1] Lawrence Stone and J. C. F. Stone, *An Open Elite? England, 1540 – 1880*, London: Oxford University Press, 1984, p. 401.

[2] David Spring, "The English Landed Estate in the Age of Coal and Iron: 1830 – 1880", *The Journal of Economic History*, Vol. 11, No. 1, Winter 1951, p. 17.

[3] William Marshall, *On the Landed Property of England*, London: G. and W. Nichol, 1804, p. 1.

易物品，土地基本上是保证一种社会地位。①

土地与社会地位的联系从继承的等级中亦可看出，1883 年英国最大的 4 处地产全部被英国的公爵占有，10 块 60000 英亩及以上的地产全部在贵族手里。② 总之，土地长期以来是一种信用物，英国贵族追求土地的目的并非仅仅为了经济利益，更大程度是为了政治利益和社会身份认同。

从中世纪到 19 世纪末期，英国贵族拥有众多大大小小的地产，那么他们是采取何种策略，如何有效管理这些地产呢？

第二节　贵族管理地产的方式：地产代理制度

贵族在地产管理方面沿袭中世纪的庄官制度，并从中发展出土地代理制度。庄官制度由总管、管家、庄头以及负责具体事务的庄园执事组成，总管之下，分设管家，管家之下，设有庄头。总管由领主直接任命，是庄官之首，负责各庄园的管家与庄头传达贵族的指示，主持庄园法庭等事务，管家负责管理各个庄园的农业活动，庄头是本地出身的农民，负责完成管家安排的工作，总管、管家、庄头属于管理层，庄园执事包括耕夫、牧羊人、马车夫、守林人等，承担具体的工作。贵族地产划分为庄园管理，庄园是自给自足的自然经济实体组织，是封建土地经营的基本单位，贵族庄园地产的传统经营方式是贵族将土地划分成小块租给佃户经营，佃户缴纳地租并履行相关义务，这种租佃制下的地产管理对总管或者管家来说，其难度并不大，他们一般都能胜任，因而这种土地经营管理方式绵延了数个世纪。

然而，随着社会经济条件的变化，诸如食品价格上涨、人口增长、圈地运动的迅猛发展、房地产开发、法律咨询、贵族从政、贵族长期在城市居住、贵族负债等因素，贵族的地产管理需要专业的管理人才，传统意义上的管家虽然管理经验丰富，但一般缺少教育，他们难以胜任新的任务与工作，贵族转而聘请经过专业训练的代理人来管理地产。

贵族雇佣代理人管理地产往往根据实际需要而定。当遇上土地买卖与租赁、贵族家产的分配与继承等法律事务时，贵族倾向于雇佣律师来管理地产。当英国农业革命、工业革命、城市化三者如火如荼地展开时，律师

---

① S. G. Finney, *Hints to Landlords, Tenants, and Labourers*, London: Piccadilly, 1860, p. 3.
② J. V. Beckett, *The Aristocracy in England, 1660–1914*, Oxford: Blackwell, 1986, p. 44.

又不能处理诸如圈地、排水、开发矿产、开凿运河、修建房屋等事务，于是，受过地产专业训练的地产管理人士便替代了律师来管理地产。不过，律师作为代理人的时间并不短暂，贵族倾向聘请律师管理地产，是一种较为理性的做法，因为贵族始终要处理土地合同、家产分配等法律事务，19世纪初期，在一些大地产的管理者中都能看到律师的身影，一直到1870年以后律师的作用才下降。这是由于律师往往过于追求个人利益，疏于地产的管理，尤其是在农业方面，许多律师对务农一窍不通，而专业的土地代理人既具有法律知识，又具有管理的实际经验。19世纪时贵族地产的管理人士多来自社会的中等阶层，例如土地代理人、乡绅、农场主、建筑商、勘测员、牧师，甚至一些退休的军官，土地代理人成了贵族地产管理的主力军。

地产代理制度是贵族委托代理人管理地产的制度，它的组织结构是以代理人或者土地委员会为主，下设各类专业人士作为次级代理人，包括律师、会计、土地管理员、文员、矿产经理人、建筑师以及各类助理。代理人以及各类助理一般是经过职业培训或者有丰富管理经验的专业人员。代理人的工作极其繁杂，需要从总体上为贵族思考处理下列事情：出租、记账、勘测地界、支持农业改革、监督种植、维护佃农、雇工和茅舍农（cottagers）的和谐、充当选举代理人、开发与地产紧密联系的城市、工业和交通资源、经营企业、照顾地主的宅邸等等，代理人一人当然不能完成上述任务，代理人委托各类专业人士来具体负责执行。贵族地产的管理总部常设在伦敦或者贵族的主体地产上，分部设在不同区位上，由驻地代理人负责，总部的总代理人负责督促驻地代理人。贵族地产的一般管理方式就是：贵族→总代理人→驻地代理人→各类专业管理人员。

那么，在实际操作中，贵族与代理人究竟是一种什么关系呢？或者说谁在地产管理中起决定作用呢？首先，我们要明确的一点是，代理人与贵族始终是一种雇佣关系，贵族在多大程度上放手让代理人全权管理地产取决于贵族本人及其地产的情况。

贵族往往将地产管理总部设于伦敦，以委托总代理人来监管地产。例如纽卡斯尔公爵任命总代理人在伦敦总揽全局，总代理人又指派驻地代理人分管不同地区的地产，纽卡斯尔公爵的儿子是一个政治家，同样采纳了其父的做法，把总部建在伦敦的林肯酒店。[①] 贵族在伦敦设立地产管理总部，是基于伦敦是全国的土地交易中心、司法中心、政治中心，这将极大

---

① J. V. Beckett, *The Aristocracy in England, 1660–1914*, Oxford: Blackwell, 1986, p. 145.

地方便常住在伦敦的，忙于参加每年的伦敦社交活动的或者常参与国家政治活动的贵族管理地产，当然总部对于有的贵族来说并不是理想的选址，那些常在乡村居住的贵族惯于把总部建在主体地产上，这样既便于自己了解情况，更便于代理人掌握地产的实际状况。

从地产规模的大小来看，如果地产大而分散，尤其是地跨几个郡的地产，贵族通常雇用多个土地代理人，全权委托他们管理地产。莱韦森—高尔家族的地产横跨斯塔福德郡、什罗普郡、约克郡、萨瑟兰郡，加之家族成员又是议员，必须花时间参与政治活动。从 1691—1820 年，该家族先后聘请了 6 位土地代理人：乔治·普拉克斯顿、巴伦二世、托马斯·古尔伯特、比什顿父子、詹姆斯·洛赫，他们对莱韦森—高尔家族的地产管理留下了汗马功劳。[1]

即使是大地产，有的贵族也愿意亲自管理土地，而不雇用代理人。这种情况在土地代理制度产生之前与产生之后一直都存在。在近代早期，据斯通介绍，第一代斯潘塞勋爵、第一代布鲁德内尔勋爵、第九代诺森伯兰伯爵、第一代德文希尔伯爵的书信、备忘录、旁注、对账簿的建议等记载均可证明贵族本人直接管理地产的事务。[2] 17 世纪晚期，阿什伯翰第一代男爵管理苏塞克斯的地产就很有成效，18 世纪 20 年代至 30 年代莱韦森—高尔家族第二代高尔男爵曾一度管理西米德兰地产，19 世纪初期第二代比特侯爵独自管理 6 块分散的地产也取得了成功，19 世纪 50 年代，第二代韦鲁勒姆伯爵治理地产所耗费的时间比他父亲在 19 世纪 20 年代还要多两倍。[3] 贵族没有任用代理人就把地产管理得井然有序，这样的例子并不多见，通常贵族管理规模较小的地产更容易成功。

而对于那些雇用代理人的贵族，我们会发现，他们很多是那些具有农业改革精神、励精图治的贵族。这类贵族会亲自制定地产的管理策略，代理人的职责是负责执行他们的决策，而不允许自行其是，这类贵族地主像贝德福德公爵与他的两位代理人罗兰·普罗瑟罗（后来称为欧恩利勋爵）和克里斯托弗·哈迪，诺森伯兰公爵与他的代理人休斯·泰勒，等等。此类贵族下的代理人往往只是一个执行上级命令的机器。

---

[1] J. R. Wordie, *Estate Management in Eighteenth-century England: The Building of the Leveson-Gower Fortune*, London: Royal Historical Society, 1982, pp. 24 - 63.

[2] Lawrence Stone, *The Crisis of the Aristocracy 1558 - 1641*, London: Oxford University Press, 1967, p. 158.

[3] F. M. L. Thompson, *English Landed Society in the Nineteenth Century*, London: Routledge & Kegan Paul, 1963, pp. 175 - 176.

可是，亲自管理地产的贵族并不占多数，更常见的情况是贵族赋予代理人很大的权力，充分发挥代理人的聪明才智，毕竟代理人的工作效率更高，将贵族地产治理得井井有条的代理人并不少见。例如维多利亚时代的代理人约翰·格雷（1785—1868年）管理格林尼治医院地产30年，经验丰富，其管理理念传播到奥地利和法国，去世后被称为"英国农业生产的一个主要人物、履行地主阶级义务的模范、言传身教的良师和农事的好能手"[1]。在林肯郡的南部，贵族地主很乐意把地产的管理交给像纳撒尼尔·肯特[2]这样的代理，上文提到的莱韦森—高尔家族的6位代理人都对振兴该家族的繁荣做出了重要贡献。像约翰·格雷、纳撒尼尔·肯特这样优秀的地产代理人对于19世纪贵族地产管理发挥了重要作用，他们可以影响农业投资的方向和范围，修改地产的社会环境，操纵选举，大大影响地主社区的效率和福利。[3] 简而言之，代理人就是贵族的化身。

基于代理人的才干，有的贵族与代理人倡导的是一种合作、平等的关系。在内塞比地产，詹姆斯·格雷厄姆与他的管家尤尔联合制定地产改革方案，而且该方案的大部分内容是尤尔提议的。[4] 汤普森也认为二者是一种密切合作、相互协调的关系，他说：

> 一方面，地主的消费受到代理人的控制的看法是不正确的，另一方面，代理人仅仅是执行命令，地主才对地产管理作出重大决定的观点也是错误的。双方在地产管理的高级阶段表现出密切合作的特征。[5]

贵族与代理人合作，其目的也是提高地产的管理效率，土地代理制度本质上是为贵族服务的。

综上所述，土地代理制度是贵族处理地产事务的需要，代理人精心为

---

[1] Eric Richards, "The Land Agent", in G. E. Mingay, ed., *The Victorian Countryside*, Vol. II, London: Routledge & Kegan Paul, 1981, p. 449.
[2] 纳撒尼尔·肯特（Nathaniel Kent, 1737—1810年）是近代英国农业改革家、地产代理人、农业作家。
[3] Eric Richards, "The Land Agent", in G. E. Mingay, ed., *The Victorian Countryside*, Vol. II, London: Routledge & Kegan Paul, 1981, pp. 439-440.
[4] F. M. L. Thompson, *English Landed Society in the Nineteenth Century*, London: Routledge & Kegan Paul, 1963, pp. 175-176.
[5] Ibid., p. 151.

贵族管理地产，是贵族利益的忠实代表。同时，有的贵族还亲自管理地产，显示他们对地产开发的高度重视，地产管理在某种程度上可视为地产开发的一部分。近代英国从农业社会过渡到工业社会的过程中，贵族主要出于经济利益的考虑从事地产的管理与开发。可是，贵族并不能随心所欲地买卖、转让土地，接下来我们从法律的视角考察一下英国土地继承制度对土地开发的影响。

第三节 土地继承制度对土地开发的影响

作为封建社会的基础，土地是人们赖以生存和发展的、最重要的生产资料，也是贵族最主要的财产。作为统治阶级，贵族必然希望将土地牢牢控制在家族之内，世代相传，法律从本质上来讲是统治阶级意志的体现，因此英国19世纪晚期之前制定的法律大多反映了贵族在土地上的长期权益。对土地及与土地有关的权利和义务的继承是英国继承法的主要内容，与贵族土地继承制度相联系的主要有长子继承制与家族严格授产制两种法律制度。

一 长子继承制

贵族土地继承制度可追溯至英国普通法（common law）的形成。普通法是一整套通行于英国的、具有普遍约束力的法律原则和规则，它是"中世纪时期由英国王室法庭实施的全国通行的习惯法和判例法，因此，普通法又有英国王室法之称"[①]。一般的观点认为，英国普通法关于土地继承的原则在诺曼征服后很快就建立起来了，普通法的主要内容是土地法，其首要的原则是将地产传承给长子，排除其他兄弟姐妹的继承权。[②] 换而言之，普通法的继承规则就是，同辈中长子优先于次子，男性优先于女性。如果家族没有儿子，土地就由女儿继承，普通法赋予男子优先权，但只是有限制的优先权，即儿子优先于女儿，女儿优先于旁系男性亲属。

---

① [美]哈罗德·J.伯尔曼：《法律与革命》，贺卫方等译，中国大百科全书出版社1993年版，第538页。
② Eileen Spring, *Law, Land, & Family: Aristocratic Inheritance in England, 1300 to 1800*, Chapel Hill: The University of North Carolina Press, 1993, pp. 9 – 10. 此处须加说明的是普通法最初规定诸女中只有一个女儿是继承人，但是到了12世纪中期，普通法规则又出现了修改，规定诸女皆有继承权。

若同时有几个女儿,则她们都具有继承权。把地产传给长子的原则,有利于贵族让长子世代继承地产,从而避免地产的分割,所以普通法从一开始就在维护贵族的利益。

上述普通法继承规则的核心内容就是长子继承制,英国的长子继承制是在普通法的基础上发展起来的一种限嗣(entail)继承制度。长子继承制主要是针对不动产即对土地的继承,长子是家族财产(主要是地产)的继承人,其他的儿子和女儿仅得到少量地产①,长子对继承的地产只享有终身的利益,不允许出售地产,而且只能传给长子的继承人。即使有土地买卖行为,那么它的有效期也只是以卖主的终身为限,卖主死后,继承人就收回地产。次子们多为生活所迫,在军界、商界、政界和其他部门谋生。对于贵族而言,长子继承制保证了贵族大地产在农村占优势,有效地防止了地产的分割与流失,使封建的土地能够一代接一代地延续下去,避免了家庭财产的平均分配,这种看似不合理的财产分配制度直接刺激了资本主义的发展。贵族大地产得以长期维系在长子手中,亚当·巴多对此有如下看法:

> 将地产与权力集中在一小部分人手中的重要性是受到极度重视并被认真考虑对待的,即使地产不是由遗嘱或协议规定由某个子孙继承,法律也要进行强制性的干预,实施神圣的长子继承法原则。不管什么时候,如果一个人死后无遗嘱,那么长子就自然地继承他所有的财产。不仅如此,为了限制土地拥有者的数量,政府作了种种法律上的限制来制止土地的转移……以致使得在英国购买土地成为最困难的事……此种趋势使得小土地所有者逐渐地消失,而大地产则逐渐增加……而此种制度并不仅仅是由环境所造成的……它也是现在法律与政治的意图与目标。②

长子继承制的采用使得土地几乎成为贵族家庭的代表,对此托克维尔这样写道:

> 家庭的声望几乎完全以土地体现。家庭代表土地,土地代表家庭。家庭的姓氏、起源、荣誉、势力和德行,依靠土地而永久流传下去。土地既是证明家庭的过去的不朽根据,又是维持其未来的存在的

---

① 这些地产多来自家族的外围地产与购买的地产,而不是家族的主体地产。
② 钱乘旦、陈晓律:《英国文化模式溯源》,上海社会科学院出版社2003年版,第269页。

确实保证。①

从这个角度来看，贵族严防其他阶层的侵入，维护了家族土地的稳定性和完整性。总而言之，长子继承制是英国财产的主要继承制度，其间虽遭到批评，但贯穿于整个英国资本主义社会，1925年英国才正式废除该制度。正是由于该制度使得地产长期在家族内部传承，土地根本不能进入市场进行自由买卖，这严重影响了地产的改革与农业的发展。因此，贵族也在探索一种更能灵活处置家族地产的方式。

二 家族严格授产制

在英国，从17世纪晚期到19世纪，与长子继承制相联系的家族严格授产制（strict settlement 或者叫 strict family settlement）大约在1660年以后被贵族地主家庭广泛采用。家族严格授产制是贵族在其长子成年或结婚时与其签订的家产分配契约，在这种制度下，地产可授予未出生的孩子，即父亲将长子未来的长子确定为家产继承人，父亲和长子是限嗣继承地产的终身保有人，父亲、长子是终身地产受益人，终身可以享受地产带来的收益，但是无权卖地，地产必须由长子的下一代继承人（例如长孙）来继承。另一方面，家族严格授产制不仅规定了妻子的夫妻共同占有地产②、零用钱等资助方式，也制定出次子和女儿的财产分配方案，1660年之前，父亲会划出一小部分地产来作为次子生活的需要或者作为女儿的嫁妆，但从1660年之后，父亲便不再将土地分给次子与女儿，而是采取"一次性付清"的方式给予一大笔资金。总的来说，这种制度安排与长子继承制相吻合，遵循了地产传给男性长子继承人的规则，从理论上可以保证地产世代相传。

家族严格授产制能够维护贵族家族的土地，有的学者因此推断出此制导致了贵族大地产的兴起。例如，哈巴卡克认为，1680—1740年间，英国土地市场活跃，土地交易导致地产集中在少数大地主手中，家族严格授产制有利于地产集中以及维护土地的稳定，它促进了长子继承制，并与限嗣继承存在亲缘关系，由此他强调了家族严格授产制对大地产积累的关键作用。③ 但劳埃德·邦菲尔德对约翰·哈巴卡克的观点并不完全赞同，劳埃德

---

① [法] 托克维尔：《论美国的民主》上卷，董果良译，商务印书馆1997年版，第55页。
② 夫妻共同占有地产（jointure）的数额在整个地产中的比例非常小。
③ H. J. Habakkuk, "English Landownership, 1680 – 1740", *The Economic History Review*, Vol. 10, No. 1, February 1940, pp. 2 – 17; H. J. Habakkuk, "Marriage Settlements in the Eighteenth Century", *Transactions of the Royal Historical Society*, Vol. 32, No. 4, 1950, pp. 15 – 30.

·邦菲尔德仔细研究了 1601—1740 年肯特郡和北安普敦郡贵族的婚姻协议时发现,家族严格授产制的确有助于维持和扩大地产,但大地产的建立与家族严格授产制之间没有必然的联系,原因是贵族能够活到其长子结婚的比例较低,以至于贵族无法与长子订立家产分配协议。在肯特郡和北安普敦郡的贵族家族中,只有 33.5% 的父亲的寿命能活到见证长子的婚礼。更为严重的是,从 1680—1740 年,整个英国贵族的寿命都不长,平均来看,一个贵族能够活到其长子结婚的概率在 50% 以下,在有些情况下,这个概率才 28%。① 以至于他们不能重新继承土地。它既促进了父系的延续,又可以为家庭成员提供经济援助。② 可见,过分渲染家族严格授产制对大地产建立的关键作用是不足取的,大地产的建立是市场因素、圈地运动、婚姻、继承等多种因素的结果。

家族严格授产制保证了贵族对土地世袭占有,但却妨碍了土地在市场上的流通,就资本主义发展而言,由于资本主义需要土地的自由市场,贵族对土地的占有是不利于资本的自由竞争和发展的。因此,资产阶级是反对封建地主土地所有制的,他们要求废除家族严格授产制,但他们的提案却屡屡受到代表贵族利益的上院的否定。

1660 年出现的家族严格授产制在英国盛行长达两个世纪,恰巧,资本主义制度也在这两个世纪发展迅速,如何理解这二者的关系呢?美国学者林恩·图姆斯·戴特马曾调查了 18 世纪、19 世纪北安普敦郡七家贵族地主的信件、日记、自传、小说、报纸以及每家的家族授产档案,发现这样一个事实,即尽管贵族在地产的经营管理过程中不反对增加财富,但首先考虑的还是维护自己的社会地位和高贵身份。③ 土地是财富和社会地位的象征,有些贵族宁愿遭受经济困顿,也不轻易为了经济利益而卖地。

---

① Lloyd Bonfield, "Marriage Settlements and the Rise of Great Estates", *The Economic History Review*, Vol. 32, No. 4, November 1979, pp. 483 – 493.
② Lloyd Bonfield, "Affective Families, Open Elites and Strict Family Settlements in Early Modern England", *The Economic History Review*, Vol. 39, No. 3, August 1986, pp. 341 – 354.
③ Lynne Toombs Datema, The Strict Settlement: The tool of the Capitalist Landlord or a Way to Delay Capitalism in Landed Society?, Ph. D dissertation, The American University, 1997. 关于严格家族授产制和资本主义为什么会同时出现,戴特马给出了四种假设:资本家假设 (capitalist man hypothesis)、诺斯假设 (Northian hypothesis)、不稳定假设 (instability hypothesis) 和身份假设 (identity hypothesis)。对于这四种假设,戴特马分别用两种理论——前现代和现代理论进行解释。经济人假设和诺斯假设属于现代理论,该理论认为地主生活在我们叫作资本主义的现代社会。不稳定假设和身份假设属于前现代理论,该理论假设 18 世纪和 19 世纪地主不是资本主义世界的产物。

总而言之，长子继承制与家族严格授产制都是为贵族地主阶级服务的，在英国历史上长期存在。西方学者达成的一个共识是，尽管这些法律漏洞不少，但却长久地、深刻地影响了英国的政治、经济、文化与社会。英国法学家戴西（1835—1922年）于1905年发表了一篇论文《英国土地法的悖论》，该文的观点是，英国在19世纪时已经是一个民主国家，但其土地法仍然主要采用封建土地制度的概念和术语，仍然适合贵族统治的社会。[①] 这反映了近现代英国社会的一个现象：英国的封建土地法律虽然滞后于经济的发展阶段，但是仍然能够对经济迅速发展的社会关系进行适度调整。

---

① A. V. Dicey, "The Paradox of the Land Law", *Law Quarterly Review*, Vol. 21, 1905, p. 221.

第三章 英国贵族对农业地产的经营

众所周知，农业是封建社会的主要产业，是国民经济中有决定意义的生产部门。"超过劳动者个人需要的农业劳动生产率，是全部社会的基础，并且首先是资本主义生产的基础。"① 英国农业也不例外，迪恩认为我们必须记住一个事实，即使是在大不列颠，甚至在整个19世纪前半期，"农业一直是占主导地位的产业"②。作为农业社会的大土地所有者，英国贵族长期以来都把地产看作是生产单位，注重地产的开发与经营，在大多数时候以农业经营为主。贵族发起圈地运动，采用资本主义方式经营农业，亲自从事农牧业试验，提倡农业改良和投资，致使农业生产增长明显加快，农业劳动生产率显著提高。英国农业生产力在19世纪位居世界前列，英国因此获得了"模范农场"之称，英语文献中大量出现"农业革命"的字眼，这是英国有别于西欧的独特之处。那么农业领域究竟发生过"革命"没有？贵族在农业革命中的作用是什么？笔者在西方学者研究的基础上，试图对这些问题重新做出较为客观的评论，以求教于方家。

第一节 关于农业革命及其发动者的讨论

一 关于农业革命的争议

英国是世界历史上第一个实现由传统农业社会向近代工业社会转型的国家，在这一转型过程中，英国农业革命是英国从农业社会向工业社会过

---

① [德]卡尔·马克思：《资本论》第3卷，中共中央马克思恩格斯列宁斯大林著作编译局译，人民出版社2004年版，第888页。
② Phyllis Deane, *The First Industrial Revolution*, Cambridge: Cambridge University Press, 1979, p. 246.

渡的桥梁。英国学术界历来重视对农业革命的研究，不断有新观点、新视角出现，例如，"农业革命"一词是否存在就引起了一些学者的质疑，琼斯写道：

> 英国农业的变化发生在一个"长18世纪"的时段中，这个"长18世纪"是指从17世纪中期到拿破仑战争末期……18世纪农业生产率的提高主要是由于技术的传播引起的，在这之前发生过多次小的农业变化，"农业革命"这一概念并不适于反映长时段的一系列农业变化。①

马克·奥弗顿说："'农业革命'这一短语完全让人费解，最好把它看作指代一系列特别的历史事件的术语。"② 瑟斯克也同意放弃农业革命概念，主张使用农业改良这一提法，瑟斯克认为"改良可用连续体来分析，改良可以区分不同时期的迅速变化"③。值得注意的是英国农业革命历经几百年，农业生产本身的变化十分缓慢，不像通常所谓的革命那样具有突发性，农业革命更多地体现出渐进性的特征。

西方学者对"农业革命"的定义和时间有各种不同的看法。根据现有资料归纳，大致有以下说法：

马克思在《资本论》中多次提到"农业革命"一词，并认为"农业革命"是从"15世纪最后30多年开始的"④，直到18世纪最后几十年才完成。农业革命主要是指圈地运动所造成的土地所有制的重大变革。而且他还说："伴随土地所有权关系革命而来的，是耕作方法的改进，协作的扩大，生产资料的积聚等。"⑤

1921年厄恩利在《古今英国农耕业》中提出："有目共睹的18世

---

① E. L. Jones, "Agriculture, 1700–1800", in Roderick Floud and Donald McCloskey, eds., *The Economic History of Britain since 1700*, Vol. I: *1700–1860*, Cambridge: Cambridge University Press, 1981, pp. 76, 85.

② Mark Overton, "Agricultural Revolution? Development of the Agrarian Economy in Early Modern England", in A. R. H. Baker and D. Gregory, eds., *Explorations in Historical Geography: Interpretative Essays*, Cambridge: Cambridge University Press, 1984, p. 123.

③ Joan Thirsk, *England's Agricultural Regions and Agrarian History, 1500–1750*, London: Macmillan, 1987, pp. 57–58.

④ ［德］卡尔·马克思：《资本论》第1卷，中共中央马克思恩格斯列宁斯大林著作编译局译，人民出版社2004年版，第825页。

⑤ 同上书，第855页。

纪农业革命是与杰思罗·塔尔、查尔斯·汤森德勋爵、罗伯特·贝克韦尔、阿瑟·扬、诺福克的科克等人联系在一起。"① 厄恩利认为农业革命发生在1750—1850年间，少数关键的先驱倡导农业革新，然后迅速广泛传播。

1966年，农业史专家J. D. 钱伯斯和G. E. 明盖出版了《1750—1850年的农业革命》一书，认为农业革命开始于17世纪初，但是主要发生在1750—1880年这一时期，他们把新耕作制度的采用和农业生产技术革新看成农业革命的重要内容。②

1967年，厄里克·克里奇出版《农业革命》一书，他认为英国农业革命发生在16世纪和17世纪，而不是18世纪和19世纪，具体的时间范围是从1560—1767年，农业革命的主要成绩是在1720年以前取得的，而其中的大部分又是在1673年以前取得的，其标志是1560年左右出现的诺福克轮作制。③

R. C. 艾伦在1992年出版的《圈地和约曼：南中部地区的农业发展》一书中认为英国有两次农业革命。第一次是发生在17世纪约曼的革命（yeoman's revolution），这场革命使谷物产量翻倍，提高了国民收入；第二次是地主的革命（landlord's revolution），包括圈地和农场兼并，早期圈地增加了产量，地主的革命在15世纪已经开始，但到18世纪时，贵族进行的农业变革的条件都还不成熟，圈地和租地大农场对提高英国农业产量所做的贡献很小，因为农场劳动力就业减少，而释放出来的劳动力又没有在制造业中重新就业。④

1996年，马克·奥弗顿出版了《英国农业革命：1500—1800年农业经济的转变》一书，他指出，农业史研究分为两大阵营，一派主要关注农耕活动（牛和犁的历史），另一派则重视农村的社会和文化。这两派都有局限性。奥弗顿批评《英格兰和威尔士的农业史》的第5卷和第6卷没有弄清农业革命究竟发生在何时。奥弗顿认为英国农业革命经历了从1500—1850年的变化过程，但直到1750年后农业的产量和生产率才发生

---

① Lord Ernle, *English Farming*: *Past and Present*, London: Longmans, 1921, p. 32.
② J. D. Chambers and G. E. Mingay, *The Agricultural Revolution*, *1750 – 1880*, London: Batsford, 1966, p. 4.
③ Eric Kerridge, *The Agricultural Revolution*, London: George Allen & Unwin, 1967, pp. 15, 328.
④ R. C. Allen, *Enclosure and the Yeoman*: *The Agricultural Development of the South Midlands*, *1450 – 1850*, Oxford: Clarendon Press, 1992, pp. 21, 205.

了根本性的变化。①

针对以上观点,大多数历史学家认为英国农业革命的起步时间在1700年左右,同时把"革命"解释为技术变化、养活大量人口、提高土地生产率和劳动生产率等方面。② 马克·奥弗顿认为这些标准太"狭窄",农业革命的内涵宽广得多,应把"农业革命与生产食物的方法和技术联系起来"③。马克·奥弗顿与马克思一样,把农业革命视为两次关系紧密的转变,一次是生产率提高,产量因此而增加的转变,时间是18世纪之后;另外一次是生产关系的革命,时间发生在17世纪中期,农场主为市场而生产,市场已经发生变革,私人产权流行,农业以地主、租地农场主和劳动力的三层式结构占主导地位,这些重要的变化说明农业资本主义已经建立起来。④

15—17世纪农业的变革不能看作是农业革命,因为此时英国土地的所有权还没有得到根本改造,封建土地所有制直到工业革命结束才得以完全改造,农业繁荣的高潮是18世纪下半期到19世纪的议会圈地时期。因此,从时间来看,克里奇的看法片面,马克思、厄恩利、钱伯斯、明盖、艾伦和奥弗顿至少没有否认18世纪发生了农业革命。从上面这些论述中,笔者认为农业革命开始于18世纪,结束于19世纪中叶,这个时段相当于议会圈地时期,不难看出英国农业革命包含了两个方面的内容:其一,土地所有权的变革,这一变革是通过圈地运动实现的;其二,农业生产技术的变革。这两方面的内容缺一不可。圈地运动不仅改造了封建土地制度,而且扫除了资本主义农业发展的障碍。圈地运动是农业革命的基础,农业生产技术的提高正是在这个基础上进行的。同一时期的法国、俄国、德国等欧洲国家封建土地所有制没有多大触动,农业生产技术落后于英国。那种认为农业革命仅仅是农业生产技术的变革的观点是不对的。英国的农业技术变革包括新作物的栽培、耕作制度的进步、人工施肥、畜种的改良等。这些技术在封建社会的中国、印度、埃及可能有上千年的历史,但是它们始终未能超越封建农业经济,引起资本主义土地所有制的变革。在前

---

① Mark Overton, *Agricultural Revolution in England: The Transformation of the Agrarian Economy, 1500–1800*, Cambridge: Cambridge University Press, 1996, pp. 6, 12, 206.
② [意] 卡洛·M. 奇波拉:《欧洲经济史》第3卷,吴良健等译,商务印书馆1989年版,第367—368页。
③ Mark Overton, *Agricultural Revolution in England: The Transformation of the Agrarian Economy, 1500–1800*, Cambridge: Cambridge University Press, 1996, p. 8.
④ Ibid., pp. 8–9.

工业化时代的英国，耕地以敞田制（open field system）为基础，敞田制是原始农业的产物，不适应经济发展的需要。由圈地运动而开始的农业革命，摧毁了敞田制，逐渐把封建土地所有制改造成为资本主义土地所有制，完成了农业领域的资本主义改造。对于圈地运动造成的英国土地制度变迁，用美国新经济史的代表人物道格拉斯·诺斯的话来形容比较恰当：

> 有效率的经济组织是经济增长的关键：一个有效率的经济组织在西欧的发展正是西方兴起的原因所在。有效率的组织需要在制度上做出安排和确立所有权以便造成一种刺激，将个人的努力变成私人收益率接近社会收益率的活动。①

由此看来，英国农业史专家钱伯斯、明盖、克里吉的看法欠妥，他们轻视了圈地运动的地位。英国长时间的农业革命使农村面貌焕然一新，农业开始为工业的变革做准备。保罗·贝罗奇认为"农业革命——因为农村生活发生如此深刻的变化，可以正确地这样叫——结束了僵局，突破了束缚，从而为工业革命铺平了道路"②。

二 对农业革命发动者的不同意见

长期以来，关于农业革命的发动者大致有两种意见。一种认为是地主，特别是贵族和乡绅；另一种看法是租地农场主或者说佃农进行了真正意义上的农业革命。除此之外，贵族手下的土地管理人的作用不可忽视，他们也对农业进步做出巨大贡献。在回答这些问题之前，有必要对贵族和佃农的身份关系进行分析。

自中世纪以降，为了维护英国传统的等级制，贵族对佃农实行庇护制（patronage）。庇护制要求庇护人（patron）具有一种乐善好施的品格，能够广泛笼络和支持其亲属和被庇护人（client），庇护人为被庇护人提供经济来源、政治特权、社会地位等，而被庇护人则服从、依附和忠诚于庇护人，国王是最大的庇护人，贵族、乡绅、富人依次类推，佃农一般是被庇护人，换言之，贵族对他的佃农负责，佃农依附于贵族地主。在资本主义

---

① ［美］道格拉斯·诺斯：《西方世界的兴起》，厉以平、蔡磊译，华夏出版社1999年版，第5页。
② ［意］卡洛·M·奇波拉：《欧洲经济史》第3卷，吴良健等译，商务印书馆1989年版，第363页。

关系下，当资本家给雇员支付工资后，公司对雇员的义务就中止。而封建贵族的义务因为使用土地超出工作或工资的范围，扩展到佃农的家庭和他们的生活。在封建时代，贵族是土地的监护人，土地、佃农以及他们的后代都受贵族的看护。贵族对其土地的责任和对其佃农的责任一直延续到贵族失去土地为止。当土地商品化时，贵族的责任减少，因商品化改变土地的性质，贵族作为收租者的身份也跟着改变。

既然贵族和佃农之间存在一种庇护关系，他们在农业生产中的作用存在着区别。贵族提供土地、建筑房屋，通常提供维修所用的木材和其他原料。一个好的贵族关心改善地产，帮助佃农提高效率，圈占荒地增加农田，维护公地上出租的土地，重修农场建筑，负责洪灾和排水工程，鼓励佃农保持土壤肥力，亲自改善收费公路和运河改良以便接近市场。佃农为农场提供工作资本——牲畜、犁耕、工具、种子、支付劳动力的工资以及提高种植的技术。① 农业生产需要贵族和佃农的合作，贵族和佃农都有贡献，只是佃农承担的风险更多，因为他们很少有其他收入来源。佃农肩负的风险越大，反而可以获取更多的利润。19世纪贵族得到大约3%的资本收益，佃农的收益是10%甚至更高。这种资本主义租地农场主逐渐控制英国农业不是因为他们效率高，而是由于当时英国社会和政治制度的结果。这种社会政治制度导致土地集中在少数地主手中，这些地主住在农村，依靠农业地租增加收入。② 并非所有地主都有进取心或者采用新的管理方法。"许多地产仍旧由旧式的保有期、公簿持有权、终身契约和北方的'佃户权'等控制，因此这一切都在限制地主控制地产和改良。"因而明盖认为："有时候新的地主不能确保他的佃农以何种方式在什么条件下控制农场。"③

在 T. W. 比斯多尔看来，租地农场主不占有土地有三点好处。第一，租农场的资金比买农场的资金少得多；第二，与给他们买地相比较，让租地农场主的儿子当佃农既方便又省钱；第三，收成欠佳时佃农流动性比地主强。歉收的季节，价格下跌，地主充当佃农的缓冲器。④ 明盖

---

① G. E. Mingay, *The Gentry: The Rise and Fall of a Ruling Class*, London: Longman, 1976, p. 84.
② Joan Thirsk, ed., *The Agrarian History of England and Wales*, Vol. VII, Cambridge: Cambridge University Press, 1985, p. 14.
③ G. E. Mingay, *The Gentry: The Rise and Fall of a Ruling Class*, London: Longman, 1976, p. 86.
④ T. W. Beastall, "landlords and Tenants", in G. E. Mingay, ed., *The Victorian Countryside*, Vol. II, London: Routledge & Kegan Paul, 1981, p. 429.

对此也有相同的看法："驱赶很少发生，收成不好时，佃农也许要求减少地租、维修和改良不会看上去很失望。"①

贵族和佃农相互影响对于维持农村的社会等级很重要。尽管是商业联系，被地产法和保有权控制，贵族与佃农关系有很强的惯例，甚至是封建的气氛。贝克特指出贵族有义务支持当地慈善事业，合理调整地租，为佃农写信，当佃农遗书的见证人，有时照看他们的剩余资金。②

英国农业史研究的先驱，厄恩利勋爵把少数改革精英看作农业革命的主力，否认广大劳动农民的作用。前面已经提到厄恩利把杰思罗·塔尔、查尔斯·汤森德、罗伯特·贝克韦尔和阿瑟·扬等大地主视为农业改良的精英。历史学家特贝维尔也描述波特兰第四代公爵如何成功管理和开发地产，他说："波特兰技术精湛，是当时最优秀的农业家之一。"从圈地运动开始，地主逐渐确立土地所有权，采用资本主义生产方式，在示范农场里引进新品种，改革牲畜饲养方法，引进"播种机""马拉锄"等新农具，推广更科学的诺福克轮作制，采用雇佣劳动制度等。18 世纪一些地主贵族被盛赞为"新土地制度开发的领袖，他们热情、精力充沛"。农业改良成为一种时尚，贵族狂热追求农业改良。这种经济和社会发展的过程被称为"农业革命"③，E. A. 沃森提到的斯潘塞第三代伯爵被当代人当作"英国农业伟大的赞助人"，他负责和倡导了 19 世纪三四十年代英国农业最重要的计划。④ 英国贵族和乡绅对农牧业的热情是欧洲其他国家所不具备的，学术界普遍认为大地主起了带头作用。

大地主也是农业机构的组织者、赞助人和宣传者。这一点可以从剪羊毛交流会中体现出。剪羊毛交流会始于 1797 年的沃本，它是农场主的一个重要节日，诺福克郡的大地主托马斯·威廉·科克（1752—1842 年）每年都举办这样的盛会，邀请全英国和欧洲乃至北美的地主和农场主前来参会。科克鼓励霍卡姆的地主与佃农交流农业经验，因为从他们身上可以获得很多有用的知识。而且许多贵族地主对农业科学充满热情，积极在当

---

① G. E. Mingay, "Introduction: Rural England in the Industrial Age", in G. E. Mingay, ed., *The Victorian Countryside*, Vol. II, London: Routledge & Kegan Paul, 1981, p. 15.
② J. V. Beckett, "Landownership and Estate", in G. E. Mingay, ed., *The Agrarian History of England and Wales*, Vol. VI, Cambridge: Cambridge University Press, 1989, p. 545.
③ G. E. Mingay, *English Landed Society in the Eighteenth Century*, London: Routledge & Kegan Paul, 1963, p. 163.
④ E. A. Wasson, "A Progressive landlord: The Third Earl Spencer, 1782 – 1845", in C. W. Chalklin & J. R. Wordie, eds., *Town and Countryside: The English landowner in the National Economy, 1660 – 1860*, Boston: Unwin Hyman, 1989, p. 83.

地建立农业社团。18 世纪 90 年代，伊格勒蒙特伯爵在彼特沃思创设绵羊展览会，其他的贵族也纷纷仿效，例如波特兰公爵亲自赞助尼沃克的农业展览会和南韦尔的耕田比赛。

贵族不仅个人倡导农业改良，而且组建社团以集体的力量宣传改良。1723 年，欧洲第一个农业组织"苏格兰农业改良者的光荣俱乐部"（Honorable the Improvemers in the Knowledge of Agriculture in Scotland）在爱丁堡成立，300 位成员中就有 24 位贵族以及许多大地主。皇家艺术协会（The Royal Society of Arts）于 1754 年成立，旨在推广农业改良，并为农业改良和发明提供奖金。该协会首任正副理事长分别是福克斯通子爵和罗姆尼爵士。18 世纪 80 年代，工业促进会在林肯郡建立，主要推动当地羊毛的生产。① 全国性的农业组织——农业协理会（The Board of Agriculture）② 成立于 1793 年，苏格兰著名的农业革新家约翰·辛克莱担任主席，农业协理会涵盖了 30 个地区，其成员大多是贵族，其中包括 3 位公爵、1 位侯爵、7 位伯爵和 3 位男爵。农业协理会存在了 30 年，它的目的旨在传播农业新思想，促进提高农业生产技术。尽管农业协理会的成就有限，但是贵族对农业的热情十分高昂。该协会于 1821 年解体后，在第三代斯潘塞伯爵的建议下，皇家农业协会（The Royal Agricultural Society）于 1838 年成立了，该协会创办专门的农业期刊讨论农业生产技术的改良，鼓励制造新式农具、兴建农用基础设施以及把化学、物理等科学知识运用于农业生产等，同时每年举行农业展览会，建立基金会对农业发明进行奖励，到 19 世纪 80 年代，皇家农业协会的会员超过了 10000 人。③

除了这些全国性的农业机构，18 世纪后半期地方性的农业生产组织如雨后春笋般涌现出来。1755 年布雷克诺克郡农业协会建立，到 1835 年 90 多个农业协会成立。20 年之后扩展到 700 多个农业组织。每年各地的农业协会关心传播农业生产信息，鼓励佃农进行农业生产技术革新。贵族支持这些农业协会的筹建，有些贵族是其中的发起人或会员之一。1784 年托马斯·琼斯带头组建卡迪根郡农业协会，1798 年埃格雷蒙特伯爵负责苏塞克斯农业协会。拉特兰公爵资助建立林肯郡的沃尔山姆农业协会，1807 年东赖丁地主负责组建约克郡农业协会。到 19 世

---

① J. V. Beckett, *The Aristocracy in England, 1660–1914*, Oxford: Blackwell, 1986, p. 165.
② 成立于 1889 年的英国农业部也叫"The Board of Agriculture"。
③ Rosalind Mitchison, "The Old Board of Agriculture (1793–1822)", *The English Historical Review*, Vol. 74, No. 290, January 1959, pp. 42–46.

纪中期的兰开夏郡,农业协会被认为是"农业改良精神活生生的证据"。兰开夏郡北部的每一个乡镇都组建了农业社团,其中的一些农业社团联合起来组建了兰开夏郡北部皇家农业协会,斯坦利勋爵担任农协主席,此外,该地还有私人农业俱乐部,汉密尔顿公爵和伯林顿伯爵均亲自组建过私人农业组织。① 总而言之,贵族地主、地方性农业组织与全国性农业组织在英国掀起一场农业生产技术改良的热潮,这在欧洲其他国家乃至全世界都是少见的现象,贵族地主是这些农业组织的发起人、投资人、宣传家。

学术界对贵族鼓励农业生产技术改良和圈地的作用存在着争议。沃尔顿认为诺福克改良者的真正重要性不是他们做了特别新的事情,而是他们设法在大地主与小地主中传播农业改良精神的决心。作为开明地主,贵族愿意投资农业,尽管农业实验消耗了贵族的大量钱财,他们还是乐此不疲,贵族的这种奉献精神对于佃农有极大的好处,因为佃农可以不冒风险,佃农可以根据贵族地主的实验结果来选择农业生产新技术,选择对他们更有利的耕作方式。② 瑟斯克则认为1640—1750年,英国农业生产技术革新在全国都很盛行,甚至连汉诺威王室都在极力宣传农业技术革新,国王乔治一世对土地耕作与管理表现出极大兴趣,据记载,1724年乔治一世急于获取国外作物的新品种,以便增加英国人餐桌上食物的种类,1726年8月,他又询问卡斯卡特勋爵,王室林地上的新式农作物长势是否良好。被称为"农夫乔治"的国王乔治三世曾经化名为《农业年鉴》撰稿,大力宣传了农耕技术。③

当然,并非所有学者都同意沃尔顿和瑟斯克对贵族进步作用进行肯定。弗莱彻把兰开夏郡的农业改良看作人口需求推动的,普通地主没有革新思想,"地主的作用是消极的"④。哈巴卡克认为地主没有对新方法的发明做出重要贡献,是农场主而不是地主推动了农场主的进步。⑤ 格里哥认为林肯郡南部的地主很少给佃农树立好榜样,管理水平最低的佃农未能有

---

① J. V. Beckett, *The Aristocracy in England, 1660 – 1914*, Oxford: Blackwell, 1986, p. 167.
② J. R. Walton, "Agriculture 1730 – 1900", in R. Dodgson and R. Butlin, eds., *An Historical Geography of England and Wales*, London: Academic Press, 1978, pp. 244 – 245.
③ Joan Thirsk, "Agricultural Innovations and Their Diffusion", in Joan Thirsk, ed., *The Agrarian History of England and Wales*, Vol. V, Cambridge: Cambridge University Press, 1985, p. 575.
④ T. W. Fletcher, "The Agrarian Revolution in Arable Lancashire", *Transactions of the Lancashire and Cheshire Antiquarian Society*, Vol. 72, 1962, p. 39.
⑤ H. J. Habakkuk, "Economic Functions of English Landowners during the Seventeenth and Eighteen Century", *Explorations in Entrepreneurial History*, Vol. 6, No. 2, December 1953, p. 92.

效经营农场，同样，地主经营的家庭农场（home farm）也存在管理不善的问题。虽然有些例外，但一般来说地主除了在牲畜喂养方面起带头作用，其他方面没有起带头作用。地主没有充分利用与佃农的契约指导佃农改进农耕技术。"总之，地主除了在圈地和排水方面作用突出，几乎没有推动农耕的普遍水平。"①

贝克特认为在农业革命中，贵族并不仅仅只是一个单纯的土地出租者，事实上他们也是农业革命的参与者，毕竟许多农业变化发生在他们的地产上。他们的家庭农场的示范作用并不突出，只有一部分贵族能够成为农业实验和农业改良的核心人物，因为家庭农场的主要目的是满足贵族的日常农产品消费，而不是为了赢利，从而没有真正地提高农业技术。但贵族主导的农业展览会既有物质奖励，又能介绍农业新品种、新技术，可以很好地为农场主提供信息。贵族支持当地农业组织的活动既可以提高农业技术革新，也可促进农业的有效管理，而且他们在议会里维护各郡的利益，这些都促进了英国农业的繁荣。贵族在农业革命中的贡献是无形的，他们积极投资于圈地、排水修渠、建造其他农业设施，所花费的资金相当可观。当贵族缺乏资金时，他们愿意为继续进行农业投资而向政府和私人贷款，甚至有可能负债累累。这些都是贵族在农业革命中显而易见的贡献，特别是贵族后来通过在交通领域的投资推动、活跃了农产品的运输和交易。一些贵族除了亲自参与到农业实践中，也关心如何提高农业的经营管理，这体现在他们根据农场实际情况理性地选择契约对象和期限。尽管他们经常允许效率低下，但他们一般会在农村搞好关系，充当佃农和地产管理人的调节者。②

另一种看法是租地农场主或者说是佃农进行了真正的农业革命。斯通指出1540—1640年，英格兰农业革新相对较小，确实发生的革新也应当是租佃农场主发起，而不是贵族地主。斯通进一步指出这种革新是地产管理方法的革新，不如后来的农业技术变革那么快。贵族应该已意识到，和其他地主一样，同时需要面对价格上涨和土地压力，土地使用期限并不让人吃惊。如果地主中的大多数贵族从中世纪到18世纪占有的土地没有超过15%—20%，贵族在农业变化中没有起领导作用是可以理解的，而这

---

① David Grigg, *The Agricultural Revolution in South Lincolnshire*, Cambridge：Cambridge University Press, 1966, p. 82.
② J. V. Beckett, *The Aristocracy in England, 1660 – 1914*, Oxford：Blackwell, 1986, pp. 204 – 205.

些农业变化逐渐使英国和欧洲走上不同的发展道路。贵族的主要贡献在于进行地产的测量和制定土地的规划。① 哈巴卡克也认为农业革命不是地主发动的。他说:

> 很明显,地主没有对农业新方法的采用做出重要贡献,提供农业先进知识的杰思罗·塔尔和罗伯特·贝克韦尔是农场主……新技术的采用常常是佃农发起的,毕竟他们更懂得农耕……英国农业许多最重要的发展源于租地农场主阶级的成长,首先是他们资金和技能是缓慢积累的结果,我认为地主的主要兴趣不仅是保证地产的迅速改善,而且地主常常把地产租给性格好,有能力,资金充足的佃农。②

笔者也认为,农业产量的增长并不主要是采用了新方法。农耕方法的改进是许多微不足道的农业改良不断积累的结果,一些农场主总结了新方法,比如养羊的改进,种蔓菁代替了休耕,这些农业生产新技术是为了增加农业产量,英国农业生产的提高并不是贵族地主发明了新方法,而是他们能在多大程度上采用革新后的农耕方法。尽管贝克特认为农业革新中起主导作用的是少数起带头作用的贵族,但是他也认为农业革新的功劳应归功于小地主、地产管家和租地农场主。③

主要的农业研究者,从 18 世纪的哈特、纳撒尼尔·肯特和威廉·马歇尔到 19 世纪的凯雷德,都在论著中批评地主不关心农业。虽然阿瑟·扬仔细报道了进步地主的活动,但是乡绅、富有的地产主、大租地农场主的农业实验占了阿瑟·扬报道的大量篇幅。威廉·马歇尔认为地主不仅应该为了利益,而且应该为了荣誉进行农业改良,没有进行改良的地主在本地不受欢迎。他还认为业主(owner-occupiers)和大佃农是技术进步的领袖,他们到处旅游获得新思想,让他们的儿子到边远的农场主那里学习各种农业实践。在米德兰,这类开明的人士比其他地方都多,他们进行农业

---

① Robert Ashton, "The Aristocracy in Transition", *The Economic History Review*, Vol. 22, No. 2, August 1969, p. 525.
② H. J. Habakkuk, "Economic Functions of English Landowners during the Seventeenth and Eighteen Century", *Explorations in Entrepreneurial History*, Vol. 6, No. 2, December 1953, pp. 92–99.
③ J. V. Beckett, "Landownership and Estate Management", in G. E. Mingay, *The Agrarian History of England and Wales*, Vol. VI, 1750–1850, Cambridge: Cambridge University Press, 1989, pp. 569–570.

改良的积极性胜过任何地方的农场主。威廉·马歇尔说："正是从上层约曼农和少数主要的佃农那里，我们可以得到最好的农业生产实践的经验。"[①] 詹姆斯·凯尔德认为，牛津郡的地主很少对农业产生兴趣，很少熟悉或者从事农耕，这已成为一个普遍现象。林肯郡的地主也很少提高农耕的水平，林德赛的大多数地主对农业新技术不理解。[②] 真正从事农业生产和革新的人是各郡的小乡绅、开明的佃农、有远见的代理人。不在地主（absentee landlord）[③] 除了关心自己的家庭农场以外，很少去推动农业技术的改进，贵族主要关心地租和地产管理。他们修建农用建筑、制定农场的规划、圈地、合并分散的地产、在共地和荒地上种植、采取防洪措施、撒泥灰土或者用其他办法改善土壤，这一切都是为了提高地租，让佃农满意，从而提高了地产的商业价值。然而大多数大地主对于复杂的栽培技术持保守态度，没有兴趣钻研。事实上地主的保守性常常是理性的反映，例如一些土壤不适应诺福克轮作制，他们便放弃诺福克轮作制。他们认为许多农场小，不适合进行农业革新，而且距离市场又远。大多数地主只关注经营家庭农场，因为家庭农场提供了家庭所需的农产品。

在明盖看来，18世纪的农业改良者不是大地主，而是许多农业先驱、公共宣传家、乡村绅士、业主和大租佃农场主。他们在土壤肥沃、接近市场的地方农耕，研发和推广17世纪早已开始的农业技术。[④] 如前所述，地主和农场主各司其职，分工明确。贵族提供资金修建排水、农用建筑、进行圈地、改善交通等，同时传播改良后的农业技术，为采用优良的农耕方法创造有利的环境。农场主提供生产资本，如种子、工具、牲畜等，并进行实际的农业耕作。如果从农业技术的角度而言，农场主或佃农的确是农业革命的创新者、实践者。如果从农业制度的角度而言，地主掀起圈地运动，提倡农业改良，那么农业革命就如厄恩利爵士所言是少数精英的杰作。贵族凭借对土地的垄断权将土地租给农场主或佃农，并且提供资本，农场主或佃农离开了这些有利条件根本不能进行农业革命。所以农业革命虽然由农场主或佃农亲自实践，但贵族在其中的贡献不可抹杀。

---

① G. E. Mingay, *English Landed Society in the Eighteenth Century*, London：Routledge & Kegan Paul, 1963, p. 166.

② Heather A. Fuller, "Landownership and the Lindsey Landscape", *Annals of the Association of American Geographers*, Vol. 66, No. 1, 1976, pp. 129, 148.

③ 不在地主（absentee landlord）是指不在产业内居住也很少管理地产的那类地主。

④ G. E. Mingay, *English Landed Society in the Eighteenth Century*, London：Routledge & Kegan Paul, 1963, p. 171.

另外，专业土地管理人的作用不可忽视。正如前文所言，贵族将土地交由土地代理人打理，代理人对提高土地生产力与农业改良做出了重要贡献。柯勒曾对土地代理人在农业中的地位给予了高度评价："18世纪农业的改良或许归功于雇用了类似于现代土地代理人的缘故。这类代理人把自己不仅仅看作收租者，而且视为积极的管理者，他们勤勤恳恳，尽最大努力改善业主的地产。"① 明盖也肯定了这一点，他把土地代理人看作"复杂的农业革命过程中一个必要组成部分"②。无论如何，代理人毕竟是贵族利益的忠实执行者，最后决策权掌握在贵族手里，贵族可以随时解雇不合格的代理人。况且，柯勒、明盖所谓的代理人并非指代理人的全部，代理人总体上属于管理者，有的代理人并不亲自从事农耕，他们雇用的佃农才战斗在农业生产的第一线，佃农对农业改革的贡献要比代理人大得多。

由此看来，农场主、佃农、管家或者代理人在农事上均与贵族的关系非常紧密，英国贵族对农业的认同程度胜过欧洲大陆的贵族，从被称为"农夫乔治"的乔治三世到普通的贵族地主，英国贵族在全国掀起一股对农业的改良和投资之风。

第二节 贵族对农业的改良与投资总况

18—19世纪，英国农业主要经历两个阶段。第一阶段是18世纪30年代农业技术的发展达到60年代的高潮，包括蔓菁、土豆、胡萝卜等块根作物，紫苜蓿、三叶草、黑麦草和驴喜豆等牧草的种植逐渐推广，耕作方法得到改进（诺福克轮作制代替了传统的耕作制度，后来又出现汤森德的四轮耕作制），人工肥料和化肥的施用，排水技术的发展，家具和农业机械的采用，畜种的改良，等等。第二阶段是从1770—1815年这一时期，它与一批农业改良型地主的投资精神和企业家精神密切相关。这些地主包括科克、罗金汉第一代侯爵、第五代贝德福德公爵、第三代埃格雷蒙特伯爵和斯塔福德第二代侯爵等。他们积极进行科学饲养牲畜、兴建模范农场、采用更有效的方式管理地产。18、19世纪

---

① Christopher Clay, "Landlords and estate management in England", in Joan Thirsk, ed., *The Agrarian History of England and Wales*, Vol. V, 1984, p. 180.
② G. E. Mingay, "The Eighteenth-Century Land Steward", in E. L. Jones and G. E. Mingay, eds., *Land, Labour and Population in the Industrial Revolution*, London: Edward Arnold, 1967, p. 27.

农业的这些重大变化都可视作"农业革命"。这时农耕成为一种高级时尚，农业的新观念和新方法通过一定的出版物、农业社团和农业大事记得到大力推广。

农业革命使英国在18世纪建立起了一个相当发达的商品化农业，导致粮食飞速增加，英国因此在当时被称为"欧洲的粮仓"，同时变成了粮食出口国，能够养活两倍于都铎王朝时期（1485—1603年）的人口。[①]以伦敦为例，1650—1750年间，伦敦人口从400000万猛增到675000万，增长了70%，同时也由占全国总人口的7%上升11%。瑞格雷爵士分析说，伦敦之所以能够养活大量的自然增长的外来人口，并且还有6%的粮食出口，就在于农业人口减少的情况下，从1650—1750年它的农业产出至少增长了13%。[②]

英国之所以出现上述农业繁荣的局面，与贵族地主的贡献息息相关。18世纪英国社会盛行重商主义，农业的商业化影响了贵族的价值观念，英国贵族抛弃传统的观念，秉承商业精神，在圈地的基础上进行了农业改良和投资，把土地当作资本来经营，追求利润的最大化，这是贵族作为理性"经济人"的体现，也是一种资本主义精神的体现，贵族的农业身份开始发生蜕变，其中的一些人因此而变为资本主义化贵族，英国农村现代化也因此得以启动，同时还直接促进了工业革命的爆发。

英国封建贵族虽然也经营工商业，但主要从事农业的经营管理。18世纪英国农业处于世界领先地位，尤以农业"改良"[③]最明显，马克思认为英国现代农业是在这个世纪的中叶出现的。早期英国的农业史学家认为贵族最重要的贡献不是新农业技术的发明，而是改进原有的技术水平。正如明盖所认为的，农业改良是为了提高地租，为了使佃农富裕和满意，从而提高地产的商业价值。贵族的基本贡献仅仅只是"提供固定资本和为采用更好农耕方法创造有利环境"。明盖推测贵族地主最重要的贡献"也许是对经济的态度"。"地主提到'改良'，他们头脑中常常指'提高地租'。"[④] R. A. 布里耶尔从当时贵族会计账目的记载上发现贵族的贡献是

[①] D. C. Coleman, *The Economy of England 1450－1750*, London: Oxford University Press, 1977, p. 122.

[②] E. L. Jones, "Agricultural Origins of Industry", *Past and Present*, No. 40, July 1968, p. 60.

[③] "改良"（improvement）在18世纪常常意味着为了利润而投资，而且通常是指农业改良或者改革。

[④] G. E. Mingay, *English Landed Society in the Eighteenth Century*, London: Routledge & Kegan Paul, 1963, pp. 166－172.

进行资本主义生产，比如农业改良、投资固定资本、精耕细作。① 英国贵族对农业的改良涉及范围广，诸如前面提及的农业技术变革——新作物的栽培、耕作制度的进步、人工施肥、畜种的改良等。在不同的时期其他国家也有类似的农业技术进步，但终究未能从根本上触动封建土地所有制。本书仅探讨如下几点英国农业改良有别于其他国家的地方：圈地运动、修渠排水、修建农用建筑。

英国的圈地运动持续了几个世纪，大致可分为早期圈地运动和晚期圈地运动。早期圈地运动从15世纪末延续到17世纪末，特点是规模小，未获得政府支持，属于贵族的私人行为。14世纪中期以后，呢绒业的发展对羊毛需求急剧增加，贵族发现养羊比种庄稼更有利可图，便把耕地圈围起来变成牧场和农场，自己经营或者出租给租地农场主，坐享高额地租。早期圈地运动是资本主义原始积累的起步阶段，资本主义开始在农村发展。

晚期圈地运动也称议会圈地，从18世纪中期持续到19世纪。在议会的支持下，这时期的圈地时间短、速度快、规模大、范围广，造成大量农民失去土地。大规模的议会圈地发生在1750—1850年之间，其中历经两次高潮，第一次是从18世纪60年代到70年代，第二次是在拿破仑战争期间（1793—1815年）。这两次高潮的持续时间总共不到40年，但这期间通过的圈地法案几乎占整个议会时期圈地法案的80%。② 事实上，由于议会的大多数人是贵族，他们最为重视保护农业，例如1787—1806年间，议会通过的由诺丁汉郡提出的58项圈地法令中，15项主要由贵族提出。③ 其他人提出的议案是否会通过，其决定权也通常掌握在贵族手里。

无论早期圈地还是晚期圈地，圈地纯粹是受到利润的驱使，这种利润是以牺牲佃农为代价，虽然农业改良是圈地的首要目标，圈地运动是贵族作为"经济人"的最好证据。18世纪初，农业改良明显发生在贵族已圈占的土地或靠近市场未开发的地产上。18世纪后期，圈地的速度和力度都得到了提高，土地改革更有利可图。英国农业协理会对莱斯特的报告证

---

① R. A. Bryer, "Accounting for the English Agricultural Revolution: A Research Agenda, Part Two: Genesis of the Capitalist Landlord", *Warwick Business School Working Paper*, 2000, pp. 1-2.

② Michael Turner, *English Parliamentary Enclosure: Its Historical Geography and Economic History*, Folkestone: William Dawson and Sons, 1980, p. 66.

③ J. V. Beckett, *The Aristocracy in England, 1660-1914*, Oxford: Blackwell, 1986, p. 171.

实了农业最大的改良是在200—500英亩的大农场上取得的。[1] 众所周知，远近闻名的诺福克因其拥有大型农场，改良轻质土壤，以及具有便利的海上交通，可以很便捷地到达伦敦与荷兰，一跃成为先进农业方法的主要发明之地。

事实上，圈地和农业技术的改进是紧密相连的。圈地对农牧业的影响就含有农牧业技术改进的因素，圈地是农业改良的必要条件，土地圈占后单位面积产量有明显提高。根据阿瑟·扬的统计，每英亩小麦产量圈地前为2.15夸脱，圈地后为3.25夸脱，大麦从4.5夸脱上升到5夸脱，燕麦从4夸脱上升到5.5夸脱，豆类从3.5夸脱上升到4夸脱。[2] 经济史学家阿什顿在《十八世纪英国经济史》一书中肯定了圈地对农业技术的进步意义："几乎所有农业技术上的进步都是在已圈占或正在圈占的土地上取得的，土地圈占是资本主义方式的土地改革。"[3] 圈地所造成的农业生产技术的提高又加快了牛羊等牲畜长肥的速度。在18世纪，牛一般要10年左右才长肥，到19世纪初这个时间缩短至五年到六年，到19世纪中期，育肥期降到两年。羊种在18世纪得到改良，育肥期从四年缩短到两年。[4] 罗伯特·贝克韦尔（1725—1795年）是杰出的畜种改良专家，培育出了一种被命名为"纽莱斯特"的良种绵羊。这种羊生长快，产肉多，当时饲养羊在英国非常普遍，羊的存栏数从1688年的1100万头长到1800年的2600万头。牛的存栏数没有明显增长，但是体重平均增加了1/4。从1710—1795年，罗伯特·贝克韦尔的科学饲养法使小牛的重量从50磅增加到148磅，老牛从370磅增加到800磅，绵羊从28磅增加到80磅，小羊从18磅增加到50磅。[5]

然而，种植业和畜牧业的大发展离不开排水系统的改进。英国是一个岛国，年降雨量丰富，日照短，湿地和沼泽地多，排水因此成为农业改良

---

[1] G. E. Mingay, *English Landed Society in the Eighteenth Century*, London: Routledge & Kegan Paul, 1963, pp. 166 – 167.

[2] Arthur Young, *A Travel in the Southern England*, London: Longmans, Green & Co., Ltd, 1772, p. 384.

[3] T. S. Ashton, *An Economic History of England: The Eighteenth Century*, London: Longmans, Green & Co., Ltd, 1972, p. 34.

[4] G. Hueckel, "Agriculture during Industrialisation", in Roderick Floud and Donald McCloskey, eds., *The Economic History of Britain since 1700, Vol. I: 1700 – 1860*, Cambridge: Cambridge University Press, 1981, p. 187.

[5] ［美］斯塔夫·阿诺斯：《全球通史》，董书惠等译，上海社会科学院出版社1999年版，第284页。

的一大障碍。英国大多数地区盛行敞田制，土地条块分割，不易管理，排水技术难以推广，圈地则解决了这个难题。随着排水技术的提高和圈地的深入发展，许多从前不宜耕种的田地、沼泽地变成了可耕地，排水与圈地一样扩大了耕地面积。贵族每年为此提供大量的农业固定资本用以排水。近代英国内战前的15年中，林肯郡和东盎格里亚的贵族共花了400000英镑来排干沼泽，排水面积超过500000英亩，其中最大的工程当属排干了307000英亩的大平原（Great Level）。17世纪30年代，第四代贝德福德伯爵亲自创建了一个组织承包该工程。贝德福德家族有修渠排水的传统，例如，早在1590年，第四代贝德福德的父亲威廉·拉塞尔，就聘请了3位荷兰排水专家进行实地勘察，估算了从索尼地产排水所需的成本。

需要指出的是，贝德福德伯爵在排干大平原这个工程里，绝非只是徒有空名，而是积极领导了这个工程的实施。该工程共有20份股份，他一人便占了3份。据估计，该项目总共要投资100000英镑，也就是说，贝德福德伯爵投资了15000英镑。该项目的其他股东还有博林布罗克伯爵、戈杰斯勋爵、马尔特拉弗斯、著名官员罗伯特·希思、大地主迈尔斯·桑兹等人。贝德福德伯爵因其所持有的股份得到了12000英亩土地。1641年贝德福德伯爵从索尼获得了大约1000英镑的利润，1660—1662年间，他每年获得大约5000英镑的收益。虽然这笔资金中有部分是罚金，但是上述沼泽的收益在贝德福德伯爵的土地总收入中却占了1/3。[①]

18世纪时，工具的改进和提高加速了排干沼泽和湿地的规模和速度，18世纪抽水工具是风车，19世纪20年代蒸汽泵代替了风车，用瓦管建造地下排水管道，既减少空间，又避免了经常维修。当然，排水的成本相应提高，但这并没有阻止贵族的兴趣，1775年，地产代理人纳撒尼尔·肯特向贵族与当地绅士建议说："排水是湿地可以接受的第一改良。"哈德威克第二代伯爵等人支持了这个建议。[②] 当林肯郡海水引起洪灾，沼泽地大面积肆虐，农业遭受严重损失时，贵族们勇于接受挑战，制订切实可行的计划来排水，最后的效果甚佳。有些贵族甚至在农业萧条时也勇于进取，1811年，理查德·阿克赖特虽然在农业萧条中相应削减了排水工程的数量，但还是在黑福德郡的排水过程中加大资金投资力度，而当时其他地主根本不敢投资。尤其值得注意的是，在多数情况下，佃农很少负担排

[①] Lawrence Stone, *The Crisis of the Aristocracy 1558 – 1641*, London：Oxford University Press, 1967, pp. 170 – 171.

[②] Nathaniel Kent, *Hints to Gentlemen of Landed Property*, London：J. Dodsley, 1775, p. 17.

水开支，贵族承担全部费用。1833年，威尔特郡的一位亲历者告诉农业委员会："我发现佃农不愿意这么做，除非佃农可以从中得到一部分或者全部报酬。"①

贵族期望从排水中得到高回报，收效未必尽如人意。19世纪三四十年代，詹姆斯·凯里德在北安普农场采用管道排水，结果使小麦增产大约20%，但是这样的例子并不具有普遍性。许多贵族认为从排水工程获得的收益少，他们每亩土地的排水支出在4—8英镑之间，例如北安普敦郡的土质属陶土，修渠排水所需花费的成本相对较高。19世纪40年代斯卡伯勒伯爵每亩排水经费大约5英镑。②

圈地和排水均需要对农用建筑作出相应的改善和扩建。原因在于，首先，如果牲畜被留在田地里，它们会破坏土壤和庄稼，必须找地方供畜群喂养，因而牛棚、马棚、猪圈和粮仓的修建必不可少；其次，农场的扩大，进行圈地和试验农业新技术，农业雇工、农场主和管家住房需求的增长等。

18世纪后半期，农场及其附近的建筑才引起大地主和建筑师的兴趣，从而更为重视农用建筑的修建。纳撒尼尔·肯特、威廉·马歇尔、阿瑟·扬和比斯等研究者都曾指出，农场建筑布局的合理，体现了当时良好的地产管理水平，这与牲畜饲养、种树和圈地同样重要。农场建筑的理想位置在于地产的中心，与四周等距离。18世纪晚期的农场设计大致可分为两类：一类是中空的四边形，粮仓在后面，农场主和管家的房屋在侧面，牲畜和牛棚、马棚、猪圈在前面。另一类以粮仓为中心，周围是其他建筑。任何模范农场的主体建筑都是粮仓，在理想的设计中粮仓最好位于北面，因为这样最方便给牲畜添加饲料。科克在霍卡姆的农场修建得最为完善，至今大部分建筑保存了下来，是当时模范农场的代表。科克在遗嘱中声称他在霍卡姆农场建筑中耗资500000英镑，仅仅在1792—1820年，他在霍卡姆农场修建的建筑大约有30处之多。③

贵族地主在农业中投入大笔资金，本来期望获取相应报酬，但是他们在农业投资取得的回报是不同的。明盖和钱伯斯估算，圈地之后地租平均增长2倍，1760—1813年间，地主用于土地改良的毛收益率大概是

---

① F. M. L. Thompson, *English Landed Society in the Nineteenth Century*, London: Routledge & Kegan Paul, 1963, p. 172.

② J. V. Beckett, *The Aristocracy in England, 1660-1914*, Oxford: Blackwell, 1986, p. 178.

③ John Martin Robinson, "Model Farm Buildings of the Age of Improvement", *Architectural History*, Vol. 19, 1976, p. 18.

15%—20%。① 排水得到的收益不尽如人意，1831—1856 年林肯郡的排水没有产生丰厚的回报，但是贵族地主即使冒风险也愿意从银行借钱来投资农业。贵族地主对经济的态度很重要，他们提供固定资本是为采用优良的农耕方法创造有利的环境。这实际是资本主义理念的一种反映，有别于旧式的封建地主。

16 世纪以降，土地商业化的趋势越来越明显，英国贵族把土地当作资本来经营。保尔·芒图通过对英国农业制度的分析得出了如下结论："改变英国乡村的东西，造成圈地、瓜分公地、囤购农场的东西，都是用到农业上的商业精神。这就是地主们把土地视为资本的欲望，他们力图通过有系统的经营来从中获得更大的收入。"② 贵族对农业的投资与整个社会对农业的重视是密不可分的，直到 19 世纪英国社会对农业的投资仍然高于对工商业的投资。据学者菲莉丝·迪恩的估计，17 世纪末期，英国农业资本（包括土地在内）在国民总资本中占到了大约 64%，到 19 世纪初期农业资本仍然占到了大约 54% 或者 55%。③

贵族经营地产的主要目的还是获得丰厚的经济回报。今天我们在看待贵族土地投资的收益时，要注意总收入和纯收入的区别，尤其是他们的成本支出。贵族在地产上的支出包括纳税、修建和维修农用建筑的费用等。1693—1798 年英国实行的土地税基本上是针对地租的一项税收，除此之外贵族们还需要交捐税（tithe payments）。这些支出的费用相当之大，如果是贫瘠的土地，贵族需要投入的成本会更高。

贵族在改善、维护农场所用的资本在不同的时间和不同的地产存在差别，这种差别取决于当地的各种条件。18 世纪前半期贵族的地产开支较小。在诺福克的霍尔哈姆，贵族用于土地改良的资本占总地租的 11%—21%。而其他地区的平均水平也许低得多，金斯顿公爵在诺丁汉郡地产支出仅为 1%—5%，达林顿伯爵的维修支出不足 1%。④ 在坎伯兰，贵族的支出费用各地不一，但总的来说数目不高。索摩塞特公爵地产的支出费用

---

① J. D. Chambers and G. E. Mingay, *The Agricultural Revolution, 1750-1880*, London: Batsford, 1966, p. 84.
② [法] 保尔·芒图：《十八世纪产业革命——英国近代大工业初期的概况》，杨人楩等译，商务印书馆 1997 年版，第 144 页。
③ Phyllis Deane, "Capital Formation in Britain before the Railway Age", *Economic Development and Cultural Change*, Vol. 9, No. 3, April 1961, p. 357.
④ G. E. Mingay, *English Landed Society in the Eighteenth Century*, London: Routledge & Kegan Paul, 1963, p. 178.

不足1%，塞内特伯爵土地的开支是4%，朗斯代尔伯爵的支出费用在6%—8%，最高不超过15%，德文沃特地产开支为8%，喀里斯勒斯地产消耗最大，达到23%。相比之下，坎伯兰所有的乡绅地产开支每年大概没有超过10%。① 18世纪三四十年代农业出现萧条，土地持有者改善农场设施，增加投入以吸引佃农租地。18世纪晚期英国农业经济状况较好，贵族提高了向佃农征收的地租。拿破仑战争期间经济出现萧条，地主把经济负担转移到佃农身上，1815年危机过后，贵族又对佃农采取较为宽松的政策。霍尔德内斯详细研究过贵族地主在东盎格里亚的农业投资。他认为，1776—1785年和1806—1830年这段时间之内，贵族地主在农场维修费和农业生产改良费上的开支最高，虽然在1815年之后，土壤贫瘠的地区没有其他地区所遭受的打击那么大，但是总的来说，1760—1815年用于圈地和其他农业改良的开支不可能代表战争期间全国的资金消耗。②

第三节　贵族开发农业地产的代表

一　莱斯特伯爵

在封建社会的西欧各国中，就地主采用资本主义方式而演变成资产阶级化地主而言，英国资产阶级化地主出现的时间最早。为验证马克思的封建主义社会向资本主义社会过渡的理论，当代学者R. A. 布莱尔用英国农场主和地主的账目解释英国农业革命，他认为18世纪末英国拥有世界上最发达的农业生产力，因为农场主和地主具有资本主义精神，他们均是资本家。布莱尔的理由是基于这样的事实，英国资产阶级化农场主产生的时间大约是在1650—1750年，英国资产阶级化地主出现的时间大约在1750年，资产阶级化地主把资本主义精神传向农业生产领域和工业领域，促使了英国工业革命的爆发。③ 英国资产阶级化地主的代表人物之一就是诺福克郡的托马斯·威廉·科克（1754—1842年）。科克于1783年被封为莱斯特第一代伯爵，是18世纪后期英国进行农业革命的典型代表之一。

---

① J. V. Beckett, *The Aristocracy in England, 1660 - 1914*, Oxford: Blackwell, 1986, p. 202.
② B. A. Holderness, "Landlord's Capital Formation in East Anglia, 1750 - 1870", *The Economic History Review*, Vol. 25, No. 3, August 1972, pp. 442 - 446.
③ R. A. Bryer, "Accounting for the English Agricultural Revolution: A Research Agenda, Part Two: Genesis of the Capitalist Landlord", *Warwick Business School Working Paper*, 2000, p. 1.

科克家族的地产分布较广,遍及诺福克郡、索福克郡、肯特郡、伯明翰、牛津郡、斯塔福德郡、萨默塞特郡、多塞特郡和伦敦。1776 年,托马斯·威廉·科克继承了家族的地产,其经营的地产面积超过 40000 英亩。在几十年的农业生产经营生涯中,科克把精力主要放在农业生产上,即扩大地产规模、出租农场、收取地租、改良农业生产技术。例如他推广"诺福克轮作制",用排水和施肥等方法改良土壤的肥力,选取改进的饲料提高牲畜的质量,他很少在农业以外的领域进行投资。经过他 40 年的努力,诺福克西北部,这个曾经荒凉的不毛之地,变成了英国农业的模范。科克在英国农业革命中的贡献也因此得到了很高的评价,以至于一些英国农业史专家甚至怀疑他在农业改良中的地位是否被夸大了。科克,这位诺福克郡最大的土地所有者,在英国农业史上的崇高地位首先是从经营管理地产开始的,为了维持地产的"纯收入",科克把自家地产管理记录整理得井井有条。学者帕克说:"地产是科克生命的基础,地产的有效管理是不证自明的公理。"① 下面笔者从四个方面来考察科克地产的经营状况,以期审视科克在多大程度上采用了资本主义生产方式。

第一,从土地的承租方式来看,科克沿袭了家族增加地租的方式。任何形式的地租都是土地私有权在经济上的体现,科克家族通过收取低地租、高入地费和不断更换佃户的策略来增加地租收入。18 世纪科克的地租一直在增加,1718 年,该家族在诺福克郡地产上的地租总收入是 6016 英镑,1746 年,上升到 8616 英镑,1759 年猛增至 11153 英镑。1720—1757 年,诺福克郡地产上的年地租收入上升了 70% 以上。② 1776 年科克继承诺福克郡地产后,地租总收入为 12332 英镑,1816 年科克的土地面积比以前扩大了许多,地租总收入上升为 34679 英镑。……1776—1816 年,科克地产的总地租大约增加 2 倍,而不是 4 倍、9 倍或者 10 倍。③ 这个事实说明农业革命不像人们吹捧的那么激烈和革命,农业革命是一个缓慢的过程。也就是说,农业革命本身是进化而非革命。

第二,从农场面积来看,科克的农场以大农场居多,一般来说,有效经营大农场可以使资金产生高回报率,从而增加地租,因此他趋向于采用租佃农场制的经营方式,把大农场租给有足够资本而且善于经营的佃农或

---

① R. A. C. Parker, *Coke of Norfolk: A Financial Agricultural Study, 1707–1842*, Oxford: Clarendon Press, 1975, p. 22.
② Ibid., 1975, pp. 37–39.
③ R. A. C. Parker, "Coke of Norfolk and the Agrarian Revolution", *The Economic History Review*, Vol. 8, No. 2, 1955, pp. 157, 166.

农场主。1780年，科克出租的租地农场如下：面积在5—49英亩的农场有25个，50—99英亩的农场有5个，100—299英亩的农场有23个，300—499英亩的农场有18个，500英亩以上的农场有18个。其中最大的农场是贝洛尼·马莱特在邓顿承租的农场，总共1530英亩，其中可耕地为1390英亩。①随着经营的发展，科克的农场不断扩张，规模越来越大，到19世纪中期，其规模和经营具备了资本主义大农场的特征。1850年，科克在霍卡姆有70个农场，其中的69个农场面积超过了1000英亩。同时，还有28个农场的面积在500英亩以上。据明格的推算，一个佃农在1英亩土地上至少需要2英镑的周转资金，依次类推，经营600英亩的农场则至少需要1200英镑，只有少数殷实的农场主或者佃农才有足够的资金来经营这样的大农场。②所以，科克的大农场一般都出租给了资金雄厚的农场主，这些农场主抛弃了传统的五圃制或六圃制农耕技术，采用了先进的四圃制，雇用农业工人进行农业生产，这类大农场实质上就是资本主义农场。

第三，就租期而言，科克一般采用长期租约制。18世纪人们普遍认为农业土地变革的主要方式之一是长期租约制的流行，长期租约制鼓励农场主长期在农场上投资，以方便于农业生产技术革新与土地改革。英国农业作家南撒尼尔·肯特曾经写道："地产租约是农业的第一次、最大、最理性的鼓励。"③1788年，科克的诺福克地产出租时间统计如下：39块地的出租期是21年，16块地的出租期限分别是18年、19年、20年，9块地的出租期是11—14年，5块地的出租期限是16年和17年，3块地的出租期限是11年，2块地的出租期是7年。1816年，18块地的出租期限是21年，1块地的出租期限是20年，5块地的出租期限依次有三种情况：19年、16—18年、12—14年。④虽然地产租约期限大小不一，但科克的地产租期都普遍较长。这种长期租约制可以保证佃农和农场主安心耕作土地，从而有充裕的时间进行农业生产试验。

---

① R. A. C. Parker, *Coke of Norfolk: A Financial Agricultural Study, 1707 – 1842*, Oxford: Clarendon Press, 1975, p. 89.

② S. W. Martin, *A Great Estate at Work: Holkham Estate and Its Inhabitants in the Nineteenth Century*, Cambridge: Cambridge University Press, 1980, p. 107.

③ R. A. C. Parker, "Coke of Norfolk and the Agrarian Revolution", *The Economic History Review*, Vol. 8, No. 2, 1955, pp. 157, 158.

④ R. A. C. Parker, *Coke of Norfolk: A Financial Agricultural Study, 1707 – 1842*, Oxford: Clarendon Press, 1975, p. 100.

第四，从资金的角度来看，科克长期在农业上投入大笔资金。诺福克郡土质贫瘠，沙化严重，若要进行农业开发，而需要在地产上进行高额投资，这些开支包括农用建筑维修费、敞田圈围费、施肥费。1707—1717年，科克家族至少花费了15%的总租金用来支付农用建筑维修和农业生产改良所产生的费用；1735—1744年，这两笔费用占了总租金的21%；1778—1787年，这两笔开支占了总租金的11%；1807—1816年，这两笔开支又占了总租金的17%。1776—1842年，科克在农用建筑和其他农业生产技术改良上总共投资500000英镑，仅从1807—1816年，他每年平均投资的费用在5000英镑以上。[①] 像科克这样长期把大量资金投资在农业改良上的贵族地主并不多见。资产阶级化地主在追求利润时，往往会计算投资和收益。威德·马丁思教授从科克的审计账目上计算出，1790—1882年，账本上记载的整个地产投资费用为536818英镑，至于建筑费和维修费具体是多少，由于资料限制尚不清楚。如果我们姑且承认威德·马丁思的数据——536818英镑，其中的纯地租收益为59709英镑，1882年，其地产的地租率为11.1%，投资则得到7.6%的收益。[②] 但是这些计算较为刻板，忽略了科克和他的佃农在1790年的资金投入，没有考虑到科克在不断地增加资金投入。因此，要评估1790—1882年科克在农业投资上到底花费多少资金需要认真重新从动态的眼光挖掘资料。

科克被马克思当作一位典型的资产阶级化地主，他是农业生产技术改良的推动者，是资产阶级化农场主变成资产阶级化地主的典型例子，与他生活的那个时代相适应。解读科克的账目，我们可以总结科克经营农业地产的五大特点：第一，计算成本，提供固定资本；第二，增加地租；第三，把土地租给有足够资本而且善于经营的佃农或农场主；第四，逐渐把农场合并，规模变大，便于管理，实现利润的最大化；第五，采用地产长租约制，保证了农场主进行长期投资。

科克受到资本主义生产方式的影响，究其部分原因，可以归功于科克的管家弗朗西斯·布莱基。弗朗西斯·布莱基在管理地产过程中有能力使用资本主义方式，土地的潜力是农场潜在的利润，管家能够准确评估土地的潜力，能够正确制定反映土地潜力的地租比例，鼓励佃农租地。弗朗西

---

① R. A. C. Parker, "Coke of Norfolk and the Agrarian Revolution", *The Economic History Review*, Vol. 8, No. 2, 1955, pp. 157, 164.

② S. W. Martin, *A Great Estate at Work: Holkham Estate and Its Inhabitants in the Nineteenth Century*, Cambridge: Cambridge University Press, 1980, pp. 99–100.

斯·布莱基掌握了这样的经济规律：地租下降，地主的收入会跟着减少；地租上涨，农场主会对农场经营产生懒惰、畏惧的情绪，会造成农场管理不善甚至出现破坏土地的情况。管家对土地精明的管理方式在实施的过程中影响了科克。

西方历史学家特别强调资产阶级化地主农业改良的动机是为了获取社会声望。帕克从而得出了这样的结论："诺福克的科克，像其他英国地主一样，不仅把地产当作一种赚钱的手段，也主要把它当作他在该郡社会声望和政治重要性的基础。要实现这些目标，均要求地主具备有效的地产管理方法，其实，地主从土地经营中获取利润是为了得到社会的尊重和维护自己的尊严。"[①] 换而言之，科克在地产上投资并尽力实现利润的最大化，其目的是保证佃农能够普遍获得比较大的经济收益，通过这样的方式，他可以赢得佃农的尊敬和社会声望。尽管科克作为地主阶级的一员，也生活奢侈，曾在赛马和赌博上就花掉了500000英镑，[②] 但是当科克允许佃农拖欠租金或者减少地租时，也表明了科克具有善良的本质，所以我们应该认为科克投资农业以获得高利润，并不只是在寻求社会声望。

如果说科克是资产阶级化地主的典型，那么第三代斯宾塞伯爵则称得上进步地主的代表。

二 斯潘塞伯爵

斯潘塞家族是米德兰地区的一家名门望族。该家族早在1330年便成为拥有一定数量土地的地主，15世纪末期，又成为沃里克郡和北安普敦郡养羊的农场主。都铎王朝时期斯潘塞家族勤俭节约、管理精明、精打细算，从骑士、男爵、伯爵一步步高升，最后位及公爵，该家族也许是都铎时期英国贵族中唯一一家靠非凡的农业技艺发家致富的贵族家族。18—19世纪该家族有名的人物是第三代斯潘塞伯爵约翰·查理斯·斯潘塞，人们称其为奥尔索普勋爵。1834年，斯潘塞的父亲去世，第三代斯潘塞伯爵被赐予贵族爵位，接管了怀斯顿的埃斯特克洛姆和奥尔的查珀尔布兰普顿地产。黑特福德郡、北安普敦郡和伦敦都有斯潘塞家族的地产。

从1688年"光荣革命"到19世纪，贵族在英国经济、政治和社会生活中地位显赫，处于贵族寡头体制的伟大时代，约翰·坎农甚至把这一

[①] R. A. C. Parker, *Coke of Norfolk: A Financial Agricultural Study, 1707-1842*, Oxford: Clarendon Press, 1975, p. 201.

[②] Ibid., p. 15.

时期称之为"贵族世纪"或者"贵族时代"①。第三代斯潘塞伯爵生于1782年,终于1845年,所处时代是贵族仍然高居于统治地位,后来由于资产阶级的崛起,贵族社会逐渐演变成充满恶意、不和谐的社会环境,贵族阶级的目标是迎接不断发展的工业和更复杂的社会和政治挑战。斯潘塞像他祖先一样,生活在农村;像父辈一样,不惜代价维护贵族的优势地位。应尽的贵族义务、宗教、进步的政治、社会态度使他勤奋工作。他从事的工作种类多,涉及领域广,但是广而不精,不像中产阶级那样职业化。我们很难统计出全英国与斯潘塞情况类似的土地贵族到底有多少,尽管贵族总数少,但他们能够在当地保持足够的权力,19世纪时依然是英国社会的中流砥柱。

当代人以不同的社会政治立场来评论斯潘塞,体现他那个时代英国乡村贵族的特点。斯潘塞有时在众议院为贵族阶层代言,历史学家把他叫作辉格党贵族中最典型的代表,把他当作在自己地产上进行农业生产改良的优秀范例。下文将讨论宗教伦理、政治地位、科学素养对斯潘塞经营农业地产的影响。

英国统治阶级通常利用宗教生活的严肃性和道德责任感制定一些道德礼仪标准,以便让全社会共同遵守。在这种背景下,福音主义(Evangelicalism)在19世纪不断进入英国贵族圈,劝导贵族关心慈善活动,积极做善事。英国贵族把福音主义视为一种极为有用的社会控制工具,以便建立稳定的统治秩序。斯潘塞伯爵告诉他最亲密的宗教朋友——第五代菲茨威廉伯爵,贵族地主的义务是"尽力生产快乐,减少痛苦,贵族手中的权力也具有这样的功能"。戴维·坎纳戴恩的观点是,土地主要是供个人享受之用,第七代德文希尔公爵、第七代贝德福德公爵、第四代达特茅斯伯爵,以及许多其他的地主和绅士对这种看法深恶痛绝。斯潘塞把自己看作地产"名义上"的主人,贵族占有土地天经地义,既为他的继承人也为那些靠他地产生活的人谋福利。他的地位和身份使他处于领袖地位,作为贵族,他的许多追求给他带来声望、知名度以及权力。但是他信仰的福音精神告诉他,这些尘世的成就是短暂的、极易逝去的,价值不大。② 宗教伦理有助于培养贵族的社会责任感,他们没有完全把土地视为一种谋利

---

① John Cannon, *Aristocratic Century: The Peerage of Eighteenth Century England*, Cambridge: Cambridge University Press, 1984, p. 3.
② E. A. Wasson, "A Progressive landlord: The Third Earl Spencer, 1782 – 1845", in C. W. Chalklin & J. R. Wordie, eds., *Town and Countryside: The English landowner in the National Economy, 1660 – 1860*, Boston: Unwin Hyman, 1989, p. 97.

的工具，相反，贵族在农业生产中对佃农提供生产工具与生产资料，支持佃农进行农业革新。

在政治信仰上，斯潘塞属于辉格党派。1804年斯潘塞开始了从政生涯，1806—1834年担任北安普敦郡辉格党的领袖，负责向威斯敏斯特汇报工作，就任辉格党的领袖期间，他表现出卓越的才华，并且领导有方、受人尊敬。在政治理念上，他认为贵族必须随着时代的改变而作出灵活反应，因而热烈拥护1832年议会改革，在贵族统治的社会基础已岌岌可危的情况下，他坚信先进的辉格党并没有完全放弃贵族统治，建议贵族参加农业、工业、政治、司法建设，并且接受大学教育，这样会使贵族更牢固地执掌政权。① 对于斯潘塞在政治上的突出贡献，19世纪英国大历史学家伊利·哈勒维把斯潘塞称为"辉格党贵族最典型的代表"②。他的评论也许言过其实，但是斯潘塞的确在辉格党党内引起较大反响，英国政治家迪斯雷利说"奥尔索普勋爵是唯一能把辉格党团结起来的人"③。

斯潘塞在政治上的权力与成就使他有能力支持农业的发展与维护佃农的利益。例如他在北安普敦郡组建了北安普敦郡农业协理会，鼓励采用新的农业生产技术，奖励农业生产中有突出贡献的普通劳动者。一些地主趋向于将土地短期出租给佃农经营，但是短期租约不利于佃农安心从事农业生产技术的改进，有的佃农为此怨声载道，斯潘塞通过立法允许佃农可以与地主协商土地租赁的期限。此外，斯潘塞在1841年甚至赞同废除代表地主阶级利益的《谷物法》，认为英国谷物交易应该遵循自由贸易的原则。④ 可见，斯潘塞是贵族集团中的有识之士。

斯潘塞的科学素养在他作为农业地主的身份中得到体现，这也是他作为进步地主最重要的素质。在19世纪上半期农业改良最重要的地主支持者中，诺福克的科克排第一位，斯潘塞伯爵排第二位，当时被誉为"英国农业的伟大赞助者"。斯潘塞被称为"贵族小明星"，在培育牲畜方面与贝克韦尔和科林斯齐名。他不仅仅是农业推广者、宣传家，还亲手做实验，比较各种牛交配的存活质量，他的"短角"奶牛试验非常成功，他

---

① Ellis A. Wasson, "The Spirit of Reform, 1832 and 1867", *A Quarterly Journal Concerned with British Studies*, Vol. 12, No. 2, Summer 1980, pp. 166 – 168.
② Elie Halevy, *The Liberal Awakening, 1815 – 1830*, London: Ernest Benn, 1961, p. 259.
③ Ellis A. Wasson, "The Spirit of Reform, 1832 and 1867", *A Quarterly Journal Concerned with British Studies*, Vol. 12, No. 2, Summer 1980, p. 167.
④ E. A. Wasson, "The Third Earl Spencer and Agriculture, 1818 – 1845", *The Agricultural History Review*, Vol. 26, No. 2, 1978, p. 97.

死后的半个世纪,育种人员仍然记得他,夸奖他精湛的技术。

斯潘塞对科学抱有极大的热情,进剑桥大学求学之前他一直在举办化学讲座,他的数学和逻辑成绩优秀,而且他还亲自建立了一个实验室,利用经济学、地理学、生物学的知识对农业试验进行系统研究。尽管斯潘塞是一位业余的科学爱好者,但他对农业化学产生过强大的兴趣,与学术界保持着良好的关系。他在奥尔索普花园的旧养狗场进行养兔试验,采用新的排水及其把威斯顿的松软潮湿的土壤转变成放牧的草坪,定期对他的绵羊作医学检查,在主要的农业杂志上刊登一些学术文章。尽管业余科学爱好者在英国贵族中并非闻所未闻,但斯潘塞在某种意义上代表了一股新潮流。与之相反,诺福克的科克反对建立皇家农业协会,因为他觉得进一步支持试验没有必要,而且认为把化学用在农业上是荒谬的。与科克同时代的另一位农业家第六代贝德福德公爵放弃了斯密斯菲尔德俱乐部和剪羊毛展销会,因为他认为牲畜的培育技术已经达到最高峰。斯密斯菲尔德俱乐部和皇家农业协会是当时两个最著名的农业机构,斯潘塞成为这两个机构的主席,他坚信进一步做研究的价值重大,在皇家农业协会作演讲时提出了著名的口号:"把科学应用于实践。"[1]

近代初期,英国贵族欠债是一个普遍现象。J. E. 丹尼森猜测英国 2/3 的土地与债务有关联。斯潘塞家族曾经有三代欠过债,到 1833 年,第三代斯潘塞伯爵债务累计 60000 英镑,其中的很大一部分借款是用来投资农业生产。一些贵族地主家庭拖欠的债务超过了斯潘塞家族的债务。1844 年,德文希尔公爵欠债 1000000 英镑,菲茨威廉伯爵大约在同一时期欠债 800000 英镑,几年之后伦敦德里侯爵负债 600000 英镑。其他贵族欠债数目和斯潘塞家族很相似,例如波特兰公爵、贝德福德公爵、比特侯爵、多尼加尔侯爵。[2]

当时,贵族中的进步人士,或者称之为进步地主并不喜欢拖欠债务,这是贵族伦理道德和事业心的一种反映。斯潘塞乃至整个家族亦如此,不像其他地主一样不思进取,他们把债务看作是一种降低身份的负担,因此主张竭尽全力及时还清债务。斯潘塞偿还债务的方式之一是出售家族部分地产。贵族的身份地位大小通常与占有土地的多少成正比,卖地对贵族影

---

[1] R. A. C. Parker, *Coke of Norfolk: A Financial Agricultural Study, 1707 – 1842*, Oxford: Clarendon Press, 1975, p. 161.

[2] E. A. Wasson, "A Progressive landlord: The Third Earl Spencer, 1782 – 1845", in C. W. Chalklin & J. R. Wordie, eds., *Town and Countryside: The English landowner in the National Economy, 1660 – 1860*, Boston: Unwin Hyman, 1989, p. 94.

响巨大，所以一些贵族反对卖地，例如前文已谈到过德文公爵认为出卖地会"降低家族的地位"。戴维·坎纳戴恩说："与欠债但有大面积地产的地主相比，一位因债务拖累而出售土地的地主是一个'小人'。"① 汤普森陈述在维多利亚初期，财富和地位存在悖论。如果贵族失去了土地，他就不再是真正意义上的土地贵族，对于贵族而言，即使背负沉重的债务也不可能大量出售土地。他列举詹姆斯·格拉汉、伊夫林·丹尼斯和莫森等贵族地主都曾如此。土地利益在19世纪晚期仍旧在社会中保留了下来。②

斯潘塞并不属于戴维·坎纳戴恩和汤普森所描述的那类不肯卖地的贵族。在英国城市没有扩建、地价尚未上涨之前，斯潘塞就卖掉北安普敦郡外面的一块地产和伦敦南面的地产。虽然成交价格偏低，但他还是获得324660英镑的收入，按照当时房地产的平均价格，斯潘塞损失了8964英镑的收入。除此之外，波特兰公爵、萨瑟兰公爵和道恩公爵都曾经出卖过土地，这些公爵的社会等级并没有遭到重大损失。其原因在于许多贵族只是卖掉地产的边远部分或者次要的地产，没有一家贵族愿意把地产的核心部分加以出售。③

贵族地主在农业上的进步性受到了现代研究者的质疑，他们从不同角度对这一问题进行了解析。戴维·坎纳戴恩在引用哈巴卡克的话时认为，学术界过度强调了地主精英关心地产开发和政治影响。根据这种观点，贵族首先把地产看作一种消遣，他们并没有认真经营和管理地产。④ 在R. J. 奥尔尼看来，从贵族中遴选出来的地主在众议院任职时并未产生一种荣誉感，相反，这类地主认为自己是不幸的，他们根本不重视农业政策的制定。⑤ 戴维·罗伯兹认为19世纪初贵族仍然推行庇护制，但是贵族遇上了形形色色的挑战，比如，激进主义、不合潮流者、中产阶级均在质疑贵族的特权地位，于是贵族企图通过强化对社会的统治权力来迎接挑战。希思·科里蒙森也认为直到19世纪晚期，贵族主要追求的还是他们在政治

---

① David Cannadine, "Aristocratic Indebtedness in the Nineteenth Century England: The Case Reopened", *The Economic History Review*, Vol. 30, No. 4, November 1977, p. 638.

② F. M. L. Thompson, *English Landed Society in the Nineteenth Century*, London: Routledge, 1963, pp. 290 – 291.

③ E. A. Wasson, "A Progressive landlord: The Third Earl Spencer, 1782 – 1845", in C. W. Chalklin & J. R. Wordie, eds., *Town and Countryside: The English landowner in the National Economy, 1660 – 1860*, Boston: Unwin Hyman, 1989, pp. 95 – 96.

④ David Cannadine, "The Theory and Practice of the English Leisure Classes", *The Historical Journal*, Vol. 21, No. 2, June 1978, pp. 461 – 462.

⑤ R. J. Olney, *Lincolnshire Politics, 1832 – 1885*, Oxford: Oxford University Press, 1973, p. 232.

上的影响力。①

其实，贵族地主对农业改良产生兴趣是受时尚驱使，或者愿意同新兴的资产阶级的收入进行竞争，他们希望比新兴资产阶级（工业资产阶级）更加富裕。一些贵族地主属于极富创造力、充满农业革新思想的企业家。投资农业并不像随便投资基金一样可以带来高回报，甚至更不像投资于一些冒险的商业企业。斯潘塞对科学的热情导致他大力采用新方法和新技术。他可算得上是位与众不同的新式贵族地主，在许多方面符合历史学家G. M. 扬对18世纪晚期贵族继承人典型的描述：

> 他的儿子应该是该郡县的一位要员，但他在语言和穿着上应该符合他那个时代的标准。他会利用里卡多原理讨论谷物法，或者给佃农开设李比希②关于农业和化学方面的讲座，并传授科普知识。③

G. M. 扬对19世纪前期进步地主的叙述是准确的，尽管不是每个贵族都符合该标准，斯潘塞和他的大多数朋友是符合这一标准的。维护他们权力和土地的不是家长作风（paternalism）的复苏，而是他们主动适应新时代精神的结果。总之，斯潘塞是受到宗教伦理、科学热情和适应时代精神的影响而大力进行农业生产技术改良的新一代贵族。

三　贝德福德公爵

近代英国贝德福德家族家世显赫，多次被封授为贝德福德公爵。早在1414年该家族成员兰开斯特的约翰就被赐予贝德福德公爵称号，该家族的成员先后在1470年、1478年、1485年获得了公爵的爵位。1547年建立的沃本庄园是该家族的宅邸，1694年，威廉·罗素（1616—1700年）被封为贝德福德第一代公爵，之后的公爵有第二代贝德福德公爵（1680—1711年）、第三代贝德福德公爵（1708—1732年）、第四代贝德福德公爵（1710—1771年）、第五代贝德福德公爵（1765—1802年）、第六代贝德福德公爵（1766—1839年）、第七代贝德福德公爵（1788—1861

---

① E. A. Wasson, "A Progressive landlord: The Third Earl Spencer, 1782 – 1845", in C. W. Chalklin & J. R. Wordie, eds., *Town and Countryside: The English landowner in the National Economy, 1660 – 1860*, Boston: Unwin Hyman, 1989, p. 97.
② 李比希（Justus von Liebig）是德国著名化学家，被农学界称为"农业化学之父"。
③ G. M. Young, *Today and Yesterday: Collected Essays and Addresses*, London: Rupert Hart-Davis, 1950, pp. 149 – 151.

年)、第八代贝德福德公爵(1809—1872年)、第九代贝德福德公爵(1819—1889年)、第十代贝德福德公爵(1852—1893年)等。贝德福德家族的地产庞大,据统计,1892年,贝德福德家族在各郡的土地累计达73038英亩,其中,林肯郡的土地22845英亩,德文郡和多赛特郡的土地24792英亩,贝德福德郡和白金汉郡的沃本地产25401英亩。[①] 该家族的收入主要是来自农业地产,但是他们拥有的城市地产同样不可小觑,尤其是伦敦的城市地产长期为家族带来了丰厚而稳定的收入。这在贵族开发伦敦地产一章中将会被提及。

在贝德福德家族的众多公爵中,最重视农业生产经营的首推第五代公爵。第五代公爵在沃本建立家庭农场,专门将其中的300英亩土地当作农业生产技术试验场地,比如对繁殖绵羊进行试验,栽培农业新作物。他废除了自家地产上的敞田制,将荒地变成可耕地,修建排水灌溉工程,组建英国农业协理会与贝德福德郡农业协理会,每年召开剪羊毛交流会,制定法律推动农业技术革新,这些事迹使第五代贝德福德公爵成为著名的农业贵族改良家。

这里仅举两例来说明第五代贝德福德公爵对农业的影响。一个例子是贝德福德第五代公爵经过农业实验,培养出一种叫作德文牛的新杂交牛种,这种牛长的肉非常多。诺福克郡的莱斯特伯爵是18世纪与贝德福德第五代公爵齐名的英国农业革命的代表,有一天,他惊奇地发现了30头从未见过的体格健壮的牛,几经询问,才得知这是第五代贝德福德公爵送给他的畜牧新品种,莱斯特伯爵发觉这种德文牛的产肉量非常大,于是在当地大力推广,德文牛成为伦敦屠夫的抢手货。另一个例子是贝德福德第五代公爵利用立法来推动农业革新。当英国圈地运动发展到议会圈地时,圈地往往需要经历一套复杂烦琐的程序,造成圈地成本十分高昂。第五代贝德福德公爵在上院参加了辉格党,1800年,他向上院呈递请愿书,要求简化议会圈地程序,降低圈地成本,他的申请获得了批准,促成了1801年的《一般议会圈地法令》的诞生,由此圈地的成本相应减少了。[②] 圈地的数量开始较以往有较大的提高,便于贵族积聚大地产进行农业革新。

1802年,贝德福德第五代公爵去世后,该家族对农业经营的兴趣开始

[①] Richard Perren, "The Landlord and Agricultural Transformation, 1870 – 1900", *The Agricultural History Review*, Vol. 18, No. 1, 1970, p. 43.

[②] David Brown, "Reassessing the Influence of the Aristocratic Improver: The Example of the Fifth Duke of Bedford (1765 – 1802)", *The Agricultural History Review*, Vol. 47, No. 2, 1999, pp. 192 – 193.

下降，但他们对农业地产的投资金额却增加了。例如 1815 年以后，佃农受到农业萧条的严重打击而对农业经营失去兴趣，转而对承租贵族地产的兴趣也降低了，在这种情况下，贵族为了吸引佃农对地产经营的热情，他们一方面减少了地租，另一方面又在圈地、排水修渠、修建农用建筑、介绍农业新科学技术以及技术援助等方面加大了投入，尤其是 19 世纪中期英国的"高级农业"（high farming）的繁荣使得贵族增加了农用建筑维修费和农业生产改良费的支出。19 世纪贝德福德家族的地产收入和开支即反映了这一特点。据哈巴卡克的估算，18 世纪初贝德福德公爵的地产全年总收入大约为 31000 英镑，农用建筑维修费和农业改良费为 2400 英镑，大约占了总收入的 7.5%。[①] 这个数据与明盖得出的数据比较接近，在 1732 年，贝德福德公爵用于农场的固定资产维修费和土地改良的费用占地租总收入的 8%。[②] 而到了 19 世纪开支不断增加，贝德福德公爵在贝德福德郡和白金汉郡地产的开支和农业生产的长期改良费用，19 世纪 20 年代为 5%，30 年代为 7%，40 年代为 30%，50 年代为 40%。从表 3—1 比较贝德福德公爵在贝德福德郡和白金汉郡地产的早期开支即可看出这一点。

表 3—1 贝德福德公爵在贝德福德郡和白金汉郡地产的年平均收入和开支

时间（年）	地租（英镑）	总收入（英镑）	维修费（英镑）	税收、维修费等	维修费在地租中的比例（%）	税收和维修费在收入中的比例（%）
1816—1825	31238	41387	7509	12506	24	30
1826—1835	28822	39301	11378	16467	39	42
1836—1845	31087	42739	8780	14891	28	35
1846—1855	35367	48349	6088	13606	17	28
1856—1865	41423	51106	6405	14211	15	28
1866—1875	45850	51656	10652	17637	23	34
1876—1885	40449	51804	6759	14327	17	28
1886—1895	28317	35899	4613	10953	16	31

资料来源：J. V. Beckett, *The Aristocracy in England, 1660 – 1914*, Oxford: Blackwell, 1986, p.202。

[①] H. J. Habakkuk, "Economic Functions of English Landowners during the Seventeenth and Eighteen Century", *Explorations in Entrepreneurial History*, Vol. 6, No. 2, December 1953, p. 95.

[②] G. E. Mingay, *English Landed Society in the Eighteenth Century*, London: Routledge & Kegan Paul, 1963, p. 178.

从1816—1895年，贝德福德郡和白金汉郡地产的税收和维修费平均为32%，其支出和收入是成比例的，而维修费又是其中最灵活机动的开支，不容易准确计算出。当税收增加，负担加重，农场维修费用会跟着下降，这种情形比较普遍。然而，如果把税收、农场维修费和长期农业改良费用一起计算在内，这些因素对贝德福德公爵的地产收入会产生比较大的影响，如表3—2所示：

表3—2　　税收、维修费和长期农业改良费用在贝德福德地产总收入中的比例（%）

时间	贝德福德郡和白金汉郡	索尼
1816—1835	39.8	46.6
1836—1855	52.7	46.0
1856—1875	50.1	61.0
1876—1895	41.7	60.9

资料来源：J. V. Beckett, *The Aristocracy in England, 1660－1914*, Oxford: Blackwell, 1986, p. 204。

在表3—2中，贝德福德公爵也把管理和林地的费用计算在内，从1816—1895年，这五项开支占贝德福德郡和白金汉郡地产总收入的62%，占索尼地产总收入的70%。[1]

沃本和索尼属于贝德福德郡的农业区域，曾经被誉为"英格兰最好的小麦产地之一"，1816—1895年，沃本和索尼农业收益欠佳。1816年以降，贝德福德公爵总共投资4250000英镑，到1895年，亏损额达到7000多英镑。1875—1895年，新建工程投资的回报率很低，索尼只有2.1%左右，沃本仅占1%，总之，大地产在当时纷纷衰败、破产，贝德福德地产的衰败也在所难免，同样陷入荒凉的境地。当地方政府奚落贝德福德公爵，并有意给他找麻烦时，他曾写信给中央政府，语言十分辛辣："我把地主的破产归结为帝国的过失，帝国担心土地，好像土地的存在是一种阻碍。"贝德福德公爵的评论引起全国轰动，评论人士将其视为"批评英国地产制度的大地主的宣言"[2]。

---

[1] J. V. Beckett, *The Aristocracy in England, 1660－1914*, Oxford: Blackwell, 1986, p. 204.

[2] David Spring, "Land and Politics in Edwardian England", *Agricultural History*, Vol. 58, No. 1, 1984, pp. 18－19.

贝德福德家族农业经营的衰败与19世纪70年代英国的农业危机紧密相连。1873年，资本主义世界爆发了一次空前严重的世界性经济危机，英国的农产品价格受其冲击，价格不断下降，引发19世纪70年代英国的农业危机，这场危机持续20年之久，于1896年结束。这场农业危机打击了贵族和乡绅的势力，导致土地贵族在政治上的衰落，使得许多农场主破产，地产的价值因而大大降低，出现土地荒芜、出租困难、无人耕种的荒凉局面。1873年，贝德福德地产的总收入为234856英镑。农业大萧条之前，该家族的地产净收入比较正常，该家族在塔维斯托克的地产收入大约为20000英镑，索尼也没有出现财政赤字，他们宣称索尼地产净收入仅仅只有441英镑，实际上为1800英镑。但是，从1873—1895年，农业地租一直在下降，他家的几个地产受影响的程度差别很大。在这次农业大萧条中，索尼的农业收入受到的打击最大，农场租金下降45%，沃本和塔维斯托克受到的冲击较小，农场租金分别下降了22%和12%。对于此次农业萧条所遭受的经济灾难，贝德福德用伦敦房地产的租金来弥补农场租金的损失。[1]

农业大萧条之后，土地贵族对未来的财富和政治走向普遍存在恐惧，这种恐惧不是无中生有，其实自拿破仑战争以来，破产和灾难始终笼罩着英国贵族的心理，而农业危机加深了这种恐惧感。那些新兴的贵族财富急剧增加，他们乐善好施，承担公共职责，热爱英国乡村生活，与他们相比，贝德福德公爵觉得自己软弱无力。当政府批评那些以城市地产为生的贵族地主时，贝德福德公爵发现自己失去了往昔的社会地位。贝德福德家族经历过农业革命时期的繁荣阶段，也饱尝了农业萧条所遭受的打击，至19世纪下半叶其家族的衰败是贵族集体身份认同受到冲击的一个缩影。因为在维多利亚晚期，贵族大地产制已经遭到严重削弱，英国的社会、经济已经发生极大的改变，其中的一个征兆是土地所有者作为财富和社会地位的主人，在政治改革和社会动荡中，他们的社会地位遭到前所未有的挑战，其优势地位被迫与金融家、工业家分享。贵族对农业的认同降低了，逐渐被迫把从土地的投资转为对工商业的投资。

贵族在农业方面的改良和投资折射出贵族具有理性"经济人"的一面，是资本主义精神的反映，贵族的封建地主身份因而遭到质疑，贵族向资本主义化贵族转变，这类社会精英分子富有进取心，主要在农业领域积

---

[1] David Spring, "Land and Politics in Edwardian England", *Agricultural History*, Vol. 58, No. 1, 1984, p. 20.

极追求财富的累积，他们在农业改良中起了重要的示范作用，为英国贵族树立了良好的榜样。

第四节　英国启蒙思想家对贵族开发农业地产的影响

英国近代贵族积极参与各种农业社团组织，提倡科技兴农，前文提及他们具有农业"改良"（improvement）或者说农业革命的精神，这些可以从当时英国社会的大环境，尤其是苏格兰启蒙运动中得到进一步解释。贯穿于18世纪的苏格兰启蒙运动是一场思想解放运动与社会文化运动，主要发生在哲学、经济学、法学等领域，诞生了诸如弗朗西斯·哈奇森、大卫·休谟、亚当·斯密、亨利·霍姆等著名启蒙思想家，但又不仅仅局限于上述领域以及少数几位领军人物。事实上，苏格兰启蒙运动还涉及农业、地理学、化学、医学、数学、社会学、人类学、心理学、美学、建筑等学科领域，诞生了诸如约翰·沃克、詹姆斯·哈顿、柯林·麦克劳林、威廉·亨特、安德鲁·邓肯、亚当·弗格森等不同学科的知识精英。一个不容忽视的事实是，许多启蒙思想家所取得的成就与贵族的支持、赞助息息相关。

英国贵族常常通过庇护制来为社会提供帮助，他们曾经资助过诸多苏格兰启蒙思想家。例如1723—1761年，第三代阿盖尔公爵（1682—1761年）在苏格兰执政期间曾经赞助过威廉·罗伯森、约翰·霍姆、亚当·弗格森、亨利·霍姆、弗朗西斯·哈奇森、亚当·斯密、威廉·卡伦、约瑟夫·布莱克等数十位学者，被当代学者罗杰·爱默生称赞为"苏格兰启蒙运动之父"[①]。反过来，苏格兰启蒙思想家也用他们渊博的学识给予贵族文化、经济、教育上的支持。亚当·斯密、约翰·沃克、詹姆斯·安德森、弗朗西斯·哈奇森、亨利·霍姆等启蒙思想家通过在贵族组织的农业社团发表演讲，担任贵族的科技顾问，充当贵族的家庭教师，利用大学讲坛传播科学文化知识等方式，直接启发了贵族投资农业改良的热情。

启蒙思想家在农业方面对贵族的影响是一个广阔的研究领域，涉及的

[①] Roger Emerson, "The Contexts of the Scottish Enlightenment", in Alexander Broadie, ed., *The Cambridge Companion to the Scottish Enlightenment*, Cambridge: Cambridge University Press, 2003, p. 16.

人数众多，时间跨度大，人文社会科学与自然科学均包含在其中。本节拟选取亚当·斯密与约翰·沃克两位启蒙思想家作为个案，探讨他们对贵族开发地产的影响与作用。

一 亚当·斯密与巴克卢公爵

亚当·斯密（1723—1790年）是一位著名的苏格兰启蒙思想家，被誉为英国古典政治经济学之父。其时他曾参与了各种社团，比如爱丁堡哲学学会、智者协会、文学协会、政治经济学俱乐部等。纵观亚当·斯密的一生，他与多位贵族有过密切交往。据笔者的粗略统计，斯密曾与阿盖尔公爵、巴克卢公爵、马尔伯勒公爵、白金汉公爵、谢尔本伯爵、查塔姆伯爵、比特伯爵、巴肯伯爵、阿伦德尔伯爵、克莱雷顿伯爵、华威伯爵、罗斯林伯爵、科博伯爵、邓弗里斯伯爵、奥勒若伯爵、埃罗尔伯爵、劳德戴尔伯爵、斯坦诺普伯爵、切斯特菲尔德伯爵、波切斯特男爵、穆雷男爵、多切斯特勋爵①等二十余位贵族有关系。斯密的父亲曾经受到过第二代阿盖尔公爵的赞助，斯密本人的青年、中年时期则受到第三代阿盖尔公爵的庇护，例如支持他在格拉斯哥大学教授岗位的聘任。此外，穆雷男爵也曾经是斯密的赞助人。上述贵族亲自参与农业地产改革的并不多，第三代阿盖尔公爵与谢尔本伯爵虽然进行了土地改革，不过没有受到斯密的直接影响。尽管如此，以上种种表明贵族与启蒙思想家的交往是非常普遍的社会现象，他们彼此之间产生相互影响，也是可以想见的。就斯密而言，受他影响较深的是几位贵族学生。例如，谢尔本伯爵的儿子托马斯·佩蒂·菲茨莫里斯与波切斯特男爵在格拉斯哥大学求学时都曾经寄宿在斯密家中，他们毕业后都走上了仕途。巴肯伯爵（1742—1829年）亦曾在格拉斯哥大学受到斯密的教导，他是一位自然史学家，在政界与学术界都有影响，也曾大力支持过苏格兰的启蒙运动。相关史料表明，亨利·斯科特，第三代巴克卢公爵（1746—1812年），是斯密的众多学生中，既与他交情较深且又从事过农业改革的一位。

巴克卢公爵是爱丁堡皇家学会的第一届主席，他是爱丁堡文化事业的主要赞助者，与亚当·斯密、大卫·休谟、威廉·罗伯逊、亚当·弗格森、亚历山大·卡莱尔等知识界人士建立了良好的关系。作为巴克卢公爵的家庭教师，斯密与他的关系更为密切，1764年2月至1766年10月他们

---

① 除公爵之外，侯爵、伯爵、子爵、男爵都可以称为勋爵，现有资料无法查明多切斯特勋爵的家世。

结伴到欧洲大陆游学，其间结识了重农学派代表人物魁奈与杜尔阁，两年多的旅游经历加深了他们的友谊，这种亲密关系一直维持到1790年斯密去世。巴克卢公爵是18世纪后期苏格兰的主要统治者，该家族的地产在全英国贵族地产中名列前茅，斯密参与了巴克卢公爵的地产管理事务，因此笔者接下来拟考察斯密在巴克卢公爵处理地产管理事务中的影响与作用，以便从更宏观的视野来探讨苏格兰启蒙思想对农业革命的影响。

斯密参与巴克卢公爵的地产管理最早可追溯到1767年秋季。巴克卢公爵从小在伦敦长大，他家族的地产主要位于苏格兰，他的继父查尔斯·汤森德议员一直为他管理家族地产。1767年8月巴克卢公爵第一次到苏格兰达尔基斯宅邸，打算在9月13日生日这天庆祝他的成人仪式，岂料他的继父查尔斯·汤森德于9月4日就去世了，管理家族地产的重任落在了巴克卢公爵肩上，巴克卢公爵于是恳请斯密在他生日之后留下来协助他打理家业。斯密在达尔基斯住了两个月，在这段时间里他引导巴克卢公爵从未成年人转变为成年人，并熟悉当地的风土人情，更为重要的是，协助巴克卢公爵管理地产。当时巴克卢公爵家族地产的租期协议受到限嗣继承制度的影响每隔几年要重新续租，这对于承租的佃农来说非常不方便，而且他还面临家族的树林管理不善等问题，于是巴克卢公爵进行了地产改革。改革的内容有两点：一是在报纸上刊登整个地产重新出租的消息，二是向议会提出申请，试图改变巴克卢公爵地产的严格限嗣继承制度。巴克卢公爵在苏格兰最亲密的朋友就是亚当·斯密，他是否向斯密咨询如何经营管理地产？斯密是否参与了这两项内容的草拟方案呢？

因斯密生前的信件被大量销毁，两人之间的通信现存只保留了巴克卢公爵写给斯密的两封信件，一封写于1780年11月26日，另一封写于1790年2月24日，① 遗憾的是，这两封信件均未提及地产改革。不过，我们可以从其他人的通信和当时的报纸去探讨。

第一封是1767年10月16日坎贝尔父子之间的通信。律师坎贝尔·艾莱是斯密的一位学生，他的父亲阿奇博尔德·坎贝尔是巴克卢公爵地产的法定代理人，艾莱在信中向他父亲提到：这一年10月16日，斯密"代表"巴克卢公爵与他商洽地产管理，巴克卢公爵希望改变他家族地产的限嗣继承条款，斯密为此草拟了一份申请，希望议会同意公爵的租户能够签订租期为19年的租约。艾莱事先对巴克卢公爵地产事务不熟悉，鉴于

---

① Ernest Campbell Mossner and Ian Simpson Ross eds., *The Correspondence of Adam Smith*, Oxford: Clarendon Press, 1987, p. 254, pp. 323-324.

4 天之后斯密会与他进一步商洽此事,因此写信征求他父亲的意见。① 还有两封信函则写于 4 天之后。其中一封是艾莱与斯密讨论租约草案,艾莱写信将此事告知他父亲。② 另外一封则是阿奇博尔德·坎贝尔写信告诉斯密地产改革一事,阿奇博尔德·坎贝尔在报刊上刊载了巴克卢公爵地产重新出租的广告,广告声明巴克卢公爵在苏格兰的地产有 439 个农场,公爵家族的各类地产合同期限将至下一年五月的圣灵降临节,并提醒各位承租者提前做好准备,同时还提及斯密对"租约条款的修订"③。这说明斯密参与了此次广告策划。9 天之后,阿奇博尔德·坎贝尔又写信告诉斯密,见图 3—1:

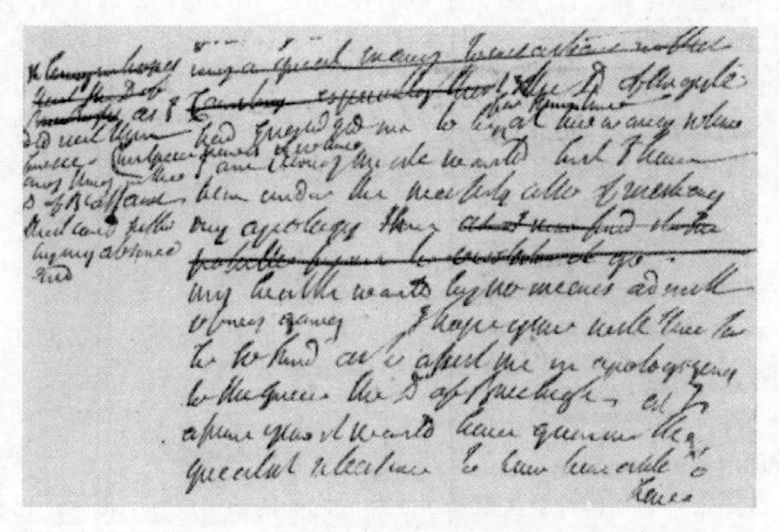

图 3—1 阿奇博尔德·坎贝尔给斯密的信函

此文献收藏于苏格兰国家档案馆:National Archives of Scotland, GD224/389/2/20, Draft of Archibald Campbell's Letter to Adam Smith, Regarding Management of the Buccleuch Estate, 29 October, 1767。

信上说,出租地产的成败有赖于广告的传播,另外,向议会提出的议

---

① National Records of Scotland, GD224/386/11, Ilay Campbell to Archibald Campbell, 16 October, 1767.
② National Records of Scotland, GD224/386/11, Ilay Campbell to Archibald Campbell, 20 October, 1767.
③ National Records of Scotland, GD224/389/2/19, Draft Advertisement in Archibald Campbell's Handwriting, October, 1767.

案才刚刚启动,因而地产出租的具体方案还在酝酿之中,也许来年的三月份或者四月份才会制定出适当的方案。① 在这封信里,阿奇博尔德·坎贝尔以商量的口吻,与斯密探讨了地产改革计划。这些信函揭示了包括农业改革思想在内的苏格兰启蒙思想在巴克卢公爵地产上的实践,当代苏格兰学者邦尼曼·布赖恩甚至认为斯密在制定地产改革方案中起着核心作用。②

接下来我们要探讨的是,斯密对参与农业改革的贵族持何种态度?他为何要亲自参与农业地产改革?

带着第一个问题,我们先来了解斯密对整个贵族的态度。斯密虽然辅导过多位贵族,但他的著作中充斥着对贵族的批评。

一是批判贵族阶层的寄生本性。斯密认为贵族的权力并非来源于自身高尚的道德,而是通过自身的地位与特权获取的,贵族们往往缺乏持久的耐心、勤奋、刚毅、学问、仁慈等美德,因而不适合担任公共事务的高级职务,可是由于出身高贵,他们位高权重,拥有巨大的财富。这是斯密在《道德情操论》中对贵族的认识。斯密还在其他场合多次论及贵族,1763年3月7日,斯密在格拉斯哥大学的讲座中讲述了贵族因追求奢侈与艺术而导致衰落的史实,第二天他继续在课堂上从英国与法国的相关历史来论述"贵族是民主政治的最大反对者与压迫者……只有推翻贵族体制,人民才有人身与财产的安全"③。他后来在《国富论》中用生产性劳动和非生产性劳动的理论再次评价了地主阶级的经济属性,他认为能使生产对象增加价值的劳动就是生产性劳动,不能使生产对象增加价值的劳动就是非生产性劳动,贵族依赖非生产性劳动,从整体上靠地租生活,既不劳动又不关心社会大众利益。④

二是批评贵族捍卫的封建制度,例如长子继承制与限嗣继承制。斯密在1762—1763年与1766年的两份法学讲义中多次谴责长子继承制与限嗣继承制,声称他们阻碍了土地的自由交易,造成了农业经济的凋敝。他认

---

① National Archives of Scotland, GD224/389/2/20, Draft of Archibald Campbell's Letter to Adam Smith, Regarding Management of the Buccleuch Estate, 29 October, 1767.

② Bonnyman Brian, *The Third Duke of Buccleuch and Adam Smith: Estate Management and Improvement in Enlightenment Scotland*, Edinburgh: Edinburgh University Press, 2014, pp. 63-64.

③ Adam Smith, *Lectures on Jurisprudence*, R. L. Meek, D. D. Raphael and P. G. Stein eds., Oxford: Clarendon Press, 1978, pp. 258-264.

④ Adam Smith, *An Inquiry into the Nature and Causes of the Wealth of Nations*, R. H. Campbell and A. S. Skinner eds., Oxford: Clarendon Press, 1976, pp. 330-334.

为长子继承制通过长子继承家族全部地产，防止了贵族家族的地产遭到分割，但是却妨碍了农业的进步与改革。他认为如果地产在诸子中分配，每人经营地产的效果就比长子一人好得多，而且这种体制对贵族家庭也有不利之处，因为它只为长子服务，家庭其他成员经过几代人后可能沦为乞丐；从佃农的角度来说，由于地产不是佃农的私人财产，佃农不会在土地上进行长期的资金投入与土地改革。限嗣继承制是长子继承制的自然结果，同样阻碍了农业进步，其他商品可以即时成交，但是四五英亩土地的买卖却非常耗时，土地交易程序极其复杂，生活在五百年前的祖先有权力制定规则处置所有地产，其后的每代人处理地产及其财产时应当按照祖先的意志办事。斯密因此多次用"荒谬""最荒谬"来批判限嗣继承制。同时，他还注意到这些现象：凡是没有采用限嗣继承制的土地通常都是农业收成最好的土地；长子继承制与限嗣继承制在英国的北美殖民没有那么流行，土地买卖就很常见。①《国富论》中也出现过类似的论述。②

然而，斯密对参与了农业改革的贵族，却表示赞赏。1759 年 4 月 4 日斯密写给谢尔本伯爵的一封信云：

> 苏格兰的一些贵族的地产极其广大，从东海岸一直延伸到西海岸，他们自封为农业改革家，同乡也这样称呼。他们只顾在自家府邸周围开垦二三百英亩土地，但是其余土地全部抛荒，几乎杳无人烟，根本谈不上土地改革，造成了 100 英亩的土地价值不足一先令，他们愚昧无知、玩忽职守、厚颜无耻，但从不内疚，对上帝、国家与子孙后代该如何交代啊。③

斯密的这番话表明，他认为真正能够称得上苏格兰农业改革家的贵族为数甚少，但他在这封信中赞扬了谢尔本伯爵在爱尔兰农业地产改革中取得的成就，称谢尔本伯爵的农业改革是"高尚而仁慈"④ 的事业，体现了贵族的责任与使命感。

---

① Adam Smith, *Lectures on Jurisprudence*, R. L. Meek, D. D. Raphael and P. G. Stein eds., Oxford: Clarendon Press, 1978, pp. 69 – 70, pp. 465 – 469, pp. 524 – 525.
② Adam Smith, *An Inquiry into the Nature and Causes of the Wealth of Nations*, R. H. Campbell and A. S. Skinner eds., Oxford: Clarendon Press, 1976, pp. 381 – 386.
③ Ernest Campbell Mossner and Ian Simpson Ross eds., *The Correspondence of Adam Smith*, Oxford: Clarendon Press, 1987, p. 32.
④ Ibid..

尽管斯密在书中对贵族进行了谴责，但在现实生活中对他的贵族学生既严格又充满爱心。1759—1761 年托马斯·佩蒂·菲茨莫里斯在格拉斯哥大学求学期间寄宿于斯密家中，斯密一共写了 16 封信给他的家人，常常汇报他的学业、品德、性格、健康等，① 斯密与他的师生关系非常良好，类似的情谊后来也发生在斯密与巴克卢公爵之间。

对于第二个问题，我们可以从斯密的农业经济思想进行解答。在担任巴克卢公爵的导师之前，斯密已经在法学讲义中讨论过农业经济并写出了《国富论》的初稿。他认为农业发展是经济持续进步的基础，他称之为"富裕的自然进展"，即一个社会的经济发展应该是从改善农业到制造业，再到外国商业这样三个阶段。如果把资本投在农业、制造业、商业这三个部门，从投入的资本来说，农业会产生更多的劳动，而且，从雇佣劳动数量的比例来看，每年农业比其他两个部门生产更多的财富，投资农业就比投资其他部门对整个社会更有好处。正如斯密总结道："在资本可以投资的所有途径中，农业是迄今为止对社会最有利的部门。"② 所以斯密积极支持农业改革，而农业改革的关键就是土地改革，土地改革的最好方式是把大地产分解为小业主经营的农场，将土地抛向市场，让最想进行土地改革的人拥有土地，用斯密的话来说，就是"有计划与策略之士"，例如资金充足、雄心勃勃、有能力进行土地改革的人。就巴克卢公爵的地产而言，具体的改革措施就是采用地产长期租赁制与废除限嗣继承制，从而将大地产分割为小地产。从历史事实来看，重视农业技术的改良、采用长期租赁制都曾被当时的贵族、地主所广泛实践。例如，科克也曾采用过长期租赁制。但是唯独废除限嗣继承制，无论是从现实的角度还是从法律的角度上来看，都是不太可能被巴克卢，乃至其他的贵族所接受的。从这个角度而言，贵族对于英国农业革命的贡献就难免会有天然的局限性，他们更多的起到的是改进农业技术的示范作用而已。

虽然巴克卢公爵不赞同把大地产划分为小地产，废除限嗣继承制，他还是接受了斯密的一些农业思想，比如农业改革是经济发展的基础，采用长期地产租赁协议，实行限嗣继承制改革等等。尤其是限嗣继承制改革，巴克卢公爵为了能灵活处理他家族的地产，不断向议会申请，恳请延长租

---

① Ernest Campbell Mossner and Ian Simpson Ross eds., *The Correspondence of Adam Smith*, Oxford: Clarendon Press, 1987, pp. 28 – 30, pp. 41 – 42, pp. 44 – 45, pp. 58 – 64, pp. 66 – 67, pp. 69 – 73, pp. 122 – 124, pp. 137 – 138.

② Adam Smith, *An Inquiry into the Nature and Causes of the Wealth of Nations*, R. H. Campbell and A. S. Skinner eds., Oxford: Clarendon Press, 1976, p. 364.

约的时限与扩大继承人处理地产的权限,1770年限嗣继承法案最终获准通过。斯密直接参与巴克卢公爵地产管理主要是1767年巴克卢公爵地产改革的初期阶段,即巴克卢公爵从未成年人过渡到成年人。在此之后,尽管很难找到证据证明斯密直接参与巴克卢的地产管理,但是他们关系密切,斯密继续为他出谋划策。其中的一个例证是18世纪70年代斯密在苏格兰艾尔银行①的破产危机中为巴克卢公爵献计献策,并且把这场危机写入了《国富论》。巴克卢公爵生活在苏格兰启蒙运动的时代,他深受启蒙思想的影响,喜欢阅读、收集农业书籍,赞助地主进行农业改革,投资农业基础设施建设,大力引进动植物新品种等。从1767年开始从事农业地产管理到1812年去世,巴克卢公爵一直都是一位积极参与农业改革的贵族。

总之,作为哲学家与经济学家的斯密,对巴克卢公爵管理农业地产更多的是起着策划的作用。如果说人文社会科学家对贵族开发地产影响不够直接,那么下文将探讨自然科学家对贵族开发地产究竟会有什么样的影响。

二 贵族的科技导师:自然史专家约翰·沃克

约翰·沃克(1731—1803年),苏格兰启蒙思想家、自然史学家。1761—1786年,沃克曾6次去苏格兰高地与赫布里底群岛调查当地农业、工业、渔业、人口、宗教等社会经济状况,撰写了《1764—1771年赫布里底群岛考察报告》以及两卷本《苏格兰赫布里底群岛与高地经济史》,他的大多数论文收录在《自然史与农村经济论文集》之中。1779年他被爱丁堡大学授予自然史皇家教授称号。在沃克生活的时代,自然史包含的范围十分广泛,囊括了六大门类:气象学、水文地理学、地质学、矿物学、植物学、动物学,农业属于植物学之列。1790年,沃克首次在爱丁堡大学讲授农业,在使用英语授课的大学中,沃克是第一个将农业引入大学课程设计的人物,他的农业讲座是作为自然史课程的一部分,其课程名称叫作"农村经济讲座课程教学大纲",教学内容涉及矿物学、植物学、动物学,这些与土地改良尤其是矿业、农业、畜牧业息息相关。沃克在当时是许多科研机构的首席专家,在农业、工业、矿业方面为贵族与乡绅充

---

① 艾尔银行成立于1769年,该银行的宗旨之一就是推动苏格兰农业经济,对盘活地主的闲散资金起着重要作用,作为该银行的大股东,巴克卢公爵曾经投资3000英镑修建克莱德运河。

第三章　英国贵族对农业地产的经营　77

当科技顾问。

　　作为教师与启蒙思想家，沃克拥有数量庞大的听众。爱丁堡大学图书馆特藏部珍藏了一份1782—1800年大约700人的学生名单（见图3—2）。学生生源广泛，包括农场主、乡绅、贵族、商人、律师、军人、官员等家庭，从生源地来看，苏格兰本土居多，还有来自10多个国家的留学生。贵族阶层选课的原因林林总总，有的是想改良土地，提高农业生产效率，开发矿产，积累财富，有的是凭着兴趣爱好，也有一些贵族是基于对科学知识的追求到大学深造。在这份名单中，贵族出身的学生数量并不多见，

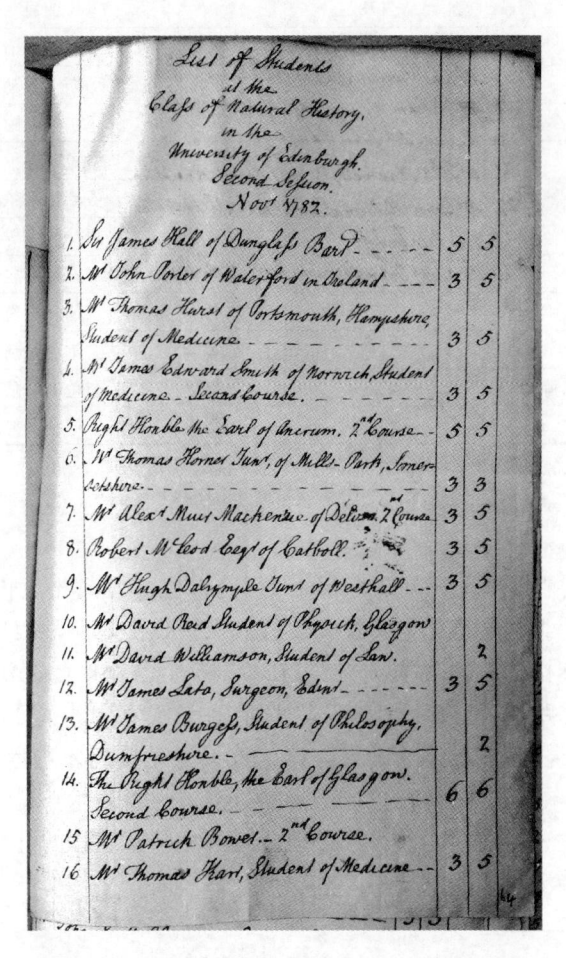

图3—2　1782年爱丁堡大学自然史专业学生名单

　　此文献收藏于爱丁堡大学图书馆特藏部：EUL MS. Dc. 1. 18/9, f. 64, Special Collections Department of the Library, University of Edinburgh。

名单中直接标注贵族家庭出身的学生有 12 人（见表 3—3）。其中 5 位学生选择哲学（艺术）类专业，7 位学生没有专业。1782 年 3 月自然史班级首届学生共 41 人，贵族出身的共计 5 人，[1] 他们入学之前全部已经被授予贵族爵位，因此年纪偏大，他们听课全凭个人兴趣，并不在意是否能获得文凭。

表 3—3　　1782—1800 年爱丁堡大学自然史班级贵族学生名单

名　字	选课时间	专业	注释
大卫·厄斯金	1782		巴肯伯爵
威廉·克尔	1782		安克拉姆伯爵
威廉·奈恩	1782		邓斯纳恩勋爵
达尔勋爵	1782		塞尔柯克勋爵之子
乔治·波义耳	1782		格拉斯哥伯爵
查尔斯·达尔林铺	1793	哲学	威斯特霍尔勋爵之子
理查德·邓宁	1797		阿什伯顿男爵
亨利·格雷维尔	1797		华威伯爵之子
亨利·科伯恩	1798	哲学	科伯恩男爵之子
詹姆斯·贝利	1798	哲学	波尔克门勋爵之子
查尔斯·斯图尔特	1798	哲学	布兰太尔勋爵之弟
威廉·沃德	1799	哲学	达德利子爵之子

资料来源：Index to the Students in Natural History Class Lists 1782 – 1800, Special Collections Department of the Library, Edinburgh: University of Edinburgh。

巴肯伯爵在 1782 年选修沃克的课程之前已经是辉格党内的一位重要人物，并亲手组建了苏格兰古文物协会。巴肯伯爵对科学表现出极大的兴趣，喜欢与苏格兰科技界人士打交道，1766 年巴肯伯爵携沃克参观了孟迪普矿产，并赠送种子给沃克。[2] 巴肯伯爵与沃克同为爱丁堡哲学学会、爱丁堡自然史协会成员，他们喜欢谈论苏格兰不同树木与灌木丛的差异，互换植物标本。巴肯伯爵在爱丁堡赞助过多位从事艺术与科学的学者，例如沃克与威廉·斯梅利，在自然史教授岗位竞聘及课程的开设上，巴肯伯爵更乐于支持沃克事业的发展。

---

[1] Lists of Students at the Class of Natural History in the University of Edinburgh, March 1782, Edinburgh: Edinburgh University Library, MS. DC 1.18, ff. 62 – 63.
[2] John Walker, "Walker to Cardross", 12 April 1766, National Library of Scotland, MS 588, ff. 187 – 188.

罗伯特·拉姆齐教授是首任爱丁堡大学自然史教授，但他因身体欠佳几乎没有给学生上课。1775年拉姆齐去世后，沃克与斯梅利都是著名的自然史学家，两人均为教授候选人，巴肯伯爵认为沃克更适合这一岗位，在巴肯伯爵、达尔勋爵、卡姆斯勋爵等人的支持下，沃克于1779年当选爱丁堡大学自然史皇家教授，这个职务一直担任到他去世为止。

巴肯伯爵在自然史课程的开设上偏向沃克。拉姆齐教授生前很少开课，斯梅利在自然史方面有很深的学术造诣，而且斯梅利一直住在爱丁堡，利用业余时间在爱丁堡学习，拉姆齐同意让他上课，斯梅利为此花了好几年的时间备课。1781年9月4日，巴肯伯爵委任斯梅利担任苏格兰古文物协会自然史博物馆馆长，同时可以在协会大厅讲授自然史课程。沃克闻讯后于1781年9月14日写信给巴肯表达他的担忧，斯梅利的授课会减少他的收入，侵犯他的知识产权。① 当时爱丁堡理科与医学教授的实际工资通常很低，教授的主要收入来自每位学生选修该门课程所收的班费。如果学生选了斯梅利的课程，势必会减少沃克的生源。沃克的抱怨，以及爱丁堡大学校长、教授的联名反对，才迫使巴肯伯爵于同年10月2日取消斯梅利的授课计划。② 其实，沃克在1782年之前是莫弗特地区（距离爱丁堡大约68公里）的牧师，虽然被聘为爱丁堡大学教授，但是并没有真正讲授课程，巴肯允许斯梅利授课也是基于这门课程几年之内无人上课的实情。沃克在爱丁堡大学讲授自然史课程是从1782年才开始的。

除了贵族学生之外，从沃克的书信往来及著作中还可以梳理出他具有极强的社交能力，与多位贵族有交情，他们分别是：比特伯爵、第二代霍普顿伯爵、第三代霍普顿伯爵、格拉斯哥第三代伯爵、劳德戴尔伯爵③、阿索尔公爵④、诺森伯兰公爵⑤、阿盖尔公爵⑥、昆斯伯里勋爵、劳登勋

---

① Robert Kerr, *Memoirs of the Life, Writings, and Correspondence of William Smellie*, Edinburgh: Printed for John Anderson, 1811, pp. 100–101.
② Ibid., pp. 107–108.
③ 1782年7月18日劳德戴尔伯爵委任沃克为科林顿地区的牧师。
④ 1770年7月，阿索尔公爵向沃克展示了捕获的三文鱼新品种。参见 John Walker, "On the Natural History of the Salmon", *Prize Essays and Transactions of the Highland and Agricultural Society of Scotland*, Vol. II, 1803, p. 346。
⑤ 1765年沃克去伦敦拜访了诺森伯兰公爵，他们有几次谈论到苏格兰枞树与松树的差别。参见 John Walker, Adversaria (1766–1772), Glasgow: Glasgow University Library, MS Murray, ff. 128–131.
⑥ 1784年沃克创建苏格兰高地农业协会，第五代阿盖尔公爵是该协会主席。

爵、穆雷勋爵①、奈恩勋爵、黑尔斯勋爵、奥金莱克勋爵、凯斯卡特男爵。下面试举几例沃克长期交往的贵族。

第二代霍普顿伯爵（1704—1781年）地产有一处名为哈特韦尔的山峰，沃克在山顶发现了两处温泉，为了检测泉水里面的化学成分，他在温泉里面进行了一系列化学实验，之后他于1757年将撰写的实验报告发表在伦敦皇家哲学学会学报上，这是沃克发表的第一篇论文。沃克在报告中提到了温泉含有好几种矿物质，这些矿物有助于人的身体健康，因此向第二代霍普顿伯爵提议修建水疗保健场所，霍普顿伯爵采纳了建议，结果游客纷至沓来，水疗场所的经济效益十分可观，霍普顿伯爵十分满意，1762年他为此任命沃克担任莫弗特的牧师。② 而且，霍普顿伯爵长期聘请沃克为科技顾问，允许沃克多次参观他的旺洛克地产与利德希尔斯矿产，沃克就如何发掘各种矿物质潜在经济价值向霍普顿勋爵建议，同时沃克还从中得到了观察的实验数据，丰富了以后的自然史讲义素材。沃克早年与霍普顿家族的交往也为他后来的人生提供了帮助。1770年年末，第二代霍普顿伯爵帮助他获得教授职位，提供矿物标本。1781年第二代伯爵死亡后，第三代伯爵（1746—1816年）继续为爱丁堡自然史博物馆提供标本，在政治上支持沃克创建爱丁堡皇家学会。时至今日爱丁堡自然史博物馆仍保存有霍普顿伯爵捐赠的沃克签名的多种矿物。

再如，约翰·斯图亚特（1713—1792年），第三代比特伯爵，乔治三世统治时期的首相、苏格兰古文物协会主席。比特伯爵对自然史有强烈的兴趣，他因此赞助沃克进行科学研究，相同的爱好可从下面一些信函得到印证。比特伯爵在矿物学方面给予了沃克很大的支持。比特伯爵在伦敦建立了一个图书馆，存放了他从英国与国外收集的矿物与植物标本。1765年沃克来到伦敦，他允许沃克研究图书馆的珍贵标本，沃克详细记载了比特伯爵对宝石分类的思想，并与之讨论了矿物的分类方法。1772年3月25日比特伯爵写信给穆雷男爵，信中提到将一大箱书赠送给沃克。③ 沃克

---

① 1764年10月24日，沃克写信给穆雷勋爵汇报苏格兰高地的调研情况。参见 William Mure, *Selections from the Family Papers Preserved at Caldwell*, Part II, Vol. I, Glasgow: Maitland Club, 1854, pp. 271 - 274。
② Alexander Brown, "Parish of Moffat", in John Sinclair ed., *A Statistical Account of Scotland*, Vol. 2, Edinburgh: Creech, 1799, pp. 296 - 297.
③ William Mure, *Selections from the Family Papers Preserved at Caldwell*, Part II, Vol. II, Glasgow: Maitland Club, 1854, p. 195.

也常写信给比特伯爵报告自己的田野考察与研究成果。1765年1月29日，沃克在信中介绍了他在1764年苏格兰高地与赫布里底群岛调研的细节：航行1894英里，划船420英里，骑马1620英里，步行792英里，收集了众多植物标本、矿物标本。① 1772年12月16日沃克写信给比特伯爵，叙述了大暴雨后索尔维山体大面积滑坡，出现了大量的泥煤苔，他绘制出一幅地图，向比特伯爵解释泥炭苔过度饱和的原因。这封信的内容刊载于世界第一份科学期刊《哲学通汇》上。② 1773年1月28日，沃克写信给比特报告他去英格兰、苏格兰高地以及苏格兰部分海岛收集化石的情况，并提到专门为比特伯爵采集的标本。沃克也十分重视收集国外的标本，英国驻俄罗斯大使凯斯卡特男爵帮他提供了外国的矿物样本，极大地拓展了他的学术视野。凯斯卡特男爵也雇用沃克为科技顾问开发自家地产上的矿产。沃克还帮助劳登勋爵绘制了一份家族煤矿分布图，便于开发煤矿③。总之，沃克充分利用自己的学识，为贵族开发矿产提供咨询，成为贵族的科技顾问。

斯密与沃克仅仅是启蒙运动中启蒙思想家影响贵族地产开发的一个缩影，在这场声势浩大的运动中还有许多启蒙思想家参与其中。律师亨利·霍姆（1696—1782年）、化学家威廉·库伦（1710—1790年）、地质学家詹姆斯·哈顿（1726—1797年）等学者既是启蒙思想家又是农业改革家。亨利·霍姆根据自己的研究与农业实践于1776年出版了苏格兰农业史上的名著《绅士农场主》，还倡议组建苏格兰农业部。18世纪四五十年代，威廉·库伦在爱丁堡与格拉斯哥发表农业演讲，宣传加强苏格兰科技界与农业的联系。1751年卡伦与阿盖尔公爵通过信件来讨论化学，阿盖尔公爵慷慨地为他提供化学仪器。④ 卡伦还在家庭农场进行实验，试图提高18世纪苏格兰农场经营的效率。詹姆斯·哈顿毕业于农学院，曾经当过农场主，撰写过《地球理论》与《农业原理》等名著，大力传播农业知识与理论。总之，启蒙思想家通过各种社团（苏格兰农业改良者的光荣俱乐

---

① Scottish Record Office, GD/18/5118, 1764, f. 12.
② John Walker, "Account of the Irruption of Solway Moss in December 16, 1772; In a Letter from Mr. John Walker, to the Earl of Bute, and Communicated by His Lordship to the RoyalSociety", *Philosophical Transactions*, Vol. 62, 1772, pp. 123 – 127.
③ William Mure, *Selections from the Family Papers Preserved at Caldwell*, Part II, Vol. I, Glasgow: Maitland Club, 1854, pp. 271 – 274.
④ William Cullen, *Drafts of 4 Letters from William Cullen to the Duke of Argyll on the Subjects of Fossil Alkali and Salt Production*, Between 1750 and 1751, Glasgow: Glasgow University Library, MS Cullen 60.

部、爱丁堡哲学学会、苏格兰考古协会、爱丁堡皇家协会、爱丁堡高地农业社团等)、大学讲坛宣传农业科学技术革新,为苏格兰农业的发展做出了重要贡献,他们是贵族开发地产的智库与科技顾问。

第四章　工业化进程中的贵族地产开发

　　近代欧洲贵族主要以土地为生，依世俗的观点，贵族经营工商业有失身份，许多学者因此低估了欧洲贵族作为企业家的贡献。他们认为欧洲贵族"天生的狂妄和长期的负债"① 是其不能在非农业和非军事企业成功的原因。笔者以为这种看法是有失偏颇的，首先并非所有的贵族都欠债，而且也不是所有的贵族借债都为了追求奢侈豪华的生活方式。贵族经营企业在前工业化时期的欧洲受到多种因素的制约。在当时欧洲的上流阶层一般不提倡企业家精神，贵族在伦理道德、社会形象上均是大众的楷模，如果他们经商，他们的道德感与责任感会降低，而且贵族经商还受到政府和法律的控制。例如，在法国，16世纪有一系列法令禁止贵族经商，如有违禁将会遭到削衔。其实，贵族经商最大的阻碍还在贵族自身而非外在因素，他们的生活方式和兴趣爱好常常使他们不具备经商所需的时间、金钱、才能等要求。E. E. 里奇在《剑桥欧洲经济史》第五卷里总结了贵族拒绝经商的因素："不动产管理、朝见国王、追求炫耀性而且具有特权享受的生活、政治活动、对艺术的追求、在军队和教会中的特权地位——所有这些都足以让他们在勤奋的商业活动中分心（有时这些可能比商业中的勤奋更有利）。"②

　　在近代欧洲社会，通常认为贵族具有高贵的血统，应当重视荣誉，而经商是有失身份的，所以贵族往往不屑于经商。欧洲大陆的贵族如果从事经商，可以免除大部分捐税负担，这种情况在当时普遍存在。尽管英国没有正式法律规定贵族从事贸易会失去头衔和地位，但是英国贵族从事工商业并不能享受到免除一些捐税的优惠。尽管如此，在近代早期，英国贵族就开始在农村地产的基础上进行工业活动，原因在于原材料便

---

① ［英］E. E. 里奇、C. H. 威尔逊主编：《剑桥欧洲经济史：近代早期的欧洲经济组织》第5卷，高德步等译，经济科学出版社2002年版，第405页。

② 同上。

宜、劳动力廉价、市场方便。相对而言，商业的流动性强，资金需求大，其风险也要远远高于工业，尤其是从事海外商业贸易。英国向近代社会转变过程中，贵族阶层在自己的领地上，采用资本主义生产方式，大力投资工业。

不过，在当时仍然会有一部分贵族地主不认同工业，甚至仇视工业化。[1] 有的抱怨工业损害了他的地产利益，有的认为工业破坏了宁静的田园生活，还有的要求工商业资产阶级为此作出巨额赔偿，贵族与工商业资产阶级间的利益冲突贯穿了整个工业革命。18世纪90年代柯勒·沃尔特·斯尼德与人合伙开发他在基尔的煤和铁，当他的儿子拉尔夫·斯尼德继承了地产上的矿产时，由于对地产上所进行的工业和城市建设深恶痛绝，他一气之下把地产交给代理人管理，完全撒手不管。[2] 1858年，弗朗西斯——贝德福德第七代公爵发现米德兰地产蕴藏着丰富的铁矿，为了不破坏农村景色，他断然拒绝开矿。[3] 贵族反对工业发展的例子并不罕见。

虽然有部分贵族不愿意支持工业发展，但20世纪的大多数西方学者通过解析当时的材料后发现，贵族阶层对英国工业的发展实际上做出了重要的贡献，比如劳伦斯·斯通认为"贵族，而不是商人，是风险的承担者、开拓者、技术进步和地理发现的先驱"[4]。C. W. 乔克林以为，贵族对经济的间接作用是"立法者、政策制定者、社会潮流的倡导者"，而且是工程的"发起人""能人""投资人"[5]。在巴林顿·摩尔看来，土地贵族没有全部成为商品化的障碍，乡绅的力量逐渐壮大，贵族和乡绅同工商业之间关系密切，英国因而从暴力革命走上渐进改革的道路。"公正地说，上层土地所有者中最有影响的那部分人起着资本主义商品化和工业化

---

[1] 本书没有解释工业化和工业革命的定义，这些概念都是后人发明的。需要说明的是，除工业领域的革命性变化外，交通运输业、城市化均属于工业化的内在含义范畴，但英国贵族当时在投资工业时并没有这些概念。故本书第四章、第五章和第六章的标题之间是一种并列关系，而非隶属关系。

[2] R. W. Sturgess, "Landownership, Mining and Urban Development in Nineteenth-Century Staffordshire", in J. T. Ward and R. G. Wilson eds., *Land and Industry: The Landed Estate and the Industrial Revolution*, David & Charles: Newton Abbot, 1971, p. 175.

[3] Francois Crouzet, *The First Industrialists: The Problem of Origins*, Cambridge: Cambridge University Press, 1985, p. 80.

[4] Lawrence Stone, *The Crisis of the Aristocracy 1558 – 1641*, London: Oxford University Press, 1967, p. 181.

[5] C. W. Chalklin, "Introduction", in C. W. Chalklin & J. R. Wordie, eds., *Town and Countryside: The English landowner in the National Economy, 1660 – 1860*, Boston: Unwin Hyman, 1989, pp. 1, 20.

的政治先驱的作用。"①

笔者赞同上述学者认为贵族对英国工业早期有着重要贡献的观点。正是由于英国贵族同工商业之间具有某种亲和力，在17世纪资产阶级革命后，政权并没有出现从土地贵族向工商业阶级的大范围转移。直到18世纪，贵族阶层依然牢牢控制着中央和地方的权力，甚至在19世纪中叶，国家政权仍然在贵族和乡绅手中，尤其成为世袭的大财产拥有者的掌中之物。② 恩格斯写道：

> 英国的"贵族"不但不反对工业生产的发展，反而力图间接地从中取得利益；而且经常有这样一部分大地主，由于经济的或政治的原因，愿意同金融资产阶级和工业资产阶级的首脑人物合作。这样，1689年的妥协很容易就达成了。"俸禄和官职"这些政治上的战利品留给了大地主家庭，其条件是充分照顾金融的、工业的和商业的中等阶级的经济利益。而这些经济利益，在当时已经强大到足以决定国家的一般政策了。在细节问题上或许发生过争执，但是总的说来，贵族寡头非常清楚，他们本身的经济繁荣同工商业中等阶级的经济繁荣是有不可分割的联系的。③

贵族所进行的工业活动其实质是对农业地产经营的一种延伸和扩展，煤矿、铁厂、采石场等这些非农业设施的建立，是农业地产开发的副产品。英国贵族发展经济的需求和机会，部分由其社会面貌和利益决定。他们之所以积极开发地产是想改善家庭地位，稳固地主身份。在英国，参与商业和工业冒险，几乎不被认为是一件丢脸的事，英国贵族不仅比欧洲大陆贵族受传统和社会习俗束缚少，而且英国经济的本质和增长比任何国家此时提供更多直接的企业刺激。贵族和商人没有严格的区分，相反他们关系紧密。④

当然，至少在18世纪以前，英国绝大多数居民还以农业为生，农业利益和工商业利益之间也存在矛盾。但是，这种矛盾没有导致阶级隔阂。相反，"地主阶级和商人阶级间有相当融洽的关系。英国社会肯定很少阶

---

① [美]巴林顿·摩尔：《民主和专制的社会起源》，拓夫等译，华夏出版社1987年版，第21页。
② 同上书，第21—24页。
③ 《马克思恩格斯选集》第3卷，人民出版社1972年版，第393页。
④ G. E. Mingay, *English Landed Society in the Eighteenth Century*, London: Routledge & Kegan Paul, 1963, pp. 189 – 190.

级对峙，相互间的关系不很严峻，人员和资源比较容易在双方间流动。结果是，即使国家的机构由地主阶级人士把持，国家的措施依旧对商人有好处，也不足为奇了"①。

近代英国社会，市场经济活跃，经商不受法律、政治和社会习俗的制约，社会流动性强，社会各阶层都在商业化的世界里自由竞争。与同一时期的商人和资本家相比，贵族在促进国民经济的重要性方面被低估，而事实上在19世纪之前，土地贵族在迈向商业化、工业化的新时代进程中一直居于领导地位。这一时期，英国贵族地主从事工业的特点主要是与地产联系紧密的采矿业，很少投资制造业。

第一节 贵族对矿产的开发

贵族最早开始大规模采矿始于近代早期，"如果不是更早些的话，至少自16世纪以来地主就一直在开采地产下的矿藏"②。1540年，英国农村地下埋藏的宝藏开始被开发，接下来半个世纪，矿业活动明显增强。贵族最早产生兴趣的工业部门是与地产紧密联系的采矿业。由于英国王室没有建立对矿产的垄断权，16世纪晚期，贵族获得了煤矿开采权。1568年伊丽莎白女王和诺森伯兰郡第七代伯爵签署的法令是英国煤矿法历史上的分水岭，它重申了国王对贵金属的传统权力，只要金属矿中含有少许金银，其开采权就属于王室。在此基础上，伊丽莎白女王和詹姆士一世都垄断了铜矿的开采权，而查理一世把对铅矿的开采权也收归于王室。但是由于害怕引起贵族强烈的反对，伊丽莎白女王和詹姆士一世实际上并未侵占过贵族地产上除了铜矿之外的一般金属矿藏。1688—1689年议会结束了王权的独断，只允许金银矿的开采权属于王室，所有其他矿藏属于该土地上的主人。1689年法令和1694年法令规定了地主拥有对地产上除了金银以外所有矿产的开采权。③ 这让英国地主有了让人羡慕的地位，这在西欧贵族

---

① [意] 卡洛·M. 奇波拉：《欧洲经济史》第3卷，吴良健等译，商务印书馆1989年版，第255页。

② F. C. Mather, *After the Canal Duke: A Study of the Industrial Estates administered by the Trustees of the Third Duke of Bridgewater in the Age of Railway Building*, Oxford: Clarendon Press, 1970, p. 15.

③ C. W. Chalklin, "Introduction", in C. W. Chalklin & J. R. Wordie, ed., *Town and Countryside: the English landowner in the National Economy, 1660–1860*, Boston: Unwin Hyman, 1989, p. 2.

中是独一无二的，欧洲大陆地产的采煤权往往掌握在国王和大领主的手上，但英国贵族却不仅仅拥有土地，还因岛上的矿资源丰富而成为拥有矿产开发权的大地主。

从都铎王朝开始，英国贵族就积极地在自家地产上投资开发矿产。英国早期土地所有者和煤铁紧密相连。在一些情况下贵族直接开矿或通过经纪人开矿。在其他场合，他们通过长期租约，把矿产出租给资本家。一些证据表明在一个矿区最初的开采阶段，贵族一般直接亲自管理，后来随着这个地区开发的延伸，贵族退出直接开采矿产，而是通过租约把矿出租给别人。也许在矿产开发的早期阶段，贵族为了增加财富不得不直接开发地产，贵族往往提供了大部分的最初资金，比如早期的铁矿厂常常是他们建立的，即使后来铁厂被出租给他人。[①]煤、铁等资源对英国工业的发展意义重大，下面分别谈一下贵族在这两方面的投资经营情况。

一 贵族对煤矿的投资

煤炭可以长期帮助人类解决有机物经济的制约难题。近代早期英国逐渐摆脱对有机能源的依赖，煤逐渐取代木材成为热能的来源。英国的采煤史最早可以追溯到13世纪，煤从海边或靠海的煤田运来的，所以称"海煤"。"最初的采煤业被视为庄园活动，是一种特殊的农业。"[②]自从伊丽莎白一世统治以来，为满足经济发展的需要，英国逐渐成为第一大产煤国。据了解，在16世纪中叶，英国的煤产量是20万吨，到了17世纪90年代，煤产量已上升到300万吨，煤在许多方面取代了木柴与木炭，成为主要的家用与工业用燃料。[③]按照里格利的计算，英格兰在18世纪每年大约生产250万—300万吨煤，这是法国煤炭产量的30倍，这个数字大概是世界上其余地区产煤总量的5倍，到了19世纪，英国每年产煤量达到1500万吨，可是当时整个欧洲煤炭的总产量可能还不到300万吨。[④] 英国凭借其丰富的煤炭资源优势，率先在西欧进行工业革命，煤炭为英国工

[①] H. J. Habakkuk, "Economic Functions of English Landowners during the Seventeenth and Eighteen Century", *Explorations in Entrepreneurial History*, Vol. 6, No. 2, December 1953, p. 96.

[②] A. R. Griffin, *The British Coalmining Industry*, London: Moorland, 1977, p. 25.

[③] [意] 卡洛·M. 奇波拉：《欧洲经济史》第2卷，贝昱等译，商务印书馆1988年版，第341页。

[④] E. A. Wrigley, *Continuity, Chance and Change: The Character of the Industrial Revolution in England*, Cambridge: Cambridge University Press, 1988, p. 54.

业的发展提供了坚实的基础。彭慕兰、里格利①、斯努克斯等认为煤的开采在某种程度上刺激了工业革命的兴起,贝克特则认为英国贵族主要关心的工业是采煤业。总之,煤炭在英国受到社会的高度重视。

煤炭业之所以在英国发展迅速,其中的一个重要原因是采用资本主义的生产方式。从16世纪到17世纪初,英国的工业发展迅速,各类工业部门发展都很快。英国东北部煤矿的发展尤其迅速。在工业发展过程中,英国出现了一些大规模的企业。当时开采一个煤矿,需要上千镑资金,同时大规模的企业还需要众多的劳动力,纽卡斯尔的煤矿就有500—1000人。这一时期,在采矿、冶金业中出现了资本主义雇佣劳动制度。1568年,伊丽莎白女王特准成立皇家矿业公司和金属开采与冶炼公司。1560年英国有煤矿工人3000—4000人,其中运煤工达到2000人。1600年煤矿工人增长到21000人,连同运煤工,达到30000人。40年间增长了五、六倍。② 17世纪中期,煤矿可以看作是采用资本主义生产方式经营的行业,因为矿工已经开始分工合作,在挖井、排水抽水、修理机器、安装设备、疏通管道等方面都有专人负责。开矿和运煤的工人大多数是被雇佣者,靠工资生活。英国工业在迈向资本主义的发展道路中,煤炭工业比西欧任何国家发展都早。在伊丽莎白统治之前,资本主义作为一种新的生产方式,在意大利、弗朗德斯和德意志南部的发展比在英国的发展更充分,然而到18世纪初期,资本主义在英国比在欧洲任何地方都要根深蒂固。换言之,近代资本主义作为经济组织的主要形式,其成长在很大程度上与煤炭业的崛起有关。里格利指出英国近代工业化实际上是一个从"发达的有机经济"(advanced organic economy)向"以矿物能为能源基础的经济"(mineral-based energy economy)的转变(主要基于煤炭工业经济)。他说:

> 要成功地摆脱有机经济所受的制约,一个国家不仅需要那种一般意义的资本主义化,以达到近代化;而且需要走向原材料日益依靠矿藏的资本主义,即越来越多地从矿藏中,而非从农业产品中获取

---

① 剑桥大学 E. A. 里格利教授利用"有机物经济"理论这样解释英国近代早期经济成功的原因,即发达的有机物经济以矿藏能源为基础的经济的共同作用,并逐渐实现从有机物经济向以矿藏能源为基础的经济(或者叫无机物经济)的转变。详见俞金尧《近代早期英国经济增长与煤的使用——西方学者研究经济史的新视角》,《科学文化评论》2006年第4期。

② J. U. Nef, *The Rise of the British Coal*, Vol. I, London: Routledge & Kegan Paul, 1966, pp. 347–349.

原料，尤其是能够开发大批能源储备，而非依赖各种过去提供生产所需热能与动力的可再生能源。英国经济是在这两重含义上讲的资本主义经济，不过这两者的关联最初是偶然的而不是必然的因果关系。①

18 世纪之前，与铁、铅、铜以及其他矿业相比，煤是贵族最早和最主要开发的矿业。英国重要的产煤地有诺森伯兰、达勒姆、泰恩、奔宁煤田、东北煤田。煤的用途极为广泛，生产玻璃、制砖、烧石灰、冶铁、煮盐、酿酒、制造肥皂等在加热的过程中均需要以煤炭作燃料。以制砖为例，在英格兰南部，从 1650—1730 年，砖成为城市的主要建筑材料。②伦敦大火之后，砖的需求量随之增加，价格也跟着上涨。砖瓦代替木材和草料（盖屋顶的材料），砖式建筑不仅对人的健康无害，而且火灾发生的频率会减少，由此可见煤炭对建筑业的重要作用。冶铁业同样如此，炼铁的燃料消耗大，生产一万吨铁，需要 10 万英亩林地的树木。由于英国的森林越来越少，煤炭逐渐成为炼铁的主要能源。众所周知，煤炭最重要的工业用途是生产钢铁和蒸汽。实际上，英国工业发展的三个关键环节——蒸汽机、运河和铁路都与煤有关，换言之，煤就是工业革命的核心，而大多数煤炭又来自贵族地主地产。煤矿的开采往往与一些大土地家族的名字联系在一起，如东北煤田与诺森伯兰公爵、思加布罗伯爵等；西坎伯兰的煤矿与劳德家族、柯文家族和圣豪瑟斯家族；约克郡的煤矿与菲茨威廉和诺福克公爵；兰开夏郡的煤矿与科罗佛伯爵、布里奇沃特第三代伯爵；莱斯特郡的煤矿与莫瑞拉伯爵；西米德兰的煤矿与达德利伯爵和萨瑟兰公爵等。

17 世纪末，煤矿一般较小，开矿不需要大笔资金。由于地产的分布不均不便于大规模开矿，所以开矿常常在贵族的小地产上进行，矿产收入在一些大地主总收入中只占有较小的比例。1739 年至少 14 名贵族在诺丁汉开矿。18 世纪 40 年代 20 名贵族在兰开夏郡的西南部开矿，1760 年，在不到 29 亩的土地上，有 3 家煤田建立了 28 处矿井。③ 随着煤炭需求的增加，开采所需资金也逐渐上升，贵族为此投入了大笔资金。1750 年，

---

① E. A. Wrigley, *Continuity, Chance and Change: The Character of the Industrial Revolution in England*, Cambridge: Cambridge University Press, 1988, p. 115.

② E. L. Jones and M. Falkus, "Urban Improvement and the English Economy in the Seventeenth and Eighteenth Centuries", *Research in Economic History*, No. 4, 1979, p. 204.

③ J. V. Beckett, *The Aristocracy in England, 1660 – 1914*, Oxford: Blackwell, 1986, p. 212.

劳瑟家族投资将近 500000 英镑用于发展他们在西坎伯兰的煤矿。19 世纪 20 年代,据约翰·巴德的估计,在东北部新建一座矿井耗资 15000 英镑到 150000 英镑之内,而到 19 世纪 30 年代,柯文家族在西坎伯兰新建一座矿井就耗资了 160000 英镑。1819—1854 年间,伦敦德里侯爵投资 50 多万英镑开发煤矿和建设西汉姆港,1853 年时,达勒姆伯爵矿产的价值达到 540000 英镑。①

  18 世纪,所有的贵族企业家都面临或亲自管理矿产或将矿产出租的问题。他们曾经采取的策略是把企业委托给管家或代理人,但这样往往会带来被欺骗、效率低下、损失巨大的种种风险,因此多数贵族将矿产出租。出租的一个好处是贵族投入的资金可以大大减少。一般来说,贵族仅仅提供土地、房屋和交通设施。承租人负担矿井、工厂、工具、马车和马。② 此外,贵族需要考虑所投入的成本,因为投资其他行业获得利润或许会更大,而煤炭市场却存在着难以控制的风险。随着时间的推移,越来越多的贵族将矿产出租给承包人,自己收取固定的租金。尤其是一些不太富裕的家庭不直接开矿,通常把矿场租给企业家。较为显著的例子是在兰开夏郡的西南部,18 世纪 40 年代从事开煤矿的 20 户贵族地主家庭,到 18 世纪末多数贵族不再直接经营矿产。社会风气也影响到贵族对矿产企业的态度。19 世纪 20 年代第二代斯塔福德侯爵退出矿产,原因是他觉得无法协调贵族和工业家的角色。③ 第五代菲茨威廉伯爵(1786—1857 年)逐渐退出矿业的原因也与之相同,19 世纪 40 年代他在埃尔斯卡有五六个煤矿,到 1869 年只剩下两个煤矿,直接经营煤矿的风险远远大于出租矿产,充当出租者的角色更安全。④ 约翰·巴德曾考察过东北煤田的地主兼煤矿主,1829 年,泰勒赛德 41 家煤矿主仅剩 5 家,韦尔的 18 家煤矿主只剩 3 家。1869 年,英国贵族拥有和开发的煤矿大约只占 5%。但这不代表他们与矿产完全脱离关系,有些贵族地主仍觉得有必要与承租人分担部分风险。比如,诺森伯兰公爵在 1792 出租瓦尔波特的煤矿,但他本人至少

---

① J. V. Beckett, "Landownership and Estate Management", in G. E. Mingay, *The Agrarian History of England and Wales*, Vol. VI, 1750 – 1850, Cambridge: Cambridge University Press, 1989, p. 574.

② G. E. Mingay, *English Landed Society in the Eighteenth Century*, London: Routledge & Kegan Paul, 1963, p. 193.

③ Eric Richards, "The Industrial Face of a Great Estate: Trentham and Lilleshall, 1780 – 1860", *The Economic History Review*, Vol. 27, No. 3, August 1974, p. 426.

④ F. M. L. Thompson, *English Landed Society in the Nineteenth Century*, London: Routledge & Kegan Paul, 1963, p. 264.

到 1860 年始终拥有部分的营运资本。1827 年，诺森伯兰公爵将帕西曼恩的煤矿以 21 年为期限加以出租，可是 1837 年煤矿生产出了大量劣质煤，次年又遇上了洪灾，他只好为此而降低了煤矿的租金。①

由于时间和地点的差异，英国贵族经营煤矿的数量难以统计。根据学者斯普林列举的贵族地主名单，19 世纪，在自己地产上经营煤矿的贵族人数并不在少数。米德兰地区有达德利子爵、哈瑟顿勋爵、达特茅斯伯爵、波特兰公爵、拉特兰公爵、克利夫兰公爵、黑斯廷斯侯爵；兰开夏郡有埃尔斯米尔伯爵、德比伯爵、塞夫顿和克劳福德伯爵、赫斯基思家族、利斯家族和布伦德尔家族；坎伯兰有朗斯代尔伯爵、森豪斯和柯温家族；约克郡和德比郡有诺福克公爵、德文希尔公爵、菲茨威廉伯爵、曼弗斯伯爵、沃恩克利夫伯爵、卡迪甘伯爵和梅克斯伯勒伯爵。19 世纪英国煤田产量最高的地区在北方，诺森伯兰和达勒姆拥有煤矿的贵族和乡绅数目众多。其中最大的煤田出租者是诺森伯兰公爵，在自己地产上经营大规模煤田的是伦敦德里勋爵、达勒姆伯爵、雷文斯沃思勋爵、沃恩克利夫勋爵和鲍斯家族。

一般而言，18 世纪贵族在工业方面的收入较少，之后收入逐渐增加，19 世纪时贵族从煤矿中赚取了巨额利润，那些亲自经营煤矿的贵族都极其富有。例如，在英格兰北部，诺森伯兰公爵的矿产收入在 1800 年是 3000 英镑，20 年后则超过了 20000 英镑。据斯普林的估算，1840 年前后，每家贵族的投资都达到了 500000 英镑，当他们出租自己的矿产时，不管煤矿是否被开采，他们通常都要在一定时间内（通常为 21 年）收取固定数额的地租。② 19 世纪 40 年代，克利夫兰公爵从蒂斯戴尔的铅矿，以及在达勒姆和斯塔福德的煤矿的收益大约是 6000 英镑，到 19 世纪 50 年代中期，其矿产收入则超过 14000 英镑。1812—1843 年，朗斯代尔男爵在坎伯兰的矿业收入平均每年达到 36000 英镑。1798—1856 年，菲茨威廉伯爵在约克郡的地产上煤矿的纯收入为 314000 英镑。然而大多数小地主不可能取得丰厚的回报，因为他们缺乏稳固的地产，他们的土地有时会被大地主兼并，像坎伯兰的劳瑟之类的贵族家族是建立在有能力购买土地，能够控制产煤地的基础上。可是一般的小地主缺乏这样的条件，如果

---

① David Spring, "English Landowners and Nineteenth-Century Industrialism", in J. T. Ward and R. G. Wilson, ed., *Land and Industry: the Lnded Estate and the Industrial Revolution*, David & Charles: Newton Abbot, 1971, pp. 33 – 34.

② Ibid., pp. 32 – 33.

利用很少的资金开发不丰富的资源势必使他们陷入财政危机。①

二 贵族对铁矿的开发

采煤业与冶铁业紧密相连，英国煤炭的大量生产促进了铁矿的开发。英国矿产资源丰富，16—17世纪铁矿主要集中在苏塞克斯的威尔德、米德兰西部、约克郡等地；工业革命时期，英国的铁矿场主要分布在黑乡、弗内斯半岛、西坎伯兰、英格兰北方、西赖丁等地。拥有铁矿资源的著名贵族有：黑乡的格兰维尔勋爵、达德利子爵、克利夫兰公爵、萨瑟兰公爵、达特茅斯伯爵；弗内斯半岛的巴克卢公爵、芒卡斯特勋爵和德文希尔公爵；坎伯兰的朗斯代尔勋爵；约克郡北赖丁的诺曼比勋爵、泽特兰侯爵、艾尔斯伯里子爵、约克郡西赖丁的菲茨威廉伯爵、沃恩克利夫勋爵等等。

16—17世纪是英国早期工业家成长的时期，贵族属于早期的工业家成员。贵族对铁矿的开采，尤其是在近代英国工业发展初期阶段所做的贡献尤为值得关注。在劳伦斯·斯通看来，贵族多年来一直是英国工业的标兵和最大的个人生产者，他们往往参与了投资当时大多数最具开拓性的风险行业，采矿业即是风险行业之一。在伊丽莎白一世时代，22%的贵族家庭拥有铁矿资源。苏塞克斯郡威尔德地区最大最早的炼铁厂建立于1540年，创始人是第三代诺福克公爵，该铁厂雇用了50多位炼铁工人以及多名伐木工人，其生铁年产量多达200吨。16世纪贵族在苏塞克斯郡从事铁矿开采的例子还有德比伯爵、萨里伯爵、诺森伯兰伯爵等。② 在约克郡的设菲尔德地区，施鲁斯伯里伯爵塔尔博特在1566年建造了两座熔炉和一个锻造厂房，年均铁产量在60吨至160吨之间。③ 近代早期英国贵族拥有大片未被砍伐过的树林与森林，他们修建铁厂的主要动机是想把木材变成一种收入来源，即把木材用作冶铁的燃料，但这样做也带来一些问题。早期的鼓风机与大熔炉消耗的燃料非常多，每炼一吨条铁需要消耗

---

① J. V. Beckett, "Landownership and Estate Management", in G. E. Mingay, *The Agrarian History of England and Wales*, Vol. VI, 1750 – 1850, Cambridge: Cambridge University Press, 1989, pp. 626 – 627.

② T. S. Ashton, *Iron and Steel in the Industrial Revolution*, Manchester: Manchester University Press, 1924, p. 5.

③ Lawrence Stone, *The Crisis of the Aristocracy 1558 – 1641*, London: Oxford University Press, 1967, p. 168.

16—20 考得①，或者 2100—2500 立方英尺的木材。② 随着木材价格的急剧上涨，17 世纪初英国出现了燃料危机，直到 17 世纪 30 年代贵族才开始大面积植树以便解决能源危机。即便如此，木材资源依旧短缺，人们开始尝试用煤炭作为燃料替代木材来炼铁，贵族也在这一领域进行过技术尝试。例如达德利伯爵的儿子达德·达德利（1599—1684 年）率先使用煤炭而不是木炭进行炼铁实验，分别于 1621 年、1638 年成功申请两项炼铁专利，并且还使用自己生产的铁制材料为詹姆士一世修建了伦敦塔。③ 虽然贵族亲身从事冶铁技术的例子并不多见，但他们愿意提供资金，鼓励创造发明，通过议会制定经济发展政策。

不过，需要指出的是，煤炭与钢铁工业均属于劳动密集型工业，需要大量的人力、物力与财力。尽管贵族敢于投资采矿业，但是相对于他们长期赖以生存的农业来说，涉足工业毕竟还是次要的，甚至于贵族有时把投资工业企业当作一种消遣，或者说带着一种赌博的心态参与其中。当他们早期发起建立新企业的热情消失后，对经商的日常事务感到厌倦，不愿意再冒市场波动的风险时，他们就选择了把铁矿企业出租给承包商。有研究表明，在 1574 年之前，即英国工业生产放缓的阶段尚未到来之际，几乎所有的威尔德贵族就已经把矿产出租出去了。④

16—17 世纪，存在着贵族经营一段时间矿产企业之后又将之出租的现象，这种现象持续到工业革命时期，只是各地的情况存在差异。在兰开夏郡黑格地区，1788 年第六代巴尔卡雷斯伯爵（1752—1825 年）开始开发自家地产的铁矿，他与詹姆斯·柯博特以及自己的弟弟罗伯特·林赛组建了黑格铁厂。詹姆斯·柯博特是一位技艺精湛的铁匠，罗伯特·林赛在东印度公司工作多年，商业经验丰富，这三人的组合代表了工业革命时期地主、技术、商业资本的一种典型结合。从 1788—1825 年巴尔卡雷斯伯爵在 37 年的铁厂经营中，曾出现过企业生产规模不断扩张，经济效益不断提高的辉煌时期，也曾因管理不善出现了亏损的局面。更不幸的是，当地煤炭不适合冶炼，1815 年他的熔炉发生爆炸，1828 年最终被拆除。第

---

① "考得"是木材堆的体积单位。
② Lawrence Stone, *The Crisis of the Aristocracy 1558 – 1641*, London: Oxford University Press, 1967, p. 167.
③ Samuel Smiles, *Industrial Biography: Iron-Workers and Tool-Makers*, Boston: Ticknor and Fields, 1864, pp. 69 – 83.
④ Lawrence Stone, *The Crisis of the Aristocracy 1558 – 1641*, London: Oxford University Press, 1967, p. 169.

七代巴尔卡雷斯伯爵1825年继承接管该厂，1835年退出企业管理。[①] 莱斯特郡的莫伊拉伯爵于1804年建造了一个熔炉用来炼铁，由于当地煤炭不适合转化成焦炭，生产一吨铁所需要的煤炭是其他地方的两倍，但他仍然于1806—1807年、1810—1811年两度投入生产，直到1811年熔炉爆炸才一度被迫停止炼铁，之后又尝试修建熔炉进行生产，可是产量欠佳。在约克郡，第四代菲茨威廉伯爵（1748—1833年）与第五代菲茨威廉伯爵的煤矿利润在1830年是65000英镑，19世纪40年代的收益达到100000英镑，相比之下，铁矿利润则低得多，但是他们父子俩从1827年开始直接经营埃尔斯卡铁厂，据第五代菲茨威廉伯爵的日记显示，他对铁矿的管理十分细致，经常用气压计检测煤矿井的气压，摸索如何用焦炭提高炼铁的质量。19世纪30年代该铁厂的利润为30000英镑，之后一直亏损，在经营了22年之后，直到1849年第五代菲茨威廉伯爵才将厂房出租。[②] 在19世纪类似菲茨威廉伯爵之类的直接经营铁矿铁厂的贵族在逐渐减少。对此，阿什顿将贵族当作"开明人士"，他指出，虽然贵族并未长期直接参与工业，但是他们通过出租矿产、熔炉、厂房给活跃的工业家，并为他们提供大量的固定资本，这种方式使得资金少的人也能够从事冶铁业，工业革命中的一些主要人物就是出身低微，通常受到开明人士的资助后成为工业家的。[③] 可见，即使贵族退出了工业企业，他们仍然在为工业革命做出贡献。

煤铁是工业革命的基础，令贵族意想不到的是，他们在开采铁矿、经营铁厂的过程中的领头作用促进了英国工业、交通运输业以及城市的发展。18世纪早期以前，铁主要用于家庭生活用具和武器的生产，19世纪铁路兴起后，钢铁工业的需求超过以往任何时候，铁路的发展极大地改善了成品铁的运输条件，反过来又带动煤、铁以及其他矿产资源的开采，并发生了连锁性的大规模扩张，这种扩张又促使投资者将大量资金投入到有利可图的交通运输业——先是投资于运河，接下来是投资于公路。[④]

---

① Birch Alan, "the Haigh Ironworks, 1789 – 1856: A Nobleman's Enterprise During The Industrial Revolution", *Bulletin of the John Rylands Library*, Vol. 35, No. 2, 1953, pp. 319 – 332.

② Graham Mee, *Aristocratic Enterprise: The Fitzwilliam Industrial Undertakings, 1795 – 1857*, Glasgow: Blackie, 1975, pp. 45 – 63.

③ T. S. Ashton, *Iron and Steel in the Industrial Revolution*, Manchester: Manchester University Press, 1924, p. 209.

④ ［美］伊曼纽尔·沃勒斯坦：《现代世界体系》第3卷，庞卓恒等译，高等教育出版社2000年版，第19页。

第二节 贵族经营地产的典型：
莱韦森—高尔家族

贵族作为一个阶级或者是个人，到底在多大程度上参与了基于自己地产之上的工业活动，由于他们在工业中的作用因时因地而异，这类问题很难找到明确的答案。在笔者所能接触的材料中，尽力选取具有代表性的贵族，以点带面，努力揭示出其主要特征。此处选择具有代表性的莱韦森—高尔家族进行个案分析。

一 莱韦森—高尔家族的地产简介

莱韦森—高尔家族是由莱韦森家族与高尔家族联姻而形成的，也称之为斯塔福德家族。莱韦森家族的詹姆斯·莱韦森是伍尔弗汉普顿的一位富有的羊毛商，15世纪时他在斯塔福德郡的特伦萨姆地区购买了5000英亩土地，又在什罗普郡的利勒沙尔购置了15000英亩的土地之后，一跃而成为一名乡绅地主。而高尔家族的地产比莱韦森家族少，仅在约克郡的斯提坦哈姆拥有1500英亩的土地。16世纪20年代，高尔家族的托马斯·高尔爵士从詹姆斯一世那里获得准男爵爵位。1631年，托马斯·高尔爵士娶了莱韦森家族的弗朗西斯·莱韦森，两家的地产开始合并，由他们的儿子威廉·莱韦森—高尔爵士（1636—1691年）继承了两家合并后的地产。至此，莱韦森—高尔家族正式形成。威廉·莱韦森—高尔于1690年被册封为准男爵，他的儿子，约翰·莱韦森—高尔（1694—1754年）于1703年被封为男爵，后来在1746年又被授予伯爵爵位，即第一代高尔伯爵。约翰·莱韦森—高尔的三儿子第二代高尔伯爵格兰维尔·莱韦森—高尔（1721—1803年）于1786年被封为侯爵，即斯塔福德侯爵，斯塔福德侯爵的长子乔治·格兰维尔·莱韦森—高尔（1758—1833年），即第二代斯塔福德侯爵，于1833年被授予公爵爵位，即萨瑟兰第一代公爵。

莱韦森—高尔家族可以说是贵族阶级的代表，该家族几代人的档案都被较为完整地保存了下来。该家族拥有西米德兰和苏格兰高地的大量地产，同时又继承了布里奇沃特运河，故其家族地产横跨斯塔福德郡、什罗普郡、约克郡、萨瑟兰郡。其中，斯塔福德郡、什罗普郡、约克郡属于英格兰，19世纪初期，什罗普郡的利勒沙尔大约有17300英亩地产，斯塔福德郡的特伦萨姆大约有12500英亩，约克郡的斯提坦哈姆仅仅有大约

1850英亩地产，这3块地产加起来不到40000英亩，仅仅占了整个家族地产的4%，而包括萨瑟兰郡在内的苏格兰地产大约有1250000英亩，但是这3块地产的总收入比苏格兰地产的全部收入还要多。① 莱韦森—高尔家族投资领域十分广泛，包含农业改革、开矿、筑路、修建运河、投资铁路建设，等等。从上文的1883年英国最富裕的地主统计表（表2—2：1883年大不列颠及爱尔兰最富裕地主的土地年总收入）中可以看出，萨瑟兰公爵（即乔治·格兰维尔·莱韦森—高尔）在苏格兰与英格兰的土地和矿产年总收入为141667英镑，是英国的超级富豪贵族。

这里需要注意的是，莱韦森—高尔家族财富的累积有相当一部分是通过四次婚姻和继承获取的。第一次是第一代高尔伯爵于1711年继承巴斯家族地产，第二次是第一代高尔伯爵在1736年继承阿尔伯马尔地产，第三次是第二代高尔伯爵1748年的联姻使得该家族于1803年获得了布里奇沃特地产，第四次是1785年第二代高尔伯爵与萨瑟兰伊丽莎白女伯爵的婚姻为该家族带来了苏格兰北部近一百万英亩的土地。② 其中，第二代高尔伯爵的第一任妻子伊丽莎白·法扎科利，是一位富商的女儿，为他带来20000英镑的嫁妆，他的第二任妻子路易莎·埃杰顿是第一代布里奇沃特公爵的女儿，路易莎·埃杰顿为他带来了10000英镑的嫁妆。③ 这次婚姻对家庭的财富增长很有帮助，后来第一代布里奇沃特公爵去世后，布里奇沃特运河及其布里奇沃特地产相关产业落入了第二代高尔伯爵之手。此外，第二代高尔伯爵还与贝德福德公爵、盖勒韦伯爵和卡莱尔伯爵联姻，他因此被英国首相迪斯累利誉为"专娶女继承人的天才"。

莱韦森—高尔家族中的第二代高尔伯爵与第二代斯塔福德侯爵在18、19世纪英国的政治、社会和经济生活中起着重要作用，弄清这两个贵族的生活，有助于了解英国西米德兰地区的土地、工业、商业和政治四者之间的关系。虽然其他地区的贵族，例如达德利伯爵也在自己地产上大力发展工业，但是远远赶不上莱韦森—高尔家族，其原因在于，莱韦森—高尔家族的投资范围和政治权力影响力在当时非常大。

18世纪，英国统治阶级是土地贵族，有人因而称18世纪是"贵族的

---

① Eric Richards, " 'Leviathan of Wealth': West Midland Agriculture, 1800 – 1850", *The Agricultural History Review*, Vol. 22, No. 2, 1974, pp. 98 – 99.

② J. R. Wordie, *Estate Management in Eighteenth-century England: The Building of the Leveson-Gower Fortune*, London: Royal Historical Society, 1982, p. 3.

③ John Cannon, *Aristocratic Century: The Peerage of Eighteenth Century England*, Cambridge: Cambridge University Press, 1984, p. 72.

世纪",贵族占据着从中央到地方的重要职位,议员、郡守和治安法官大多是贵族。第二代高尔伯爵的政治生涯开始于什罗普郡,1744—1747 年,年轻的高尔伯爵就当上什罗普郡的议员,1747—1754 年,他作为特伦萨姆子爵,获得了威斯敏斯特议会席位,1755—1800 年担任斯塔福德郡总督,1784—1794 年担任政府掌玺大臣（Lord Privy Seal）,之后他退出政坛。在他担任斯塔福德郡总督期间控制了该郡的议会,并以此为家族谋利益提供便利。而且他与当地的企业家保持着良好的私人关系,例如陶瓷老板约西亚·韦奇伍德经常出入于他的府邸特伦萨姆,当韦奇伍德的陶瓷专利权不能适应政府新规则时,斯塔福德侯爵通过议会上院修改了新规则,目的是使韦奇伍德的陶瓷专利权重新有效。[①] 事实上,地方上的企业家也非常乐意与有权势的贵族维持友好关系。

第二代高尔伯爵的长子第二代斯塔福德侯爵也积极从事政治活动,在 1779—1784 年他成了纽卡斯尔的一位议员,1787—1799 年成为斯塔福德郡的议员,由于斯塔福德郡长期以来都在莱韦森—高尔家族的掌控之下,所以第二代斯塔福德侯爵本人实际上完全就是斯塔福德郡的代言人。该家族在政治上的显赫地位使得他们提出的关于修建地方公路和运河的议案在议会上顺利通过,这为他们开发当地矿产、经营工商业提供了极大的便利。

二 高尔伯爵的工矿业投资

莱韦森—高尔家族的地产集中在什罗普郡与斯塔福德郡,在 1748 年之前,该家族对于地产上的矿产是采取出租的办法进行经营,直到 1659 年,斯塔福德北部的梅尔希斯与朗顿两个地产都是靠坐收租金来经营。从 16 世纪开始,什罗普郡就出现开矿、炼铁的活动。1699 年高尔勋爵开始投资矿业开采,1715 年他将沃姆布里奇、唐宁顿伍德、凯特利的企业出租出去。1748 年是莱韦森—高尔家族在什罗普郡地产上进行工业投资的转折点,在这之前,该家族的矿产全部出租给当地的企业家,之后该家族亲自开发矿产。1748—1754 年,第一代高尔伯爵共出资 13534 英镑开发煤矿和铁矿,投资的地点主要在弗罗克沃戴恩和唐宁顿伍德,每年投资的金额为 1714 英镑,这两个地区的年平均利润为总收入的 14%,但他在凯特利的投资却遭受重大损失,年平均投资的金额为 575 英镑,年平均利润

[①] M. W. McCahill, "Peers, Patronage, and the Industrial Revolution, 1760–1800", *The Journal of British Studies*, Vol. 16, No. 1, Autumn 1976, p. 96.

仅仅为总收入的 45%。①

为什么像第一代高尔伯爵这样的贵族要把相当数量的资金投放在矿产这样的冒险事业上？也就是说，他从出租者的身份转变为企业家的身份的动机何在？这是因为他曾经遭遇到了经济困境，不得不去追求巨大的经济收益。第一代高尔伯爵的经济出现困境主要因为 1742 年选举费用高，他政务缠身，只关心如何得到钱财，把怎样挣钱的任务交给了他的地产代理人兼企业家罗伯特·巴伯。18 世纪 40 年代英国农产品价格偏低、地租费用上涨，米德兰各郡出现严重的牛瘟，到 1748 年时他无疑想抓住挣钱的任何机会。②

1754 年第一代高尔伯爵去世后，他的长子继承父业，在地产经营上不认同其父的做法，不愿意投入大笔资金来直接开采矿产，而是将采矿权出租给罗伯特·巴伯的弟弟亨利·巴伯，致使家族的利益受到损失，直到 1764 年，第一代高尔伯爵的第三子即第二代高尔伯爵才花钱重新收回采矿权。

第二代高尔伯爵是 18 世纪的大土地贵族寡头，地产广布什罗普郡的利勒沙尔、斯塔福德郡的特伦萨姆和约克郡的斯提坦哈姆，在广袤的地产上，第二代高尔伯爵自愿拿出大量资金冒险创办规模巨大的资本主义性质的企业，投资公路、运河、矿业等，对西米德兰近代工业的崛起做出重要贡献。

第二代高尔伯爵直接投资工业最明显的例子是创建"高尔伯爵公司"。1764 年，第二代高尔伯爵联合他的代理人托马斯·古尔伯特与约翰·古尔伯特组建了"高尔伯爵公司"，他本人占了公司股份的一半，并拥有最终的决策权，另外两位合伙人各占剩下部分的 1/2 的股份。该公司资金充足，配备了各类矿业开采设备，并负责销售各种矿产资源。公司成立之后就开始在利勒沙尔地产上开凿唐宁顿伍德运河，以便使煤、石灰、铁等资源得以运输出去。不久，公司又开发了利勒沙尔、凯特利、弗罗克沃戴恩、汉利、谢尔顿等地的许多矿产，1786 年该公司以第二代伯爵的新爵位——斯塔福德侯爵，更名为"斯塔福德侯爵公司"。利勒沙尔的煤矿除了"斯塔福德侯爵公司"开采外，当地众多分散的煤矿主各自为政，

---

① J. R. Wordie, "Aristocrats and Entrepreneurs in the Shropshire Mining Industry, 1748 – 1803", in C. W. Chalklin and J. R. Wordie, eds., *Town and Countryside*: *The English Landowner in the National Economy, 1660 – 1860*, London: Unwin Hyman, 1989, p. 194.

② Ibid..

开采的效率与质量并不高。为了扩大公司的规模以便更有效地开采矿产，1802年，斯塔福德侯爵说服了本地的四位资本家购买高尔伯爵公司一半的股份，成立"利勒沙尔公司"。总的来说，公司的贡献是显著的，它所开发的众多矿产促进了西米德兰矿业的兴盛。此外，第二代高尔伯爵除了在他的地产上进行投资之外，还与布里奇沃特公爵和卡莱尔伯爵共同开发了坎伯兰郡奥尔斯顿·莫尔的铅矿和银矿。

三 斯塔福德侯爵的矿产管理

1803年，对莱韦森—高尔家族意义重大，其家族主要成员威廉·雷诺兹、布列奇公爵、约翰·比斯顿和第一代斯塔福德侯爵先后去世，也就是在这一年，格兰维尔伯爵（即后来的第二代斯塔福德侯爵、第一代萨瑟兰公爵）继承了莱韦森—高尔家族的地产。他也像其父那样投资运河、开发矿产、经营工业企业，甚至还超出了他父亲的投资领域——修建铁路。

与其父相比，第二代斯塔福德侯爵更趋向于租赁经营与委托代理人管理地产。1803年，第二代斯塔福德侯爵继承了他父亲在"利勒沙尔公司"的一半股份，此后他就不再直接从什罗普郡开采矿产，而是从"利勒沙尔公司"与"雷诺凯特利公司"收取租金和矿区使用费。第二代斯塔福德侯爵主要的地产代理人是詹姆斯·洛赫，从1812年至1855年，他一直是该家族的地产代理人，他在工作中尽职尽责，常常替斯塔福德侯爵选择恰当的地产经营方式。1819年，人们开始讨论斯塔福德郡的布拉德沙尔矿是否适合开采，詹姆斯·洛赫起初主张直接开矿，后来他考虑到开矿时排水的难度较高以及采矿工程中需要大笔资金，直接开采矿产的风险太大，采用租赁的方式可以降低风险，洛赫便建议斯塔福德侯爵采取租赁的做法，结果他的意见得到采纳，斯塔福德侯爵在租约里写明了固定的租金和矿区使用费，以此来减少直接开采的风险。1821年，第二代斯塔福德侯爵使用了同样的办法来开采斯托希思矿，该矿最后以每亩400英镑的价格出租给威廉·斯巴罗经营。[①]

拿破仑战争期间（1803—1815年）及其以后的几年之内，西米德兰地区的钢铁贸易动荡不定，工业的波动影响了波特里斯和什罗普郡东部煤和铁等矿产的价格，煤价的下跌又往往影响了煤矿工人的工资，导致煤矿

---

① Eric Richards, "The Industrial Face of a Great Estate: Trentham and Lilleshall, 1780 – 1860", *The Economic History Review*, Vol. 27, No. 3, August 1974, p. 423.

主以裁员的方式来降低成本。在当时，采煤是一个高危行业，煤矿坍塌、瓦斯爆炸、矿井中的水灾等时有发生，时刻威胁着工人的生命，劳资纠纷矛盾突出，各郡的煤矿主和工人为了各自的利益常常发生冲突。鉴于斯塔福德侯爵在当地的政治影响力，煤矿主与工人之间的冲突影响到特伦萨姆府邸的安全，这令斯塔福德侯爵家族忧心忡忡。

斯塔福德侯爵在经营矿产中遇到了不少问题。与19世纪前20年农业收入增长相比，斯塔福德家族的矿产收入不尽如人意。在某种程度上，这是由于斯塔福德侯爵注重提高土地的农业生产效率，而不是专力于开采矿产所致。该家族采取出租农场收取租金的传统经营方式，矿业经营是附带在农业经营以外发展起来的。工矿业的利润在莱韦森—高尔家族地产的收入中，所占比例较小。莱韦森—高尔家族地产在1691年的总收入是3916英镑，其中工矿业收入是318英镑，大约占总收入的8%。在1730年，该家族地产总收入是8677英镑，其中工矿业收入是700英镑，同样大约只占总收入的8%。莱韦森—高尔家族地产总收入在1760年增长较多，达到11468英镑，工矿业收入则达到1500英镑，工矿业收入在总收入中的比重则升至13%。而到了1787年，该家族的地产总收入飙升至49360英镑，工矿业收入也攀升至13135英镑，大约占全部收入的27%。[1] 可见，虽然该家族的工矿业收入在不断上升，但它在总收入中的比重始终偏低，地产经营的主要收入仍然是农业收入。

如果赶上经济不景气，其他煤矿主降低煤价，斯塔福德侯爵也跟着降价，但是大家会把煤矿工人工资下降、煤矿主利润减少的责任都归咎于他。在1820年斯塔福德郡的选举中，斯塔福德侯爵为了获得公众的支持宣称要降低煤炭的价格。作为斯塔福德侯爵政治上的对手，约翰·博伊爵士在选举中反对煤炭降价。后来斯塔福德侯爵没有兑现在选举中的承诺，反而提高了煤价，当地报纸批评了他的这种行为，并认为是他导致了该地区的贫穷。斯塔福德侯爵后发表声明，声称自己不再充当煤矿主的角色，退出矿产经营。1821年，威灵顿附近发生煤矿工人暴动事件，导致2名矿工死亡，虽然斯塔福德侯爵没有直接介入，但是他家的佃户参与其中，这个事件也让他减少了经营矿产的兴趣。[2]

---

[1] J. R. Wordie, *Estate Management in Eighteenth-century England: The Building of the Leveson-Gower Fortune*, London: Royal Historical Society, 1982, pp. 145 – 150.

[2] Eric Richards, "The Industrial Face of a Great Estate: Trentham and Lilleshall, 1780 – 1860", *The Economic History Review*, Vol. 27, No. 3, 1974, pp. 424 – 425.

19世纪20年代，斯塔福德侯爵矿产管理的问题越积越多，他觉得无法协调贵族和工业界巨头的角色，于是直接退出矿产企业的经营活动。该家族在当地势力庞大，这一事件在当时引起了轰动。艾利克·理查兹解释说这是"社会压力"造成的结果：贵族越来越不喜欢从事工业，斯塔福德家族重视家长式统治的贵族理想，而工业的波动性强、城市工人阶级队伍不稳定，难以管理，所以他们选择退出直接管理工业，这个决定也是模仿拿破仑战争以后多数经营工业的地主的行为。[1] 虽然退出了直接开发矿产，斯塔福德侯爵还没有完全失去对矿产的兴趣，他仍然以出租者的身份，间接参与矿业的开发与经营，只不过他与同时代的其他土地贵族一样，作为企业家的开拓与冒险精神越来越少。

莱韦森—高尔家族经营工矿业的案例是贵族在工业革命中的一个缩影。当第一代企业家出现在英国的历史舞台时，他们全部来自地主阶级，虽然他们身为第一代企业家，但是本身却没有形成一个完整的新兴阶层，从阶级属性来看，他们仍然是地主阶级的成员。17世纪之后，一个鲜明的、纯粹的企业家群体开始在英国出现，例如从事炼铁业的佛里斯和克罗里斯家族，从事造纸业的布里斯克斯和杜宾斯家族，以及18世纪晚期的达比斯家族、威奇伍兹家族、克罗谢兹家族等，这些家族的后代与地主阶级联系最紧密，他们相互通婚、互换角色，地主阶级与工业阶级之间的界限逐渐变得模糊起来。16世纪晚期完全业余的地主"冒险家"，比如茅特乔伊勋爵或者弗朗西斯·威罗比爵士从18世纪初期起逐渐退出历史舞台。地主阶级仍然能够发挥企业家的作用，与新生的职业化的企业家合作。18世纪初，在什罗普郡产生了诸如理查德·哈特肖恩、乔治·斯巴罗等企业家。但是到19世纪初期，地主阶级直接退出了工业开发，这个任务完全由专业的企业家来承担。随着时间的推移，企业家的职能更专业化，以至于形成庞大的工业资产阶级。虽然政治和社会原因迫使贵族地主离开了工业领域，但他们在工业领域保留的最重要的角色仍是出租者和投资者，他们的退出代表了工业部门"资本的大量流失"。在1813年第一代苏塞兰公爵的纯收入中，其中72%来自工业投资，1833年这个比例仍达到70%。相反，18世纪最成功的企业家例如皮尔、斯特鲁兹、阿克莱特、威特布利兹的资金从工业中流失，他们本来可以投资工业企业，却把钱用

---

[1] Eric Richards, "The Industrial Face of a Great Estate: Trentham and Lilleshall, 1780 – 1860", *The Economic History Review*, Vol. 27, No. 3, 1974, p. 429.

来购置地产进入地主阶级行列。[1]

第三节 贵族对英国工业发展的贡献

18—19世纪是英国从农业社会向工业社会转型的关键时期，但16—17世纪是孕育工业革命的时期，同样不可轻视。在社会的转型时期，贵族经营企业经历了一个曲折而复杂的过程。起初，贵族受商品经济的刺激，开始出资办企业，可是他们缺少职业技能，需要依赖技术援助。在接受相关技术专家和经纪人的建议后，贵族本人才最终决定是否开发地产、开办工厂、购买轮船、投资联合股份公司等。在这个意义上贵族被看作企业家（entrepreneur）。伊曼纽尔·沃勒斯坦认为到16世纪，在意大利、匈牙利、波兰、易北河以东地区、瑞典、英国，贵族已经成为企业家。[2] 伊丽莎白时代，英国贵族、乡绅、商人都曾经是大胆的企业家。从个人的层面看，一些贵族的个人经营活动涉及面十分广泛。伊丽莎白时期农村最活跃的企业家不是一些忙碌的商人或有闯劲的新乡绅，而是一群家世久远的贵族，第九代施鲁斯伯里伯爵，即乔治·塔尔博特，是我们有记载的地产规模最大的农场主和铁矿主，他拥有煤矿，并独立创办了三家工厂，他亲自经营其中的钢铁厂。此外他还积极投资贸易和参与探险活动。1574年，他在莫斯科维公司（Muscovy Company）持有股份，1582年，他试图到达东印度群岛参与1583殖民掠夺计划。[3]

对此，劳伦斯·斯通写道：

> 伊丽莎白和斯图亚特早期的贵族对自己被描述为商人既感到震惊，又觉得厌烦，但是贵族积极参与铁矿业，其作用关键。他们建铁厂，几乎是所有技术和最大铁厂的革新者。[4]

---

[1] J. R. Wordie, "Aristocrats and Entrepreneurs in the Shropshire Mining Industry, 1748 – 1803", in C. W. Chalklin and J. R. Wordie, eds., *Town and Countryside: The English Landowner in the National Economy, 1660 – 1860*, London: Unwin Hyman, 1989, pp. 210 – 211.

[2] [美] 伊曼纽尔·沃勒斯坦：《现代世界体系》第1卷，庞卓恒等译，高等教育出版社2003年版，第93页。

[3] Lawrence Stone, "The Nobility in Business, 1540 – 1640", *Explorations in Entrepreneurial History*, Vol. 10, No. 2, December 1957, p. 59.

[4] Ibid., pp. 54 – 61.

事实上，英格兰最著名的贵族姓氏都与工业企业有联系，例如诺福克家族、德文希尔家族和阿伦德尔家族。贵族在工业发展中的先锋作用是其他阶级不能比拟的。许多贵族冒着倾家荡产的风险，将资金投入工业和贸易，这有助于为其他阶层以后注入资金铺平道路。①

劳伦斯·斯通对贵族在工业化进程中的贡献的评价并不为过，我们可以从贵族经营公司的漫长历程中得到证明。一般来讲，规模小的企业独立性强，所有权关系简单，管理直接，运作效率高。早期的贵族采矿企业规模较小，贵族往往采取自己独自经营的方式，所有财产归贵族独自占有。如果是大规模的采矿业和冶炼业，因资金、成本、经营风险以及交通等问题，贵族则往往采用公司制来经营管理。特许公司（chartered company）和联合股份公司（joint-stock company）就是在此基础上发展起来的。英文"特许"（charter）一词源于拉丁语的（charta）或（carta），含义是"书面文书"②，政府或统治者通过颁发"特许状"准许成立某个组织或机构并授予其特权。15世纪、16世纪英国实行重商主义，国王授权从事海外商业活动的商人、贵族或乡绅以合伙方式或股份方式成立经济组织，这种经济组织就叫特许公司（chartered company）。特许公司多是海外贸易或海外殖民公司，它在殖民地和贸易上既获得特权，又必须向国家履行一定的义务，例如特许公司必须承认国家的宗主权，必须缴纳必要的税收。特许公司建立的最重要意义就是充当西方国家推行重商主义原则和政策的"急先锋"，从而对西方资本主义的兴起产生了重大而独特的影响。③但是英国早期的特许公司存在如下弊病：其一，特许公司的贸易往来多以个人或合伙的形式开展，使得公司制定的一些规章制度难以全面贯彻执行。其二，特许公司的成立需要国王和政府的批准，其审批手续比较复杂，贪污腐败难以避免。其三，特许公司的经营管理体制不健全，它的所有权与管理权应是分离的，但事实上经营权和管理权却没有分离，公司实际上被少数人所垄断。

16世纪下半期联合股份公司的诞生在一定程度上克服了这些弊端和弱点。联合股份公司是通过发行股票及其他证券，把分散的资本集中起来经营的一种企业组织形式。联合股份公司属于一种合资公司，反映了资本

---

① Henry Kamen, *European Society*, *1500–1700*, London: Routledge, 1984, pp. 100–101.
② 《大美百科全书》第13卷，台北光复书局1991年版，第102页。
③ 何顺果：《特许公司——西方推行"重商政策"的急先锋》，《世界历史》2007年第1期，第46页。

联合的要求，具有两个特点：其一，股份公司的资金不是由一人单独出资，而是由许多人共同出资认股组成，出资者称为股东；其二，股份公司的所有权不属于某个人，而是属于所有出资认购公司股份的股东。股东只承担有限责任，公司的管理和经营由选举产生的董事会负责。所以联合股份公司代表了一种更开放的贸易组织形式，能够迅速地筹集资本，可以让更多的人间接地参与商业贸易，赚取红利或股息。为了发展与俄国的贸易往来，1555年2月26日，玛丽女王颁发了特许状，任命卡波特为公司理事长，英国第一家重要的特许公司——俄罗斯公司建立起来了。公司采用股份制形式，成立之初股东有240人，股金6000英镑。[1] 由于它代表一种开放的商业组织，在商业利益的刺激下，社会各阶层踊跃参加，上至女王、王室、贵族、乡绅等各级地主，下至普通老百姓都积极参股。16世纪后期，英国的联合股份公司如雨后春笋般地涌现出来，参见表4—1：

表4—1　　　　1575—1630年各公司里的6336名投资者

阶级	数量/人	总比例/%	在阶级人数中的比例/%
贵族	179	2.8	3.5
骑士	515	8.1	9.9
绅士	483	7.6	9.3
商人	3810	60.1	73.5
商人骑士	123	1.9	2.4
专业人士和约曼农	74	1.2	1.4
不明阶层	1152	18.2	/

资料来源：Theodore K. Rabb, *Enterprise and Empire: Merchant and Gentry Investment in the Expansion of England, 1575 – 1630*, London: Routledge Thoemmes Press, 1999, p. 27。

从公司的人员构成来看，特许公司与联合股份公司是封建主义向资本主义转化过程中出现的一种经济混合体，带有浓厚的封建遗迹。不过，贵族毕竟与商人和资本家不一样，对股份公司这类新事物缺乏客观、理性的认识，一遇上金融风险就手足无措，"南海泡沫"事件使贵族地主认识到股

---

[1] T. S. Willan, *The Early History of the Russia Company, 1553 – 1603*, Manchester: Manchester University Press, 1956, p. 6.

份公司的危险性和风险性，转而还是觉得地产投资更安全可靠。

英国的联合股份公司不仅负责贸易往来，如果它参与殖民活动，还要从事生产活动，而资本主义作为一种经济组织形式，是围绕着生产和销售展开的，也就是说，联合股份公司与资本主义存在着一定的关联。考察贵族地主在公司中的作用，从某种意义上说，也就是检验贵族地主对资本主义的态度。

伊丽莎白王朝初期，英国企业经济最显著的发展是从国外引进新工业技术和矿业技术。虽然英国和德国的商人赞助了大笔资金，但是王室贵族也积极主动，富有投资意识，他们在皇家矿业公司和矿业与电池公司投资的资金占该公司总资金的1/6。

17世纪早期，贵族在联合股份公司中占的份额分为两类，一类由王室贵族出资，另一类由贵族中的反对派支持。由于部分王室贵族不愿意慷慨出资，第一类公司，比如新英格兰公司和圭亚那公司都以失败告终，王室的钓鱼公司也因同样原因失败，而另外的西印度公司和马达加斯加殖民公司尚未能进入到运行阶段。与这些王室贵族失败的联合股份项目相比，马萨诸塞港湾公司和普罗文登斯海岛公司由信仰清教徒的贵族支持，在宗教热情的鼓舞下，这些贵族比王室贵族更喜欢管理联合股份公司，因而他们的投资更迅速、更直接。①

值得注意的是，由于采矿业与冶金业需要大笔的投资，这远远超出一般手艺人和小生产者合伙组织能力所及的范围，而且单个贵族或商人对大规模的采矿、冶金企业进行投资，让人倍感艰辛，即使他们能够独自开采一段时间，但由于技术、资金和人力等因素的制约，他们或者偃旗息鼓，或者出租给资金雄厚的人和机构，或者与人联合投资。在这两个行业中，贵族、商人及其他团体合伙投资的情况比较常见，他们通过合伙汇集了不同份额的资本，同时也减少了投资的风险，采矿与冶金行业在英国很早便采取股份公司制度形式。1561年，英国第一个矿业公司成立于诺森伯兰郡。为促进铜的开采，英国皇家矿业公司于16世纪60年代成立，该公司是按照德国公司的模式组建的，最初矿业公司有24股股份，它同时还吸收了德国人的资本，例如奥格斯堡的大商行汉·朗瑙埃公司便持有其中的11股，其余的股份由成庞·塞西尔爵士与莱斯特的罗伯特·达德利伯爵等英国人所持有。当时的矿业公司是一家采矿与重冶金联合企业，在其创

---

① Lawrence Stone, "The Nobility in Business, 1540–1640", *Explorations in Entrepreneurial History*, Vol. 10, No. 2, December 1957, p. 59.

建之初，伦敦的阔商与一些显赫的贵族便认购了36股。① 有的经营规模较大的企业，如英国冒险家矿业公司在英国许多地方都占有股权，通常以大宗生意为主，但是公司经济效益平凡。18世纪初，冒险家矿业公司已经债台高筑，如果不及时进行改组和得不到法令赋予新的特权就会破产倒闭。另一些企业，如科尼什的那些企业，规模小，资金不多，所以大多数都不能同时开采一个以上或两个矿井。② 矿业公司常常是用于开采铜矿，因为铜矿往往很深，开采过程时间长，所需经费极大，上面提及的英国皇家矿业公司便属于此类。

股份公司是一种商业组织，更多地反映出企业家的角色，到工业革命时期，企业家成为一种新兴的商人，即我们通常所谓的工业家。工业家是在工厂制度下的大型工业企业的领导或者领导之一，是公司资金的重要占有者和业务管理者。企业家和工业家的意思比较接近，只是工业家更侧重生产制造业，工业革命时期工业家的称呼更普遍。16世纪、17世纪贵族开发铁矿，我们既可以把贵族叫作企业家又可以称其为工业家。到了18世纪、19世纪工业家人数众多，有些贵族也变成了工业家，例如19世纪的第七代德文公爵和伦敦德里侯爵都是贵族工业家里面的佼佼者。③ 尽管贵族成为工业家的数量屈指可数，但是我们不应该忘记这样一个事实，到19世纪，贵族只占了英国总人口的很小的一部分，1803年，贵族和乡绅组建的家庭占英格兰、威尔士家庭总数的1.4%。

近现代英国贵族在商业化浪潮的席卷下，抛弃纯粹地租者的身份，采用资本主义生产方式，向资产阶级融合，其间历经了身份的数次裂变与复合。地主、矿主、厂主、商人、股东上演出一幕英国从封建农业社会向资本主义工业社会过渡的生动历史画面。这里有三点需要注意：

第一，一般而言，贵族在工业活动中的利润是地产的扩展，土地导致了贵族工业企业和企业家的产生。地产上丰富的煤、铁、铝、铜等资源为工业的发展提供了大量的燃料和原料，而且运河和公路等交通改进大大便利了农产品、工业品和人员的流通。贵族在工业发展的许多方面与农业相

---

① [意]卡洛·M.奇波拉：《欧洲经济史》第2卷，贝昱等译，商务印书馆1988年版，第354页。
② [法]保尔·芒图：《十八世纪产业革命——英国近代大工业初期的概况》，杨人楩等译，商务印书馆1997年版，第220页。
③ David Spring, "English Landowners and Nineteenth-Century Industrialism", in J. T. Ward and R. G. Wilson, eds., Land and Industry: The Lnded Estate and the Industrial Revolution, David & Charles: Newton Abbot, 1971, pp. 45–50.

似：他们鼓励开办企业和提倡效率，是基本设施所需资金的提供者。作为"革新者"，他们并不优秀——他们一般不懂技术问题，基本上是"发起者"和"投资者"；即使这样，一些贵族仍是18世纪晚期主要的企业家，特别是在新兴工业区。从整个时期来看，也许有人认为在一些关键的经济部门，比如采矿业、交通业以及农业，地主，或者主要是贵族的贡献是经济扩张的关键。劳伦斯·斯通也承认"在这一时期，贵族充当了一个其他任何一个阶层，包括乡绅和商人，所无法也不愿与之竞争的角色。……这一阶段贵族的重要性是由于他们愿意鼓励和资助新的冒险事业。大型矿业和冶金工业还是新鲜的事物，他们在这些行业的扩展中起了带头作用"[1]。明盖尤其欣赏贵族地主对经济发展的态度比他们直接的亲身努力更重要这一点，认为他们肯定点燃了企业的革新之火，地主不仅仅是变革年代消极的旁观者。[2] 贵族地主主动适应变化的经济生活，对财富的关注使他们成为社会的参与者而不是寄生者。

　　第二，贵族从事工业企业的风险和投入比商人和资本家小得多。英国贵族基本上是一个消费阶级，因为土地被当作贷款的最安全屏障，借贷的大部分用于非生产性用途——提供嫁妆、建房等。商人和资本家首先必须投入一定数量的货币来购买生产所需的土地、劳动力、不变资本等，商品生产出来后卖出去的货币必须要大于投入的货币才有利润可赚。由于地主拥有土地所有权和开采矿产的垄断权，可以采取自己经营、让管家管理、出租、组成公司合伙经营等多种方式。相比之下，地主投入资金少，风险小。

　　第三，从成效来看，土地贵族从事工业总体上赶不上职业性的商人和工业资本家。有的贵族努力经营企业并取得一定成就，但下一两代可能因经营不善而倒闭；有的本身缺乏管理经验、资金、技术等原因导致地产出现严重亏损；有的常居伦敦，忙于议会、军事和宫廷等事务，没有时间和精力长期经营工业。所以到19世纪时，他们在工业中的重要性逐渐让位给专职的工业家。莱韦森—高尔家族算是贵族中从事工业比较出色的贵族地主家庭，但是到19世纪20年代，也像其他地主一样蜕变为出租者。

　　总之，贵族阶级对英国工业的贡献应看其质量而非数量。贵族是这一

---

[1] [美]伊曼纽尔·沃勒斯坦：《现代世界体系》第1卷，庞卓恒等译，高等教育出版社2003年版，第304页。

[2] G. E. Mingay, *English Landed Society in the Eighteenth Century*, London: Routledge & Kegan Paul, 1963, p. 201.

时期的"革新者""冒险者""投资者""开拓者",为工业革命的起飞铺平了道路,具体表现在他们在开采煤和铁方面的突出贡献,因此贵族的历史地位不能磨灭,不能以后期工业资产阶级的标准来衡量贵族对工业发展的贡献。当工业革命开始后,英国贵族地主主动适应变化的经济生活,因而对工业革命中的巨大变革有较强的适应性,虽然他们后来直接退出工业企业,但并没有阻止工业化的进程,相反以各种方式与工业发生了千丝万缕的联系。

第五章 贵族对城市地产的开发

从城市的功能和特征来看，英国城市大致可以划分为综合性城市、郡城、制造业和矿业城市、铁路和运河城市、港口城市、矿泉城和海滨休闲城。伦敦属于综合性城市，16—17世纪，伦敦的发展一直在全国独领风骚，从17世纪下半期开始，特别是到了18世纪，由于北美和西印度贸易迅速出现增长，英格兰北部和米德兰的制造业的发展，工业生产和农业改良引起的国内贸易总体增长，内陆河道的开发和人民生活水平的提高，英国的工业中心逐渐从东部、南部的城市，向边远的北部、西北部以原料产地为中心的地区转移，结果原来一些规模较小的乡镇迅速跃升为新兴的工业城镇，同时出现了一些休闲城市。作为世界上第一个城市化的国家，英国城市化进程的路径首先是以伦敦为首的大城市的兴起，其次是工业革命中一批工业城市的崛起，最后是海滨城市的诞生。

城市化往往建立在开发地产的基础上，近代英国贵族拥有英国城市的大量地产，他们对城市的地产开发与城市规划究竟有何贡献呢？人是城市开发的主体，除贵族之外，王室、商人、银行家、律师、工匠等社会阶层也参与其中，在当时缺乏城市规划法与专门治理机构的情况下，贵族是如何在与王室的竞争中影响伦敦的城市规划与地产开发，并妥善处理与地产承租者的关系，贵族又是以何种方式完成城市地产开发，以及这种地产开发方式对其他城市有何影响，这些是西方学者研究的薄弱之处。基于此，本章拟探讨贵族对伦敦、郡城、矿泉海滨城市的开发以及重新定位城市化进程中贵族的地位和作用。

第一节 贵族对伦敦地产的开发

伦敦位于英格兰东南部，横跨泰晤士河两岸，距北海河口湾65公里。自中世纪以来，伦敦一直都是英国最大的城市，其扩展速度在欧洲城市中首屈一指，16 世纪中期在欧洲排名第六，17 世纪末期成为欧洲最大的城市。人口增长是伦敦快速扩张的一个重要因素。1560 年，伦敦的人口大约有 130000 人，1600 年，人口几乎达到 200000 人，1650 年约为 370000 人，1700 年是 490000 人，1750 年时人口大约 700000 人。① 与英国其他地区相比，伦敦人口增长更加明显。16 世纪中叶，伦敦人口占全国人口的 4%，1600 年时大约占 5%，1650 年时超过 7%，1700 年约占 10%，1750 年大约占 12%，1550—1750 年，英国人口由 3010000 人增长到 5780000 人，大约增长了 1 倍，而同时期伦敦人口则由 120000 人增长到 675000 人，几乎增长了 5 倍。② 到 1801 年，根据第一次官方统计材料显示，人口增长到 900000 人，1831 年人口是 1654994 人。③

与伦敦人口迅速增长形成鲜明对比的是贵族人数的增长速度也很高，1560 年，在伦敦居住且拥有永久房产的贵族有 30 人，到 17 世纪 30 年代，至少 3/4 以上的贵族在伦敦具有永久房产的资格，在伦敦居住的乡绅至少有几千户。④ 17 世纪初，每年至少有 750 名上层阶级的年轻人到伦敦当学徒和经常出入王室，这个数字占每年移民总人数的 1/10 以上。事实上，上层阶级移入伦敦的实际人数比这要多二、三倍。单就贵族而论，如果以每家 20 人计算（格里戈里·金估计每家为 40 人），90 家贵族就有 1800 人。⑤ 1632 年政府调查发现全国有 25% 的贵族和 1% 的乡绅居住在伦敦。这些贵族和乡绅人数虽然少，但加上他们所带的家眷、仆人，总人数还是相当可观。⑥ 斯图亚特晚期和汉诺威初期，即使都市的生活不那么新鲜，伦敦的地理和人口扩张也会影响土地精英们进城。许多贵族和乡绅携带家眷长时间来伦敦居住，17 世纪 30 年代王室禁令以及 40 年代的政治动乱曾一度阻止他们前来。王政复辟时期贵族离开农村地产后经常来首都，伦

---

① A. L. Beier & Roger Finlay, *London，1500 - 1700: The Making of the Metropolis*，London: Longman，1986，p. 48. 此处需指出，对于 1650 年伦敦人口的统计，贝耶尔的估算数字比瑞格雷爵士估算的少了 3 万，而对于 1750 年伦敦人口的统计，贝耶尔比瑞格雷爵士计算的人数要多 25 万。
② E. A. Wrigley and R. S. Schofield, *The Population History of England 1541 - 1871*，Cambridge: Cambridge University Press，1981，pp. 208 - 209.
③ John Summerson, *Georgian London*，New Haven: Yale University Press，2003，p. 8.
④ Lawrence Stone, *The Crisis of the Aristocracy 1558 - 1641*，London: Oxford University Press，1967，pp. 188 - 189.
⑤ A. L. Beier & Roger Finlay, *London，1500 - 1700: The Making of the Metropolis*，London: Longman，1986，pp. 12 - 13.
⑥ Derek Hirst, *Authority and Conflict，1603 - 1658*，London: Edward Arnold，1986，p. 7.

敦是他们主要的栖居之地。到了 18 世纪,地主精英们生活的一个共同特点是选择在首都伦敦居住与生活。

自从英国王室定居于伦敦以来,伦敦就一直持续不断地对贵族产生无穷的吸引力,成为乡村贵族涌入城市的第一选择,近代以来,贵族进城的原因是多方面的,归纳起来,大致有以下四点。

一是贵族来伦敦是基于从政的目的。伦敦是英国的政治中心,是王室、政府、议会的所在地,也是贵族参与政治活动的场所。英国议会由上院和下院组成,贵族不仅占据上院,还控制着下院。按照惯例,有爵位的贵族都有权出席议会上院,从亨利七世召开第一届议会的 29 位贵族到 1800 年的 267 位贵族,国家的权力结构几乎由贵族控制。例如,1744 年佩勒姆(1694—1754 年)内阁由 15 人组成,其中有 8 位公爵,而从 1782—1820 年,内阁共计 65 人,其中贵族有 43 人,就剩下的 22 人来说,其中 14 人是贵族的儿子,其余 8 人中,有 2 人来自贵族家庭,3 人最后成为贵族,进入上院。[1] 1701 年议会下院有 513 位议员,其中全部或者部分代表贵族利益的人数在 400 位以上。[2] 又比如,每年都有大量来自全国各地的贵族来此寻求恩赐和官职,其中的贵族包括那些长期不在乡村经营地产的贵族,莱韦森—高尔家族的约翰·莱韦森—高尔年轻时为了长期在伦敦从政,在威斯敏斯特的多佛尔街买了一栋房子以便长期住在伦敦,将地产长期交由代理人乔治·普拉克斯顿管理。贵族作为统治阶级,参与政务是贵族前往伦敦的最主要原因。

二是贵族来伦敦是基于商业的目的。伦敦是英国乃至近代欧洲的商业贸易中心,是贵族子弟学习商业与贵族经商的首选城市。比如从 1570—1646 年,15 个伦敦公会会员的 8000 余位学徒中,出身于骑士、缙绅、绅士家庭的比例大概是 12.6%,贵族在新学徒中的比例远远高于绅士。而在最有名望和最富裕的公会里,贵族学徒的比例最高,占整个新成员的 1/4—1/3。[3]

三是伦敦为贵族处理法律事务提供了便利。就土地而言,伦敦是全国土地市场的中心,16、17 世纪以降,土地市场极为活跃,不仅是伦敦的

---

[1] John Cannon, *Aristocratic Century: The Peerage of Eighteenth Century England*, Cambridge: Cambridge University Press, 1984, pp. 116 – 117.

[2] Robert Walcott, *English Politics in the Early of Eighteenth Century*, Oxford: Oxford University Press, 1956, p. 182.

[3] Keith Wrightson, *English Society, 1580 – 1680*, New Jersey: Rutgers University Press, 1982, p. 28.

房地产交易,甚至连全国的房地产交易都可以通过代理人在此进行。贵族的家产分配协议、遗嘱认证、土地转让、房地产开发、商业借贷、创建公司等事务都需要咨询法律人士,虽然地方律师也能处理上述事务,但他们中的一些人法律水平并不高。另一方面,乡村信息闭塞,交通不便,对新出台的法律政策的了解比较滞后,签署的法律文件在寄送方面也不方便。在这种情况下,贵族更趋向于在伦敦寻求更高级的法律咨询与建议,贵族有时甚至会带着当地律师来伦敦学习有关法律知识,而且,贵族子弟每年也来伦敦的高等院校学习法律。[1]

四是伦敦是贵族休闲、娱乐、消费的中心。从16世纪末期开始每年举行的伦敦社交季[2]是贵族交朋结友、谈婚论嫁的重要社交活动。例如,1741年年底,瑞奇蒙德公爵来伦敦开会,开会之余他与妻子忙于参加各类社交活动。[3] 伦敦为贵族进行炫耀性消费提供了空间,有些贵族在服饰、宅邸、家具、艺术品上一掷千金,有些贵族在婚丧嫁娶、赌博、盛宴、情妇身上挥金如土。劳伦斯·斯通在《1558年至1641年贵族统治的危机》一书中对贵族的奢侈性消费有不少详细的记载,此处从略。

贵族来伦敦定居之后,开发伦敦房地产的优势便显示出来,其中的一个重要原因是贵族掌握大地产,而且拥有土地的所有权,开发起来相对方便,故伦敦对贵族吸引力最大,是贵族开发最多的地方。所以,分析贵族对伦敦地产的开发特征即可以窥一斑而知全豹。

一 在与王室的博弈中影响伦敦的规划

众所周知,伦敦是英国王室和政府机构的所在地,贵族开发伦敦首先就遭遇了王室的干扰,近代英国王室曾经屡次试图控制和管理伦敦的城市发展,但最终都以失败告终。王室和贵族在伦敦城市开发与建设上,既存在合作与互利,又存在矛盾与冲突。因此,贵族开发伦敦地产的第一个特征就是与王室争夺城市的开发权。

对于贵族不断涌入伦敦定居一事,英国王室传统的看法是:贵族权力的基础在农村,因此贵族应该在农村生活,维护当地的统治。王室早就认

---

[1] Rosenheim, James M., *The Emergence of a Ruling Order: English Landed Society, 1650 - 1750*, London: Longman, 1998, pp. 229 - 230.

[2] "伦敦社交季"(London Season)每年4月开始,止于8月,英国上流社会举行舞会、戏剧演出、晚宴、赛马会等活动,这是一个结识达官贵人和寻觅美满婚姻的理想途径。

[3] James M. Rosenheim, *The Emergence of a Ruling Order: English Landed Society, 1650 - 1750*, London: Longman, 1998, p. 223.

识到越来越多的贵族来到伦敦带来的隐患，自都铎王朝晚期以来，王室就开始颁布文告禁止贵族来伦敦居住，要求他们返回乡村维护当地的统治秩序、保持好客的传统等义务。斯图亚特王朝则沿袭了这一传统。

国王詹姆士一世不仅严令贵族离开伦敦返回原居地，而且屡次颁布建筑文告禁止人们在伦敦及其附近地区修建或者租赁房屋。1603年9月16日，为控制鼠疫在伦敦蔓延，詹姆士一世颁布了第一条建筑文告："任何新租房户或者新的居民或者其他个人及团体，禁止到伦敦市区、郊区或离这些地区四英里以内的任何一处地方租住或者定居。……无家可归者、懒散者、棚屋、简易房等是引发瘟疫的重要原因，因此不准修建棚屋，不准把房屋再隔离成单间提供给房客，棚屋和简易房必须拆除，不得重建。"① 此文告涉及的对象范围比较广泛，虽然没有明确提到贵族，我们也可以将之理解为包括贵族在内外来人口。继1603年9月16日第一条建筑文告之后，从1605—1624年詹姆士一世又颁布了11条建筑文告。这些文告中均未明确使用贵族一词，但从文告的措辞来看，有的文告事实上已经包含了贵族在内。例如，1624年7月14日文告要求"大多数人，尤其是社会地位高的上层人士（best ranke and qualitie）"② 应该遵守已经颁发的文告，不得在伦敦市区及其郊区新建任何建筑物。此处的"社会地位高的上层人士"即英国社会中的贵族阶层。笔者之所以敢大胆揣测，理由在于：詹姆士一世共颁布了267条文告，其中有2条文告（1623年3月26日、1624年10月19日）的标题均为《关于社会上层人士（persons of qualitie）返乡的文告》，文中明确指出"社会上层人士"包括教会贵族与世俗贵族。③

查理一世继承了詹姆士一世的做法。1625年5月2日，查理一世颁布了禁止在伦敦城门2英里以内和威斯敏斯特城附近建造新建筑的文告，其建筑的范围比詹姆士一世更小，1628年7月23日，查理一世又颁布文告，不准外来陌生人在伦敦租赁王室的房间。查理一世既不允许贵族在伦敦建房、租房，又不允许贵族在伦敦生活，这从他在1626年11月23日、1627年11月28日、1639年1月29日发布贵族返乡的文告中可以得到印证。

---

① James F. Larkin & Paul L. Hughes, eds., *Stuart Royal Proclamations*, Vol. 1, *Royal Proclamations of King James I, 1603-1625*, Oxford: Clarendon Press, 1973, pp. 47-48.
② Ibid., p. 597.
③ Ibid., pp. 592, 608.

詹姆士一世与查理一世的文告虽然能迫使一些乡村贵族暂时离开伦敦，但是这并未从根本上阻止乡村贵族来伦敦谋求长期发展的愿望，也很难威胁到长期居住在伦敦的城市贵族。据历史学家劳伦斯·斯通的统计，1560年，在伦敦居住且拥有永久房产的贵族有30人，到17世纪30年代，至少3/4以上的贵族在伦敦具有永久房产的资格。[1] 政府的数据也反映了贵族长居伦敦的现象，1632年，政府调查发现全国有25%的贵族和1%的乡绅居住在伦敦。[2] 这些贵族和乡绅人数虽然不算多，但是加上他们所带的家眷和仆人，总人数非常可观。

詹姆士一世和查理一世均多次解散议会后长时段实行无议会统治，议会在这一时段里鲜有制定法律或法令，文告取代了法律的位置，成为国王专制统治的一种工具，王室对伦敦城市建筑与城市规划的政策就集中反映在建筑文告中。按照文告的规定，贵族欲建房必须向王室申请建筑许可证方能开发土地，王室常常热衷于出售建筑许可证，把建筑优先权偏向贵族。对于违法建筑，王室常常利用文告收取大笔罚金。其实，文告的目的不是要中止建造所有的建筑，而是为了限制穷人，改善首都的外在形象，并通过罚金增加王室的财政收入。例如17世纪30年代后期伦敦非法建筑的数量较大，由于王室财政空虚，查理一世认为强制拆除并不能完全解决问题，对非法建筑进行罚款反而能解决王室的窘境，于是大肆处罚违规建筑者。从1638年枢密院记录的一份名单来看，大约有450位违章建筑者登记在案，其罚金共计30000英镑。[3]

对于贵族来说，开发伦敦房地产不仅可以为自己提供居所以便长期接近政府和宫廷，还可以通过商店和旅店收取高额的租金。所以英国贵族千方百计在伦敦实施地产开发计划，修建宅邸，以便实现政治抱负，获取经济利益以及炫耀、巩固家族地位。贵族拥有金钱和权势，为了自身的社会地位和经济利益，常常花钱购买建筑许可证，或者贿赂政府官员批准建筑申请，或者接受罚款继续开发房地产。所以，王室文告无法从根本上遏制贵族建房的热情，1631年，贝德福德第四代伯爵弗朗西斯·拉塞尔开发的考文特花园可以算得上是贵族与王室之间权力与利益博弈的一个典型

---

[1] Lawrence Stone, "The Nobility in Business, 1540 – 1640", *Explorations in EntrepreneurialHistory*, Vol. 10, No. 2, December 1957, pp. 188 – 189.

[2] Derek Hirst, *Authority and Conflict, 1603 – 1658*, London: Edward Arnold, 1986, p. 7.

[3] Thomas G. Barnes, "The Prerogative and Environmental Control of London Building in the Early Seventeenth Century: The Lost Opportunity", *California Law Review*, Vol. 58, No. 6, November 1970, p. 1354.

案例。

由于 1625 年查理一世颁发文告不准建房，王室反对伦敦扩建，故贝德福德地产上的许多地产开发计划都是非法行为，因为当时建房意味着必须要得到国王的批准。贝德福德伯爵最后之所以得到国王的特别赦免，这不得不提及英格兰著名的建筑师和戏剧艺术设计师伊尼戈·琼斯（1573—1652 年）的功绩。伊尼戈·琼斯是查理一世的工程检验官，也是建筑委员会的行政官员，负责执行查理一世在 1625 年颁布的文告，1630 年 2 月贝德福德第四代伯爵弗朗西斯·拉塞尔缴纳 2000 英镑的手续费，获得该建筑委员会的授权，伊尼戈·琼斯准许修建考文特花园。至于弗朗西斯·拉塞尔如何躲过 1625 年、1630 年严格的建筑文告而获得开发考文特花园的权利至今仍是个谜。[①]

弗朗西斯·拉塞尔对考文特花园的设计蓝图受到国王查理一世和伊尼戈·琼斯的控制，这从 1657 年的文献中可找到证据。贝德福德第五代伯爵向众议院递交请愿书，要求政府免除对他父亲修建考文特花园的罚金，作为一种妥协，考文特的建筑风格和形式完全由国王查理一世和伊尼戈·琼斯负责。[②] 其实，查理一世从一开始就对考文特花园的建筑有一种急切和积极的兴趣。比如贝德福德第四代伯爵关于考文特花园的设计图纸被国王查理一世修改过，添加了国王的一些建筑理念。考文特花园蕴含了国王对秩序和等级的爱好，最明显的体现是查理一世的雕像屹立在考文特花园的正中央，而且大多数街道的名字直接源于王室家族成员的姓氏，比如查理大街、亨利埃塔大街、布丽姬特大街、詹姆士大街、国王大街、女王大街。同时，负责具体建筑设计工程的伊尼戈·琼斯也在贯彻执行国王的建筑理念与意志。之所以这样说，是因为伊尼戈·琼斯把意大利安德烈亚·帕拉迪奥[③]的建筑风格引入英国，帕拉迪奥建筑风格实际上就是在展示皇室的尊贵与品味。

如果说考文特花园还留有王室权力的影子，随着时间的推移，英国王

[①] John Harris and Roy Strong, *The King's Arcadia*: *Inigo Jones and the Stuart Court*, London: Arts and Council of Great Britain, 1973, p. 185.

[②] Dianne Duggan, "London the Ring, Covent Garden the Jewell of That Ring: New Light on Covent Garden", *Architectural History*, Vol. 43, 2000, p. 144.

[③] 安德烈亚·帕拉迪奥（1508—1580 年）常常被认为是西方最具影响力和最常被模仿的建筑师，曾运用古典建筑的原理为维琴察的贵族设计了一系列的乡村别墅和城市宫殿，他的作品以古典建筑著称，代表作是卡普拉别墅（Villa Capra）和长方形大教堂（The Basilica）。

室的权力在逐渐消退，国王在伦敦建筑史上的影响呈日渐衰微之势。从伊丽莎白女王到詹姆斯一世，国王们大多致力于重建伦敦。詹姆士一世曾自诩可以与罗马的第一位皇帝奥古斯都相媲美，奥古斯都曾说："我接受了一座用砖修建的罗马城，却留下了一座大理石的城市"，而詹姆士一世豪迈地说："我接受了一个用木料修建的伦敦，却留下了一个砖式结构的伦敦。"[1] 詹姆士一世只是增加了房屋与房屋之间的密度，并没有进一步把伦敦扩大。查理一世财政匮乏，无法花巨资打造伦敦的城市建筑，他在内战期间将指挥部搬迁至剑桥，更无力扩建伦敦。查理二世统治时期建筑文告似乎松弛一些，政府并不严格控制房地产市场，1666 年伦敦大火之后，防火建筑成为王室首选，王室因此制定了伦敦重建法。17 世纪 80 年代，查理二世试图把王宫从伦敦迁到温彻斯特，打算模仿凡尔赛宫建立一座新的王宫，可是他却于 1685 年去世，两年后詹姆斯二世停止修建王宫，整个建筑计划最后流产。乔治四世曾密谋骗取议会重建白金汉宫的计划也中途夭折。

与欧洲其他城市相比，伦敦是受到专制统治影响最小的城市，它的地产开发是自由的，私人在其中的作用远远超过政府。任何试图以公共利益为名突出个人垄断的企图注定会失败。同时，伦敦也是欧洲各国首都中教会财产和教会利益最不重视的首都之一，王室声望和特权在建筑史上影响甚微。上述现象具有深刻的社会政治背景。在解释这些社会现象时，约翰·萨默森的观点颇具代表性，他认为伦敦首先是商业大都市，建筑师的设计基于商业的考虑，而不是严格执行统治者和管理者的意图和方针，土地投机者和敢于冒险的建筑商做出的贡献胜过王室或君主。[2] 萨默森所指的"土地投机者"和"敢于冒险的建筑商"即包含一部分直接参与开发土地的贵族，而且由于贵族拥有土地的所有权，任何开发行为首先要符合贵族的使用意愿，才能够真正地付诸实施。在当时伦敦缺乏专门的城市规划机构与相关法律，加之王权渐渐呈现衰微之势，贵族不自觉地充当了伦敦城市规划者和组织者的角色。

英国贵族在伦敦城市开发中的作用逐渐加大，与他们在议会中权力的增强息息相关。近代英国议会控制了国家的征税权，不仅王室额外的开支需经议会批准，连正常的收入也需经由议会同意，换而言之，议会可以从

---

[1] James F. Larkin & Paul L. Hughes, ed., *Stuart Royal Proclamations*, Vol. 1, *Royal Proclamations of King James I, 1603–1625*, Oxford: Clarendon Press, 1973, p. 346.

[2] John Summerson, *Georgian London*, New Haven: Yale University Press, 2003, p. 9.

制度上控制国王利用纳税人的钱财来修建王室宫廷和其他建筑。议会上院代表贵族的利益，贵族可以利用议会与国王分庭抗礼。斯图亚特王朝初期，詹姆士一世和查理一世坚持独裁，多次解散议会，掌握财政权的议会与王权展开了激烈的斗争。国王在财政困难的情况下不得不召开议会，采取对贵族的偏袒态度——向贵族出售建筑许可证，贵族向王室交钱后往往可以兴建房屋。这一时期贵族力量稍显薄弱，不敢正面对抗王室，查理一世被处决后，专制王权受到了限制，议会逐渐在国家政治生活中拥有最高权力，贵族在国家中的地位也越来越高，开始转而制约王室的建筑方案。例如斯图亚特王朝复辟后，王室欲加大城市建设的力度，贵族怀疑王室以权谋私，不支持拨款给王室的城市建设方案。1688年"光荣革命"后贵族与资产阶级联合执政，贵族对王室大兴土木的野心进行了适度的遏制。此外，贵族彰显实力，对抗王室的方式之一是修建贵族宅邸。在伦敦的城市建筑群中，我们发现王室建筑反而没有像贵族的宅邸那么突出。18世纪时贵族的宅邸已经遍及伦敦主城区，成为伦敦城市规划非常重要的一部分，以至于一部分宅邸能够保留至今。例如考文特花园今天就作为主要的蔬果花卉市场而继续在伦敦市民生活中发挥着重要作用。

二 广场：贵族开发伦敦地产的杰作

贵族开发伦敦地产的一个特点是大量广场的开发。广场是大众聚居的场所，城市广场是城市的公共空间。在希腊、罗马时期，欧洲的城市就出现了广场，它是奴隶买卖、公众集会、发布命令和贵族娱乐等功能的场所。中世纪时广场在欧洲城市景观中地位突出，通常在教堂、市政厅的前面，教堂和广场的数量有时不止一个，有时一个城市就有多处。伦敦的广场起源于欧洲大陆广场的模式，尤其是受到16世纪末、17世纪初意大利广场和法国广场的影响。伦敦广场最初是用于满足上流社会的居住需求，因此被称为居住型广场（residential square）。这种广场在欧洲大陆并不时兴，在伦敦却是一道亮丽的风景线。从17世纪中期到19世纪中期，居住型广场以及花园成为伦敦景观的中心议题。

伦敦广场的演变大致分为三个阶段：第一阶段，广场于17世纪中期诞生，功能单一，主要是为了满足居住，广场空间的开放具有随意性；第二阶段，广场建筑趋于整体化，广场、街道、市场和教堂等形成一个较完善的系统；第三阶段，广场的居住功能在衰退，园林绿化和审美价值越来越凸显，广场都建有花园，形成花园广场（garden square，亦可译为田园广场）。居住型广场包括一个独立的市场、商店、教堂和供仆人、工匠以及大量供租客居住的房屋。花园广场顾名思义，设有花园，突出的是广场的美学价值和休闲特色。不过，二者只在功能上有所侧重，并无本质区别，都能够满足居民的住宿需求。从产生的时间顺序来说，居住型广场产生在先，花园广场产生在后。

伦敦广场的兴建是从 17 世纪 30 年代开始的。前文提及的考文特花园是伦敦的第一个居住型广场，如图 5—1 所示，有拱顶的建筑分别在东、西两侧，西面是圣保罗教堂，贝德福德伯爵公寓的花园在南侧。作为第一个开发伦敦广场的贵族，弗朗西斯·拉塞尔是一位头脑精明，具有商业意识的贵族，考文特花园在修建之前是一个废弃的牧场，弗朗西斯·拉塞尔并没有重新经营牧场，而是计划在此基础上开发房地产。而且，他曾在杜鲁利巷和长艾克两地开发地产，每年获得了 500 英镑的收入。虽然考文特花园总共耗费了贝德福德第四代伯爵 28000 英镑以上，但是他为家族奠定了基业，家族成员由此坐享其成，例如第五代伯爵从中大大受惠，1652 年之前考文特花园每年的租金超出 1300 英镑，到王政复辟时期租金每年超过 2000 英镑。①

图 5—1　1644 年的考文特花园

图片来源：Arthur Channing Downs, Jr., "Inigo Jones's Covent Garden: The First Seventy - Five Years", *The Journal of the Society of Architectural Historians*, Vol. 26, No. 1, 1967, p. 9.

---

① Lawrence Stone, *The Crisis of the Aristocracy 1558 - 1641*, London: Oxford University Press, 1967, p. 173.

图 5—2　2016 年的考文特花园

图片来源：2016 年 7 月刘玉珺摄于伦敦。

考文特花园由内外两部分组成，内考文特花园拥有近 300 套住房，是第一个为上流社会提供休憩之处的理想居所，外考文特花园拥有 504 套住房，是社会中下层的住所。考文特花园为以后的伦敦建筑开创了一种新模式：街道规则、整齐，街道两旁的建筑也整齐划一，建筑物之间留有较大空间，富人居住区与穷人居住区界限明显。这些特征被布卢姆斯伯里、索霍、詹姆士广场以及伦敦西区的建筑所复制和仿效。英国建筑史学家约翰·萨默森将考文特花园称为第一个对英国城市化做出伟大贡献的杰作。[1]

然而，考文特花园后来的发展出人意料。考文特花园虽然名曰"花园"，实质上是一个为上流社会提供住所的居住型广场，它的缺点在于并没有真正的花园，后来考文特花园开始慢慢萧条。考文特花园的广场是用围栏圈围起来的，四周用砾石铺成，完全向公众开放。因此它从一开始就表现出了广场私人和公共使用目的之间的矛盾。广场是公共场所，特别是广场的中央是开放的市场，难免鱼龙混杂，考文特花园后来变成一个商贩、车夫、小偷和妓女云集之处。贝德福德伯爵谴责人们把考文特花园变

---

[1] John Summerson, *Georgian London*, New Haven: Yale University Press, 2003, p. 12.

成了一个公共的商业场所，从而削弱了它作为贵族地主精英住宅的功能。① 小阿瑟·钱宁·唐斯评价说：

> 考文特花园的演变历程让人瞠目结舌，它最先是为上流社会设计的住房之一，是伦敦的第一个广场，体现了建筑师伊尼戈·琼斯（1573—1652年）精湛绝伦的古典建筑风格，是人类历史上的一段浪漫史。它曾经是宗教的避难所，然后变成一个牧场，伊尼戈·琼斯生活的时代成为贵族阶层炫耀声望之住所，接下来蜕变为伦敦声色犬马的中心，时至今日变成主要的食品批发市场。②（现在的考文特花园面貌参见图5—2）

考文特花园是一面镜子，反映了伦敦当时的社会变迁。继考文特花园之后，莫尔地段、莱塞色特地段，这些开放的空地、废地相继被圈围起来，作为公共人行横道，后来又被开发为广场。这些早期广场的主要用途都是居住，因广场空间的开放具有随意性，晾衣服、军事训练，以及娱乐活动在广场上随处可见。由于早期的广场缺乏治理与合理的规划，垃圾成堆，其居住的环境与考文特花园一样不理想。因此，随着社会的发展，居住型广场的弊端越来越明显。

从17世纪晚期开始，居住型广场向标准化的方向发展，广场的建设开始强调系统性和整体性。布卢姆斯伯里广场和圣詹姆斯广场的修建就属于此类。

1660年斯图亚特王朝复辟，贵族开始成批向伦敦西北方向搬迁。贵族通过开发土地以增加财富，他们为此在西区空地上兴起一股建筑热，修建了多处宏伟、豪华住宅。1661年，由南安普顿第四代伯爵托马斯·里兹利开发的布卢姆斯伯里广场就是其中之一。布卢姆斯伯里广场是第一个称为"广场"的花园广场，南安普顿伯爵是第一个与投机倒把的建筑老板一起开发地产的贵族，他认识到广场不仅仅是居住的中心，还应包括教堂、市场、购物中心和小街道。他修建的布卢姆斯伯里广场各个建筑物之间连接自然，广场中央非常空旷，周围矗立着一排排建筑整齐的楼房，这

---

① Henry W. Lawrence, "The Greening of the Squares of London: Transformation of Urban landscapes and Ideals", *Annals of the Association of American Geographers*, Vol. 83, No. 1, March 1993, p. 94.

② Arthur Channing Downs, Jr., "Inigo Jones's Covent Garden: The First Seventy-Five Years", *The Journal of the Society of Architectural Historians*, Vol. 26, No. 1, 1967, p. 8.

些楼房为富人设计，楼房之间的街道也比较宽阔，在这些楼房的背后是为穷人设计的小街道，小街道则是工匠、佣人工作和生活的场所。一开始布卢姆斯伯里广场建筑就具系统性，成为伦敦最具魅力的建筑之一和郊区仿效的榜样。约翰·伊芙琳把布卢姆斯伯瑞广场称为"小城市"，认为它体现了城市建设的特征。①

就在布卢姆斯伯里广场开工后不久，圣·阿尔伯斯勋爵开始建筑圣詹姆斯广场。圣·阿尔伯斯勋爵是一位年老、有教养、生活奢侈的外交官。1642年英国内战爆发，他便旅居巴黎，巴黎王宫的建筑讲究左右对称，造型轮廓整齐，庄重而雄伟，巴黎的建筑风格深深影响了他，回国后他打算模仿巴黎宫殿的样式开发圣詹姆斯广场。南安普顿伯爵是地产世袭的大地主，可以自由开发土地，圣·阿尔伯斯勋爵与之不同。他是通过一定的社会关系才从王室那里取得了房地产的开发权。1665年，圣詹姆斯地产破土动工，不久便遭遇伦敦的大瘟疫，建筑被迫中断，1666年发生的伦敦大火完全改变了当时的房地产市场，人们纷纷向伦敦西部迁移。圣·阿尔伯斯勋爵抓住机遇，改变了只让少数贵族来广场居住的初衷，把地产分割成22份，将其部分出租或出售给好友阿林顿勋爵、哈利法克斯勋爵和职业房地产投机商，同时他也建起了市场，并且在广场附近修教堂。② 圣詹姆斯广场在一定程度上仿效了布卢姆斯伯里广场注重系统性和整体性的做法。

布卢姆斯伯里广场和圣詹姆斯广场的房间都是为贵族地主设计的，体现了贵族对广场开发的主导意志，突出了建筑商作为中间人的作用，贵族、工人、建筑师都可以充当建筑商。他们或者亲自修建，或者把建筑工地再转租给其他人承建。针对广场本身的建设而言，这两个广场还传递出了开发的整体概念，为17、18世纪的广场建筑奠定了下列原则：建筑结构完整，四周是街道，整个建筑物包括市场、商店、教堂和小街道，具体的房屋修建由建筑开发商承担。总体而言，这一时期广场建筑的缺点是广场的空地没有得到合理的开发，缺乏"自然"的元素。后来，随着花草树木以及花园等自然景观的介入，广场的面貌才焕然一新。

从18世纪开始，伦敦广场的主要功能逐渐发生变化，树木和花园被引进了居住型广场，出现了花园广场。伦敦的花园广场率先突破欧洲大陆广场中央空地用石头铺成的模式，并与英国建筑的园林传统相结合，形成

---

① John Summerson, *Georgian London*, New Haven: Yale University Press, 2003, p. 25.
② Ibid., p. 27.

了别具一格的英国特色。花园的设计又深受法国古典主义浪漫风格的影响,既考虑美学的价值,又体现休闲的特色。花园在英国封建社会是社会地位的一种象征,代表经济变化时期贵族地主家庭在乡村的稳固。随着大量贵族精英从乡村迁入伦敦,他们把乡村的自然景观也引进广场,在花园里面种上花草树木,建有水池和雕塑,还配备了相应的生活设施。花园广场把住宅区和绿色地带连接起来,表现了英国城市设计的显著风格,最初开发的汉诺威广场和卡文迪什广场还充分利用了其紧靠乡村的优势。

西方学者常将 18 世纪称作"贵族的世纪",伦敦的绝大多数花园广场都是在贵族地产上修建起来的,例如,汉诺威广场、卡文迪什广场、圣詹姆斯广场、林肯酒店、红狮广场、卡特豪斯广场、戈登广场、伯克利广场、格罗夫纳广场(见图 5—3)等,而且其中的一些广场的名字直接来自贵族家族的名字。这些广场通常用栏杆圈住,广场里面的花园实行绿化,突出"田园风光"的特色,同时加强治安管理,规范广场居民的行为,以防广场发生暴乱;改善栏杆之外的照明,改良路面,加强巡逻。花园广场的优点表现在花园四周绿树成荫,便于散步、健身,空气质量清新,有助于健康;花园场地上设有网球场、板球场、木球场等体育设施,广场上可以举办音乐聚会,是休闲娱乐的理想之地,许多花园后来逐渐演变成现代意义上的公园。总之,花园广场是城和乡的结合体,体现了人和自然的和谐。所以花园广场在伦敦受到了热烈的追捧,1800 年之前伦敦建有 37 个,1850 年增至 114 个,这种盛况在欧洲大陆前所未见。

伦敦的花园广场把自然的因素引入城市景观,其影响力极其深远。英国的矿泉城市、海滨城市、港口、码头、郡城、工业城市等都纷纷模仿伦敦修建花园广场。在布莱顿,从 19 世纪 20 年代起,开普城和布朗斯韦科城把广场当作休闲之地。广场里面的花园朝向海边,在此可以欣赏到海景。这些面朝大海的花园广场成了达官贵人的度假胜地。随着时间的推移,伦敦的花园广场同时具有世界性的影响,慕尼黑、巴黎、纽约、波士顿等大城市也按照伦敦模式建造广场。

花园广场是贵族的宅邸,在某种程度上是当时贵族的身份和地位的象征。1714 年贵族开始西移到汉诺威广场、卡文迪什广场、格罗夫纳广场居住。18 世纪 20 年代,汉诺威广场里共有 25 位居民,其中居住着 13 位贵族,圣詹姆斯广场的 23 位居民中有 20 位是贵族。不过,总体而言,18 世纪 20—60 年代,贵族对伦敦地产的开发时断时续,导致了这一时期贵族在广场居住的人数起伏不定。例如,1720 年戈登广场住有 6 位贵族,1730 年下降到 2 位,1740 年时只有 1 位贵族,1748 年索霍广场 6 位贵族

图 5—3 格罗夫纳广场

图片来源：Henry W. Lawrence, "The Greening of the Squares of London: Transformation of Urban landscapes and Ideals", *Annals of the Association of American Geographers*, Vol. 83, No. 1, March 1993, p. 103。

中只有 3 位居住在广场，其他人都把地产用于出租。①

18 世纪 70 年代情况变化较大，伦敦的建筑又开始不断增多起来。1774 年，伦敦建筑法正式颁布，该法明文规定伦敦的建筑时限为 70 年，这缩短了地产的开发周期。约翰·萨默森认为"1774 年是伦敦建筑史上关键的一年，在这之后许多宏伟的建筑计划诞生了"②。几个大型的建筑工程顺势启动，包括波特曼广场、曼彻斯特广场、贝德福德广场。可见，英国法律对广场的兴建起着推波助澜的作用。

英国花园广场是在贵族地产的基础上开发的，贵族是近代英国的统治阶层，上述例证已经充分说明贵族修建广场为本阶层服务的宗旨。他们同时也把资产阶级作为消费对象，原因在于资产阶级经过工业革命后变得非常富有、有教养、守秩序，资产阶级在政府和议会中的力量越来越强，他们模仿贵族的言行，选择在广场与贵族同住。贵族把广场的楼房卖给资产阶级可以获得很高的经济价值和社会效益。

伦敦花园广场的主要建筑对象和消费群体局限于贵族和后来兴起的资

---

① George Rude, *Hanoverian London, 1714–1808*, London: Secker and Warburg, 1971, pp. 41–42.

② J. V. Beckett, *The Aristocracy in England, 1660–1914*, Oxford: Blackwell, 1986, p. 269.

产阶级,这也导致了花园广场在19世纪的衰落。19世纪之前,伦敦广场还具有一定的开放性,从附近的街道就能看见花园,具有乔治时代典型的展览特色。此后,由于资产阶级与贵族一样,非常强调生活空间的私人化,广场里的花园变得越来越封闭,外部被灌木和人行道所隔离,仅供住宅的居民使用,广场的公共性被严重削弱。同时,因为花园广场占地面积大,随着城市土地资源的紧缺,花园广场在伦敦城的发展也面临着瓶颈。到了维多利亚时代,花园往往设在住家房屋的阳台后面,成为私人专属的活动空间,花园广场便逐渐走向了衰落。

伦敦广场的开发是基于贵族开发城市地产的产物,地产的开发先后展示了贵族和资产阶级的价值观念和生活理念。广场可以看作是伦敦的一道风景,城市风景的变化反映着英国社会关系的变化。广场不仅仅是单纯的建筑,也是乡村贵族来伦敦居住的中心,是贵族在城市边缘进行地产开发的结果。这些地产经历了从封建主义向资本主义转变的过程。正如科斯格罗夫指出:

> 欧洲资本主义转变是土地地位(status)不确定的时期……长期以来土地是社会斗争的场所:土地既是地位又是财产。16世纪、17世纪富有的资产阶级在争取社会地位时仍旧受到封建关系和价值的强烈影响,他们照旧模仿土地贵族的模样和爱好。……土地在后人的眼光中是资本和财产,地主阶级和资产阶级都努力消除农民剩余的封建权利和集体权力。①

17世纪的广场是封建遗迹在城市的体现。广场的土地和附近出租给房客的房屋都是地主的财产,这些现象源于财产的封建关系:广场的土地、房屋的地基和房屋本身除了地主本人外均不能买卖,广场的公共空间不能用于开发。总之,这一时期的广场反映土地价值的封建观念,直到18世纪时才受到资本主义价值观的挑战。资产阶级把土地变为商品,进行买卖和租赁,他们利用手中的商业资本有力地推动了伦敦房地产市场的发展和繁荣。18世纪中期以后,随着英国资产阶级财富的增加和地位的提高,他们把广场的公共空间私人化,建立封闭的私家花园,以此体现自己的价值观和生活需求。

---

① Denis E. Cosgrove, *Social Formation and Symbolic Landscape*, Madison: The University of Wisconsin Press, 1984, p. 63.

三 建筑租赁制度的建立

贵族开发伦敦地产第三个值得关注的地方是采用建筑租赁制度。在介绍这个制度之前，有必要对它产生的背景作一番交代。贵族在伦敦的地产属于"自由保有"（freehold）的性质，"自由保有"意味着对土地的所有权，但是地产并不能随意出售，从封建土地制度的角度而言，贵族开发地产首先遭遇长子继承制和家族严格授产制的严格限制。这些制度规定地产世代交替地传给继承人，地产只能在家族内流转，不允许随便买卖。因此，这些土地无法进入市场参与交易。一方面，贵族的政治、经济优势地位建立在地产的基础上，贵族一般不愿意出卖土地，即使遇上财政困难，贵族也很少出售土地；另一方面，如果贵族欲摆脱长子继承制和家族严格授产制的束缚，坚持要卖地，必须向议会提出申请，议会以"私法案"（private act）的形式批准他处置土地，议会的审批周期长、过程繁杂，贵族为此还须缴纳一笔高昂的费用，这给贵族地产的自由流转造成了不小的困难，在一定程度上阻碍了土地资源的自由开发。

考虑到出售地产的难度大，贵族处置地产的习惯措施是采用传统的土地租佃方式。即贵族把土地分成小块出租给佃农，佃农向贵族缴纳地租。如果佃农不交租，贵族可以驱逐佃农，收回土地，同时由贵族决定租期的长短，可以是短期也可以是终身甚至几代人。随着资本主义经济的发展，伦敦城周边和伦敦城里的土地价值飙升，佃农交给贵族的地租远远低于城市土地增值后的收益。在物质利益的刺激下，贵族开始在房地产领域中进行投机与投资。

17 世纪初贵族积极从事房地产这一新型行业具有极大的风险性，贵族采用建筑租赁的形式开发地产，其常规做法是对土地进行勘测，然后将其划分为小块，以 31 年的期限出租。合同到期时，房地产回到贵族手中，贵族再次短期出租，同时收取高额租金和其他费用。[1] 17 世纪初期开发伦敦比较著名的贵族地主有贝德福德伯爵、索尔兹伯里伯爵和克莱尔伯爵。虽然贵族直接投资从事房地产开发的情况并不多见，但学术界对贵族的冒险精神和开拓精神给予了肯定。经济史学者查理·威尔逊指出贝德福德伯爵、霍兰伯爵、索尔兹伯里伯爵和克莱尔伯爵这些大地主的商业敏锐感和

---

[1] Lawrence Stone, *The Crisis of the Aristocracy 1558－1641*, London: Oxford University Press, 1967, p. 172.

自发性为以后的房地产开发者指明了方向。[①] 针对贵族往往亲自投资最大、最有气魄的建筑工程，劳伦斯·斯通给予了高度评价："贵族在17世纪早期伦敦的开发中所起的作用，至少和其在王政复辟后和18世纪所发挥的作用一样重要。"[②]

在肯定贵族在伦敦早期开发中的首倡作用的同时，我们不能忽略贵族亲自开发面临的不利因素。房地产在17世纪是新兴行业，投入的资金多，风险大，需要商人和职业的建筑业内人士长期经营。伦敦贵族忙于政治、军事等事务，没有精力长期投身于房地产行业，加之家产继承制度等因素的影响，开发房地产对贵族来说，是一个巨大的挑战，仅靠贵族的力量难以实现土地的买卖和租赁，需要商人的参与。建筑租赁这种地产开发方式经过数年的发展，最后演变成为一种制度在社会中逐渐推广，贵族通过与商人（称作开发商或者承租者）签订合同完成了土地的交易与开发。这种制度即建筑租赁制度（building lease system）。从不同贵族开发地产的实际情况来看，我们可以对这一概念作如下描述。

建筑租赁制度指贵族作为出租者将地产以低价出租给承租者，与承租者签订租赁协议，规定承租者自筹资金建房，租赁协议到期时房屋成为贵族财产的一种制度。虽然建筑租赁制的每一个环节都有一套规则和法律条款来确定双方的权利和义务，但是在具体的制定与实施过程中，占据主导地位往往是贵族。不仅租约的长短、建筑质量的好坏、设计蓝图等由贵族决定，而且出租对象、建筑材料、房租等都被写入租赁合约中。

根据建筑租赁制度，贵族不必支付建筑资金，贵族靠租赁合同坐享地租，当地产的租约到期时，地产及上面的建筑又归到贵族手中。收回地产后，贵族或继续出租地产上的房屋，或将旧建筑拆除重新将地产再次出租，从而获得持续收益。在建筑租赁制度中，地产承租者将承担建筑的全部资金，负责建筑的总工程，在承租过程中的所有风险和利润也全部归承租者承担和享有。他们一般资金雄厚，与银行关系紧密，借贷方便。如果承租者不愿意亲自开发，或者想减少风险，他可以把承包的工程再次出租给次级承租者以便收取一定的租金，由次级承租者雇用测量师、建筑规划

---

① Charles Wilson, *England's Apprenticeship 1603 – 1763*, London: Longman, 1979, p. 48.
② Lawrence Stone, *The Crisis of the Aristocracy 1558 – 1641*, London: Oxford University Press, 1967, p. 173.

师、石匠、木匠、砖匠等从事具体的建筑工作。也就是说，各类承租者的分布呈现金字塔式的结构，总承租者位于金字塔尖端，在他之下是许多次级承租者，总承租者与次级承租者签订建筑租赁合同，次级承租者再与下一级承租者签约，以此类推，直到完成整个建筑过程的各个环节。建筑租赁制度在某种程度上解决了土地、资金、技术、人才等问题，满足了贵族和承租者的利益，促进了伦敦建筑业的繁荣。

从以上的分析可以看出建筑租赁制有以下优点：第一，资金是房地产开发的必要条件，建筑租赁制度解决了贵族资金短缺问题。第二，该制度避免了因限嗣继承、长子继承制等原因致使伦敦土地不能买卖的尴尬局面，推动和加大贵族地产的开发进程和力度。第三，它没有违背国王作为全国土地最高所有者的总原则，所以王室自然也就不会加以反对，从而减少了实施过程中的阻力。第四，建筑租赁制度方便了社会各阶层参与房地产行业。贵族一般不参与实际的建筑过程，把具体的地产开发工作转让给各类承租者，商人、银行家、建筑师、工匠、律师都有机会充当承租者，其中商人充当承租者的情况最为常见。建筑租赁制度催生了大量地产商，尼古拉斯·巴尔本、詹姆斯·伯顿、弗里斯、托马斯·尼尔、艾萨克·西波尔、托马斯·库比特等商人利用手中的商业资本和自身的商业才能有力地推动了伦敦房地产市场的发展和繁荣。根据建筑租赁制，贵族付出的成本少，房屋的建筑费用几乎都落在商人头上，商人基于实际情况层层转租建筑协议，使得建筑的权责不断细化和明确化。

对于贵族而言，由于他们可以通过建筑租赁制度控制房地产的设计方案、建筑过程、建筑质量、租赁期限等等，所以在客观上使得伦敦地产的发展免不了打下贵族的深刻烙印。建筑租赁制度曾经是17世纪下半期伦敦地产最普遍的开发方式，南安普顿第四代伯爵托马斯·里兹利最早采用了这一方式，他既是伦敦建造广场的先驱，也是第一个采用建筑租赁制与建筑承租者一起开发地产的贵族。前文已经谈到1661年南安普顿伯爵开发的布卢姆斯伯里广场便是他首次采用建筑租赁制度的工程业绩。继南安普顿伯爵之后，阿尔本伯爵开发圣詹姆士广场和索霍工地，莱斯特伯爵开发莱斯特工地和斯万街均采用建筑租赁制度。

到了18世纪、19世纪，贝德福德公爵、威斯敏斯特公爵、加文德斯公爵、诺森伯兰公爵等大土地贵族，仍然是通过采用建筑租赁制度对伦敦的房产开发做出重要贡献。伦敦最大、最古老的地产之一是贝德福德家族的地产，共计119亩，其中布卢姆斯伯里占地80亩，贝德福德新城20亩。① 贝德福德家族采取建筑租赁制度与地产承租者詹姆斯·伯顿和托马斯·丘比特联合开发了布卢姆斯伯里。格罗夫纳家族的地产大约有500亩，从19世纪20年代起，格罗夫纳家族开始开发贝尔格拉维亚和皮姆利科的大块地产，他们选择了承租者托马斯·丘比特负责具体的施工任务。同样属于格罗夫家族地产的梅费尔占地100亩，它是伦敦西区的高级住宅区，于1720年开始开发。长期以来梅费尔是财富和时尚的象征，被格罗夫纳家族不断改建和翻修，体现出了贵族通过建筑租赁合约对地产开发所产生的实际影响。1845年，第二代威斯敏斯特侯爵继承了这块地产，他利用权力严格限制房客的活动，在契约到期时，重新改建了梅费尔。休·卢普斯于1874年被封为第一代威斯敏斯特公爵，他继续对承租者的建设施加影响，他要求建筑蓝图体现他的意愿和喜好，结果地产的整体改建计划取得圆满成功，并得到了其他贵族的认可和赞同。经过两代贵族的努力，梅费尔的布鲁克街展示出高贵的气质。时至今日，上布鲁克街房屋都有柱廊作标记，芒特街的楼房都被涂成赤褐色，有研究者认为这些细小设计反映了第二代威斯敏斯特侯爵和第一代威斯敏斯特公爵的特殊爱好和品味。②

值得注意的是，贵族对建筑租赁合同的影响不是绝对的。以租赁的租期期限为例，期限的长短虽然由贵族个人决定，但是贵族在选择合适的期限时，也受到社会经济条件的影响。17世纪初，伦敦房屋的建筑成本低，房屋价格低，租期一般是31年。大约在1650年后，根据规定伦敦房屋的建筑材料必须用砖或者石头，建筑的租约期限延长为41年。采用这种租期的建筑包括里奇勋爵和圣巴塞洛缪伯爵共同修建的斯密斯菲尔德、索尔兹伯里伯爵的圣马丁小巷西段，南安普敦伯爵的布卢姆斯伯里、贝德福德伯爵的长阿克里。③ 18、19世纪伦敦建筑业非常繁荣，房屋质量要求高，完成建筑所占用的时间长，租期一般定为99年。例如，贝德福德家族和威斯敏斯特家族通常就与承租者或者房客签订99年的租约，这有利于能够有充裕的时间拆除旧建筑和重建新建筑。同时，贵族在租约里写明住房

---

① David Spring, "English Landowners and Nineteenth-Century Industrialism", in J. T. Ward and R. G. Wilson, ed., Land and Industry: the Lnded Estate and the Industrial Revolution, David & Charles: Newton Abbot, 1971, p. 40.
② D. J. Olsen, "Modern Europe", The American Historical Review, Vol. 84, No. 1, 1979, p. 164.
③ Lawrence Stone, "The Nobility in Business, 1540 – 1640", Explorations in EntrepreneurialHistory, Vol. 10, No. 2, December 1957, p. 57.

的性质，鼓励房屋的设计与建筑风格相匹配，确保标准的马厩街和工人阶级住房可以随时被新样式的住房取代。① 可见，贵族对城市地产的规划是随着社会的变化而变化。

建筑租赁制度是近代英国贵族开发伦敦地产的一个重要结果，它通过签订租赁合同展现了贵族与地产开发商的合作关系，体现了土地资本与商业资本的结合，实现了贵族与开发商各自利益的最大化。换言之，建筑租赁制度既能够在不违背传统长子继承制和家族严格授产制的原则下，保持贵族地产的完整性，保证贵族在地产开发中的重要地位，又能够让开发商获得相当的利润。这种使双方互惠互利的地产开发的模式，有效地推动了伦敦地产的大规模开发，对城市发展提供了巨大的推动力。后来建筑租赁制度传播到曼彻斯特、布里斯托尔、巴斯等英国的其他城市，成为英国城市开发的重要方式，甚至这一制度最普遍的租期——99 年，后来也被美国、澳大利亚、新加坡以及中国香港等国家和地区沿用。

四 伦敦西区的开发

贵族开发伦敦的第四个值得关注的地方是贵族们大批迁往伦敦西区。位于伦敦西区的威斯敏斯特曾经长期是英国的司法中心，16、17 世纪以降，随着法律纠纷案件的不断增加，尤其是 1540—1660 年因教堂和王室抛售土地，土地市场极为活跃，大量诉讼人员云集于此处理土地纠纷，贵族来王室寻求恩赐和官职，贵族阶层的涌入促进了城市人口的增加。伦敦西区是王室、贵族、乡绅、廷臣的居住区，前面提及的王室曾采取措施压制贵族开发的区域主要集中在伦敦西区。

贵族热衷于伦敦西区的开发，首先是基于地理环境的考量。中世纪欧洲城市的居民居住的区域一般是按社会等级和权力的高低来划分，统治阶级和富人常常住在市中心，市民则住在市中心以外的区域。市中心的建筑规划整齐、档次高，往往是王室或政府办公所在地，或者是贵族富人们的豪宅。住宅成了居住者身份、社会地位和财富的象征。到了近代，欧洲多数城市的西区是富人区。工业化使资产阶级发财致富，资产阶级和地主阶级不愿意和工人住在一起，他们之所以选择住在城市的西部，原因是大气气流一般都是由西向东运动，住在西边可以避开工业污染，而东区是下层人的住所，既拥挤又嘈杂，房屋质量差。居住区域也因此具有社会属性，住宅逐渐形成了以阶级和贫富为界线的不同区域，不同社会身份的人往往

---

① J. V. Beckett, *The Aristocracy in England, 1660 – 1914*, Oxford: Blackwell, 1986, p. 272.

居住在不同的社区里。王宁教授曾对住宅的功能进行过精辟的分析，他说：

> 住宅不仅仅是供人栖身的地方，它还是一个传达人们的社会地位、身份、品味和格调的符号和象征。住宅的符号表现功能分为两个方面。一是外部符号；二是内部符号。外部符号是指房屋所在的区位、地段、周围的视野景观、房屋的设计、结构、大小、造价和外观，以及房屋的产权。外部符号直接表达了住宅主人的社会经济地位和身份。一般来说，社会经济地位较高的社会群体总会通过其住宅的地段、位置、结构、大小和前后花园设计等因素而表现出自己的种族、地位和身份。在西方社会，人们对住宅区位的选择常常是以种族肤色、社会地位和身份作为标准的。居住的空间位置和地段成为社会地位高低的表现和象征。内部符号是指，房屋内部的装饰、家具的布置和其他室内摆设等，不但构成了主人的地位、身份、等级等社会因素和象征，而且充当了表现主人的品味、格调、情趣和个性的符号。[①]

显然，伦敦西区的住宅就明显具有王宁教授所说的外部符号和内部符号功能。伦敦东区主要是普通百姓和商人的居住区，地产面积小而且零散，房屋规划零乱，房屋规格和质量远远逊色于伦敦西区[②]，很多都是拥挤、狭窄、矮小的房屋，贫民居住于此。

17世纪，伦敦上层社会对高品位的住房的需求不断增长。最初贵族与乡绅、廷臣住在斯特兰德的宫殿里，职业人士住在林肯旅馆地带、考文特花园以及圣马丁巷。18世纪之前，伦敦一般家庭都烧煤，家用煤气导致伦敦一年好几个月都乌烟瘴气，伦敦的贵族于是向西迁移。西区一年大多数时间都有风，空气质量要比东区高，更宜于居住和生活。成长中的中产阶级财富与日俱增，自然也向往西迁，这导致了伦敦西区的房地产市场

[①] 王宁：《消费社会学——一个分析的视角》，社会科学文献出版社2001年版，第213—214页。

[②] 伦敦西区是英国政府所在地、繁华的商业区、文化区和富人聚居区。这里公园众多，如海德公园、摄政公园和皇家植物园等，西区绿草如茵，是伦敦市民的游憩之地。由于王宫、教堂等重要建筑都集中在伦敦西区，因此英国的早期剧场也就集中在了市中心一带，伦敦西区是世界上两个音乐剧中心之一，西区不仅为英国创造了极大的经济效益，还带来了可观的就业市场。

如火如荼地进行。伦敦城市建设的多数资本来源于贵族而不是王室，与贵族相比，王室在伦敦拥有的土地较少，在西区的地产更是微乎其微。下面列举 17 世纪至 19 世纪一些大贵族对西区的投资与建设。

17 世纪开发伦敦地产的索尔兹伯里伯爵——罗伯特·塞西尔，他在伦敦共有三处产业：大索尔兹伯里楼房和小索尔兹伯里楼房、滨河南岸的新交易所、圣·马丁街西面的狭长地带。1608 年，罗伯特·塞西尔在滨河路的南端投资 11000 镑修建了"新交易所"，这是"一个出售新奇商品的综合商店，为城市和宫廷的上层社会的顾客们服务，到 1640 年商店的地租几乎达到 900 英镑"[①]。劳伦斯·斯通认为索尔兹伯里伯爵是其中一个最早、最有冒险精神的例子。这三处地产反映了 17 世纪伦敦西区的城市变化趋势，詹姆士一世统治时期，政府为一些政府要员与职业人士新建了住宅区，以及一个专为社会精英人士提供奢侈商品的市场。后来伦敦的时尚中心逐渐西移。17 世纪晚期政府修建的住宅区被改建成普通住房，以满足中低阶层的住房需求。索尔兹伯里伯爵精明而富有远见，除了冒险投资新交易所之外，大多数时候他不直接出钱投资。他注意到本地区经济和社会的变迁，然后慢慢地调整以适应不断变化的需求。结果他们从城市地产的家庭总收入由内战前的 10% 增加到 1720 年的 37%。[②]

克莱尔伯爵是 17 世纪除了贝德福德第四代伯爵和索尔兹伯里伯爵以外伦敦最大的企业家。他曾经亲自发起并出资修建都鲁里巷和王子街。到 17 世纪 50 年代，克莱尔伯爵从其位于达里路、王子街和其他地方的产业的地租中获得 2800 英镑的年收入。与克莱尔伯爵相比，伦敦其他几位贵族的收入就逊色得多，内战前克利夫兰伯爵和北安普敦伯爵的年收入仅仅超过 1000 英镑。[③]

再来看看 18 世纪至 19 世纪的格罗夫纳家族。格罗夫纳家族原本是柴郡的一位拥有中等地产的乡绅，该家族后来能够荣升为威斯敏斯特公爵，并成为该郡拥有最大私人财产的家族得益于从男爵托马斯·格罗夫纳于 1677 年娶女继承人玛丽·戴维斯为妻，这场婚姻意味着格罗夫纳家族开始获取伦敦地产。玛丽·戴维斯是伊布里庄园的女继承人，继承了大量未

[①] Lawrence Stone, "The Nobility in Business, 1540–1640", *Explorations in Entrepreneurial History*, Vol. 10, No. 2, December 1957, p. 57.

[②] Lawrence Stone, *Family and Fortune: Studies in Aristocratic Finance in the Sixteenth and Seventeenth Centuries*, Oxford: Clarendon Press, 1973, pp. 112–113.

[③] Lawrence Stone, "The Nobility in Business, 1540–1640", *Explorations in Entrepreneurial History*, Vol. 10, No. 2, December 1957, p. 57.

开发过的地产，范围包括牛津街至沃克斯豪尔和切尔西的河畔，这个地区后来发展为伦敦富人居住的贝尔格拉维亚，该家族的财产也随着城市地租的上升而猛涨。①

第七代从男爵里卡德·格罗夫纳于1755年继承托马斯·格罗夫纳的地产，1761年被封为男爵，1784年获得伯爵称号。1710年，里卡德·格罗夫纳获得私人法案的批准，可以在自己的地产上建房，1711年议会法案允许里卡德在牛津街和公园巷之间的地带建房。1721年，在代理人罗伯特·安德森、科林·坎贝尔和其他几位建筑师的协助下，里卡德·格罗夫纳便开始开发房地产。地产的整个管理由罗伯特·安德鲁负责，他是格罗夫纳家族的一名律师兼管家。② 但是里卡德的事业并不顺利，导致家庭开支拮据。首先是他的婚姻给他带来灾难，其次是在一次赛马场上，他差点丧生。从18世纪60年代晚期开始，他不断借钱，1779年他的债务高达150000英镑，六年以后因为债务困难他被迫把地产转交给受托人管理。虽然格罗夫纳家族面临着巨大的经济危机，但当时正处于伦敦房地产市场的上升期，伦敦的地价和房价一路扶摇直上，所以格罗夫纳家族从伦敦地产中获得了巨大的经济收益，家族欠下的债务也很快得到了偿还。

第二代格罗夫纳伯爵罗伯特·格罗夫纳（1767—1845年）也对家族的振兴出力不少。罗伯特·格罗夫纳于1831年被分封为威斯敏斯特侯爵，1874年获得威斯敏斯特公爵爵位。他35岁时继承家族遗产，开始励精图治，急于恢复家族昔日声威，到1809年，他偿付了大部分债务。1801—1807年，梅费尔房地产给他带来114553英镑的收入，1801—1804年，他在威尔士的铅矿收入是139460英镑，他在柴郡投资30000英镑，两年之后又在伊顿从事房屋重建工作，到1819年格罗夫纳伯爵成为英格兰四位最富有的人之一。③

格罗夫纳家族几代人的努力换来了格罗夫纳地产的扩大。格罗夫纳地产大约有500亩，由四部分构成。时尚的贝尔格拉维亚和皮姆利科占了大部分，梅费尔占地100亩，剩下的少数地产在米尔班克。贝尔格拉维亚和

---

① John Cannon, *Aristocratic Century*: *The Peerage of Eighteenth Century England*, Cambridge: Cambridge University Press, 1984, p. 72; G. E. Mingay, *English Landed Society in the Eighteenth Century*, London: Routledge & Kegan Paul, 1963, pp. 76 – 78.

② G. L. M. Goodfellow, "Colin Campbell's Last Years", *The Burlington Magazine*, Vol. 111, No. 793, 1969, pp. 185 – 186.

③ F. H. W. Sheppard, ed., *The Survey of London*, XXXIX, *The Grosvenor Estate in Mayfair*, Part I: *General History*, Vol. 39, London: Athlone Press, 1977, pp. 2 – 10.

皮姆里克紧靠白金汉宫，地处黄金地段，地价因此特别昂贵；梅费尔是伦敦西区的高级住宅区，上流社会住宅区，是整个伦敦地价最高的地段。格罗夫纳地产是社会地位的象征，18世纪90年代格罗夫纳地产上居住着37位贵族、18位从男爵、15位贵族子女、39位贵妇。① 从具有"王室气度"的格罗夫纳广场的居民身份也可证明这一点，1790年，格罗夫纳广场住着3位公爵、6位伯爵、1位子爵。F. H. W. 谢泼德对此评价道："此地段土地价格非常高，地势优越，建筑豪华，是上流人士理想的栖居之所，它因而远离了社会不良风气的干扰，保持了这块地产的上流品味。"②

综上所述，在伦敦的各类建筑中，贵族的私人住宅最为突出，以居住型广场居多，相比之下王室宫殿和公共建筑都还略逊一筹。多数贵族的地产在伦敦的市中心地带，他们的府邸也处于核心地段，他们开发房地产属于伦敦城市规划的一个重要组成部分，展示了贵族在市政建设中的身份和地位。贵族通过对地产的占有始终掌握伦敦的建筑权。贝德福德家族和威斯敏斯特家族都是占有大规模地产的大地主，他们一般与承租者签订99年的合同，并在合同里写明住房的性质，鼓励房屋的朝向与建筑风格相匹配，确保标准的马厩街和工人阶级住房可以随时被新样式的住房取代。大地主管理地产虽然成效显著，但也出现过失败的例子，例如北安普敦侯爵的克拉肯威尔地产上也出现过贫民区。在多数情况下，精力充沛的贵族在一定的范围内有效地实现了对城市地产和建筑设计的控制。

第二节　贵族建设与管理郡城

伦敦作为都市网络的中心，未能成为各级城市发展的标准样板，贵族并没有把伦敦的开发模式简单地复制到郡城的开发中来。郡城注重维护各自的传统和特色，有的甚至还与伦敦分庭抗礼，反过来影响伦敦的建筑风格。伦敦虽然是贵族开发的重点，但郡城在英国各类城市中数量最多，在城市地产开发中占据了重要地位。工业革命时期郡城人口数量激增，城市发展异常迅速，郡城的贵族也参与到房地产开发与城市建设的潮流中。笔者从贝特曼的《大不列颠及爱尔兰大地主》一书中整理出一部分郡城贵

---

① F. H. W. Sheppard, ed., *The Survey of London*, XXXIX, *The Grosvenor Estate in Mayfair*, Part I: *General History*, Vol. 39, London: Athlone Press, 1977, p. 30.
② Ibid., p. 98.

族的土地及年总收入情况，兹列表如下：

表 5—1　　　　　　　　郡城贵族的土地及年总收入

城市	贵族	土地面积（英亩）	年总收入（英镑）
伊斯特本	德文希尔公爵	198572	180750
福克斯通	拉德勒伯爵	24870	42900
马尔伯勒	爱雷斯贝瑞侯爵	55051	59716
巴斯	克利夫兰公爵	104194	97398
雷德鲁斯	克林顿男爵	34776	32613
伯明翰	考尔索普男爵①	6470	40000
伯明翰	达特茅斯伯爵	19518	58657
伯明翰	赫特福德侯爵	12289	18392
伍尔弗汉普顿	克利夫兰公爵	104194	97398
切斯特	威斯敏斯特侯爵	19749	38994
曼彻斯特	埃杰顿男爵	11559	32490
曼彻斯特	布思戈尔男爵	31774	17346
曼彻斯特	威尔顿伯爵	9871	31234
曼彻斯特	迪西伯爵	13992	21971
曼彻斯特	斯潘塞伯爵	27185	46764
曼彻斯特	德比伯爵②	68000	160000
利物浦	德比伯爵	68942	163273
利物浦	塞夫顿伯爵	20250	43000
利物浦	索尔兹伯里侯爵	20202	33413
利物浦	斯坦利男爵	10971	16320
泰恩赛德	诺森伯兰公爵	186397	176048
锡厄姆	伦敦德瑞侯爵	50323	100118
桑德兰	德汉姆伯爵	30471	71671
布莱斯	莱德利男爵	10152	12189

---

① David Cannadine, *Lords and Landlords: The Aristocracy and Towns, 1774 – 1967*, Leicester: Leicester University Press, 1980, p. 387.
② John R. Kellett, *The Impact of Railways on Victorian Cities*, London: Routledge and Kegan Paul, 1969, p. 151.

续表

城市	贵族	土地面积（英亩）	年总收入（英镑）
胡德斯菲尔德	拉姆斯登男爵①	150048	70000
罗瑟勒姆	霍华德男爵	17911	13102
布拉德福德	罗斯伯爵	26486	15549
利兹	里彭侯爵	21770	29126
设菲尔德	诺福克公爵	49866	75596
设菲尔德	菲茨威廉伯爵	115743	138801
阿尔斯比	亚伯勒伯爵	56893	84649
格里姆斯比	赫尼奇男爵	10761	15527
彼得伯勒	菲茨威廉伯爵	23318	39547
诺丁汉	纽卡斯尔公爵	35547	74547
贝尔法斯特	沙夫茨伯里伯爵	21785	16083
贝尔法斯特	都尼盖尔侯爵	22996	41649
加的夫	比特侯爵	116668	151135
加的夫	温莎男爵	37454	63778
斯旺西	博福特公爵	51085	56226
博得利斯	萨瑟兰公爵	1358545	141667
黑乡	达德利伯爵	25554	123176
格拉斯哥	坎贝尔男爵	15886	6455

资料来源：John Bateman, *The Great Landowners of Great Britain and Ireland*, 4th edn, 1883, ed. David Spring, Leicester: Leicester University Press, 1971, p. 130, p. 373, p. 5, p. 94, p. 95, p. 119, p. 219, p. 94, p. 472, p. 148, p. 47, p. 483, p. 140, p. 417, p. 127, p. 401, p. 394, p. 420, p. 337, p. 277, p. 145, p. 380, p. 229, p. 387, p. 381, p. 334, p. 168, p. 493, p. 216, p. 168, p. 331, p. 402, p. 134, p. 69, p. 484, p. 33, p. 431, p. 140, p. 73。

表5—1 列举的这些贵族在多个城市与乡村都占有地产，例如德比伯爵在兰开夏郡多个城市都有地产。尽管资料限制，无法将每位贵族在每个城市的地产统计出来，但此表仍能表明郡城贵族数量众多，占有大量的土地。

一 贵族对郡城郊区的开发与公园的修建

贵族在英国工业化、城市化初期阶段，往往选择城市里面生活，当城

---

① Clifford Stephenson, *The Ramsdens and Their Estate in Huddersfield*, Huddersfield: County Borough of Huddersfield, 1972, p. 21.

市人口拥挤、住宅环境恶化、公共卫生问题严重时他们往往喜欢到城市郊区居住。伯明翰埃德巴斯顿、格拉斯哥开尔文赛德、伦敦汉普斯特德、利兹海丁利、曼彻斯特维多利亚公园、利物浦塞夫顿公园、牛津北部，这些地方都是城市化发展到一定阶段后开发的郊区，下文以考尔索普家族开发伯明翰埃德巴斯顿为例，探讨贵族对郡城郊区的开发情况。

伯明翰位于英格兰中部，伦敦至利物浦的铁路干线上，东南部距伦敦160公里，面积大约200平方公里。伯明翰连接沃里克郡、伍斯特郡和斯塔福德郡三郡，是西米德兰地区的首府。伯明翰最初只是一个小村庄，12世纪成为重要的商业城市，14世纪成为一个大城镇，16世纪是欧洲举足轻重的工业和商业中心，是当时世界上最大的金属加工区。由于伯明翰邻近富含煤铁的奔宁山和其所处的地理位置优越等因素，17世纪时城市建设规模庞大。工业革命时它迅速发展成为制造业城市，是当时铁路机车、蒸汽机和船舶的制造中心，同时也是英国的工业和金融中心。18世纪末期伯明翰人口只有7万，1910年大伯明翰地区的人口超过50万。[①]

伯明翰城市地产分散，为多家地主所有，例如考尔索普家族、诺顿家族、霍尔特家族等贵族家族以及商人科尔摩尔家族与乡绅古奇家族等。1740—1780年，伯明翰得到充分开发。诺顿男爵在伯明翰市区有1.5英里的土地，其中一部分地段用以修建火车路轨。当时建房条件宽松，科尔摩尔家族有大约66英亩土地。1746年，科尔摩尔家族订立地产租约时所规定的建房启动资金少，只要求修建三层楼高的房屋，对于消防安全、排水设施等并无要求。到了20世纪90年代，建筑准入条件才严格起来。1788—1820年，霍尔特家族近百亩的土地出租给建筑商，后来该地产落到达特茅斯伯爵的儿子黑尼基·勒基手中，他才把租约条款修订得更完善。[②] 这些地产开发商中，开发埃德巴斯顿的考尔索普家族最为著名。

考尔索普家族在埃德巴斯顿占有大约2500英亩，是伯明翰最大的地主。这片广袤的地产从伯明翰西区一直延伸至乡村，是名副其实的大郊区。与英国其他郊区相比，在伦敦汉普斯特德郊区，70%的地产被5家地主分享，在伦敦坎伯威尔郊区，7家地主占了2/3的土地，即使是土地面积巨大的格拉斯哥西区，其1250英亩土地被23家土地自由持有者占有，

[①] David Cannadine, *Lords and Landlords: The Aristocracy and Towns, 1774 - 1967*, Leicester: Leicester University Press, 1980, p. 94.

[②] J. V. Beckett, *The Aristocracy in England, 1660 - 1914*, Oxford: Blackwell, 1986, p. 273.

但是在埃德巴斯顿几乎是考尔索普家族一家独霸,地产面积排在第二位的凯瑟琳·诺尔太太共有 243 英亩土地,她家地产面积仅仅是考尔索普家族的 1/10。①

考尔索普家族从 1780 年开始开发埃德巴斯顿,而伯明翰大约从 1810 年起才逐渐向郊区扩展。考尔索普家族抓住了城市建设的良好契机。第三代考尔索普男爵(1787—1851 年)大肆修建别墅,消费群体主要是中产阶级,当时伯明翰富人不多,郊区别墅成为一种奢侈品。1812—1830 年,第三代考尔索普男爵新建了考尔索普街、乔治街(以第三代考尔索普男爵命名)、弗雷德里克街(以第四代考尔索普男爵命名)、教堂街、威灵顿路(纪念滑铁卢战役的胜利者)、哈里路(纪念祖辈哈里爵士)、布里斯托尔路等十几条街道以及珀肖尔收费公路。1810—1842 年,埃德巴斯顿建筑市场十分红火,考尔索普家族签署的建筑协议从 9 个增加到 342 个。1810 年,考尔索普家族地租总收入是 5233 英镑,1845 年增加到 11673 英镑,每年收益增长 2.3%。据统计,1810 年、1831 年、1841 年埃德巴斯顿的人口分别是 1155 人、3854 人、6609 人。1846 年,埃德巴斯顿连通伯明翰郊区交通网络,每天有 6 辆公交车往返于其间。② 第三代考尔索普男爵去世后,该家族继续投资于地产开发。1851 年伯明翰的人口是 177922 人,1881 年人口增加到 400744 人,而 1851 年埃德巴斯顿教区拥有人口 9269 人,1881 年人口则增加到 22760 人。建筑合同从 1842 年的 342 个增加到 1881 年的 1077 个。地租收入从 1848 年的 12296 英镑增加到 1878 年的 29919 英镑。③ 从 1810—1880 年,考尔索普家族投资了 47000 英镑建马路和下水道。④ 到 1910 年第六代考尔索普男爵去世时,埃德巴斯顿大体开发完毕。

郊区的开发体现了贵族向往乡村景观的理念,考尔索普家族最突出的成绩是推动伯明翰向郊区扩展,全力打造了伯明翰的西区——埃德巴斯顿。这里远离了城市的烟雾、噪音与污染,这里空气清新,绿树成荫,别墅容积率小,是伯明翰最重要的郊区。在英国富人往往居住在郊区,因此

---

① David Cannadine, *Lords and Landlords*: *The Aristocracy and Towns*, *1774 – 1967*, Leicester: Leicester University Press, 1980, p. 94.
② David Cannadine, *Lords and Landlords*: *The Aristocracy and Towns*, *1774 – 1967*, Leicester: Leicester University Press, 1980, pp. 95 – 96.
③ Ibid., p. 100.
④ J. V. Beckett, "Landownership and Estate", in G. E. Mingay, ed., *The Agrarian History of England and Wales*, *Vol. VI*, Cambridge: Cambridge University Press, 1989, p. 583.

郊区的建筑用地标准比较严格。考尔索普家族采取出租建筑用地的方式，租期长达100年之久，制定了严苛的建筑合同，即所开发的地产必须用于居住，房屋的建筑是按照规划蓝图进行修建，禁止修建拥挤的楼房，花园房必须预留出来，楼房附近没有工厂等限制。相比之下，第一代诺顿男爵开发的伯明翰东区，地产面积虽然也不小，地产建筑协议没有埃德巴斯顿那么严格，居民的房屋与工业用地常常混杂在一起，因而居民往往是社会下层人士。埃德巴斯顿不仅是伯明翰的贵族区，而且是社会专业人士、商人居住的理想场所。埃德巴斯顿的发展使考尔索普家族从小贵族演变为大贵族，英国历史学家阿萨·布里格斯评论考尔索普家族对19世纪伯明翰整个城市的发展具有"战略性影响"①。

公园、广场、花园代表了英国城市建筑的三种基本样式，在每个城市都存在。贵族在伦敦地产开发中的一大特色是兴建了大量的广场，而在郡城地产开发中的一个显著特征就是修建了众多公园，例如，诺丁汉的克伦伯公园、利物浦的塞夫顿公园、伯明翰的埃德巴斯顿公园、坦布里奇韦尔斯的卡尔弗利公园、切尔腾纳姆的帕普沃思公园、默西的岩石公园、西布罗姆维奇的桑德韦尔公园、加的夫的比特公园等。在中世纪，贵族的公园往往与城堡毗邻，是贵族的私人打猎场所，随着工业革命的来临，公园从私人领地逐渐演变为城市居住区，诺丁汉纽卡斯尔公爵开发的克伦伯公园便是这样一个典型。

克伦伯公园与诺丁汉城堡均属于纽卡斯尔公爵家族的私产，该公园位于英国诺丁汉郡北，占地面积近4000英亩，是当时诺丁汉最大的公园。克伦伯公园最初只有一个狩猎的小屋，到18世纪20年代，公园都还是一个放牧的地方。1760年第二代纽卡斯尔公爵（1720—1794年）将公园的小屋改造成一栋大房子，仍为打猎所用。克伦伯公园、诺丁汉城堡与诺丁汉市区接壤，由于公园和城堡都是私人领地，诺丁汉城市道路的修建只好绕过它们，这在一定程度上妨碍了城市的扩张。第一个主张将克伦伯公园地产进行房地产开发的是第四代纽卡斯尔公爵（1785—1851年）。1807年，他出售了克伦伯公园东北部的一处地产，1809年，他修建了克伦伯公园的第一个人居建筑——圣玛丽教堂牧师住宅楼。19世纪20年代末期，第四代纽卡斯尔公爵雇用建筑师彼特·罗宾逊（1776—1858年）进行更大规模的公园房地产开发。罗宾逊模仿约翰·纳什修建伦敦广场的建筑风格，修建了广场与方格联排建筑。19世纪初期，诺丁汉工业发展迅

---

① Asa Briggs, *Victorian Cities*, London: Harmondsworth, 1968, p.38.

速，城市人口拥挤，居住环境差，第四代纽卡斯尔公爵计划大力开发房地产，于是克伦伯公园的公共娱乐空间开始减少，这招致了公众的不满，加之他反对1831年改革议案，民众便开始反对他的地产开发方案，甚至还将第四代纽卡斯尔公爵的城堡洗劫一空，1832年时他的公园地产也只修建了40—50栋住宅就被迫中断。[1] 第五代纽卡斯尔公爵（1811—1865年）雇用当地著名建筑师托马斯·海恩（1813—1899年）继续开发公园地产。海恩的建筑规划受到约翰·纳什修建伦敦摄政公园的影响，克伦伯公园中心是两个小圆环组成，中心的外围由三圈新月形状的圆环环绕，每一圆环上所修建的房屋绿化面积大，海恩便抛弃了罗宾逊的联排建筑，代之以隔离式或者半联排的别墅。1851—1887年第五代纽卡斯尔公爵在公园地产上建造了大约600栋房屋，附带修建了一个保龄球场与网球场，但没有修建商店、学校、邮局、银行等配套设施。[2] 这些房屋是城市的高端住宅区，消费群体是工业家、律师、建筑师、牧师、银行家等中产阶级。公园是贵族协调田园风光与城市环境的产物。贵族一方面实现了地产的经济效益；另一方面又享受了公园的绿化休闲之便。

令贵族意想不到的是，随着社会经济的发展与城市人口的增加，公园的宁静环境也逐渐被破坏。当城市噪音与环境污染超出了贵族的忍受范围，贵族开始厌倦了公园的生活，不惜举家移居到乡村。1847年，第四代达特茅斯伯爵从他的祖传置业——西布罗姆维奇桑德韦尔公园，搬迁到斯塔福德郡南部的农村，因为19世纪初期的矿产开发活动与城市扩张影响了居住环境的质量。[3]

二 贵族对郡城开发程度的影响

郡城的开发程度与贵族力量的大小紧密相关。对一些郡城而言，如果贵族权力大，贵族地产地理位置优越，单个贵族家族的意志就能决定城市的发展方向与程度。比特家族在格拉摩根郡拥有大量地产，包括加的夫城堡地产在内，18世纪中期至20世纪中期控制了南威尔士的政治、经济与社会发展。19世纪比特家族在格拉摩根郡东部的煤田蕴藏着巨大的矿产

---

[1] Richard A. Gaunt, "Patrician Landscapes and the Picturesque in Nottinghamshire c. 1750 – c. 1850", *Rural History*, Vol. 26, No. 2, 2015, pp. 161 – 180.
[2] K. C. Edwards, "The Park Estate, Nottingham", in M. A. Simpson and T. H. Lloyd, ed., *Middle Class Housing in Britain*, Newton Abbot: David and Charles, 1977, pp. 153 – 169.
[3] R. Slater, "Landscape Parks and the Form of Small Towns in Great Britain", *Transactions of the Institute of British Geographers*, Vol. 2, No. 3, 1977, p. 315.

资源，为了开发矿产，从 1814 年开始第二代比特侯爵（1793—1848 年）在加的夫修建房屋、港口、码头、铁路，并且在地产协议上要求所有矿产必须从他修建的比特港口与码头进行运输。他控制了当地政府与议会，因而市中心城市建筑的规划、街道的位置、加的夫公园的设计等全在他的掌控下完成。1821 年，加的夫人口不到 4000 人，1851 年，城市人口超过 18000 人，成为威尔士第一大城市，第二代比特侯爵将一个小小的加的夫打造成工业大都市，有人称他是"现代加的夫的缔造者"①。类似的例子，除了比特家族之外，还有贝尔法斯特的第二代都尼盖尔家族、胡德斯菲尔德的拉姆斯登家族。

有的郡城贵族土地虽然多，地产的地段也好，但由于一些原因并未对城市建设起着主导作用。诺福克公爵在设菲尔德占有 20000 英亩土地，其中 8000 英亩土地属于沼泽地，其余 12000 英亩土地位于城市的东面和北面，大部分在布赖特斯德工业区。19 世纪初，第十一代诺福克公爵（1746—1815 年）无意开发设菲尔德的建筑用地，为了给苏塞克斯积累资金甚至出售了设菲尔德的部分土地。这种情况直到第十二代诺福克公爵（1765—1842 年）改变了经营策略后，才稍有改变，但开发力度有限，仍未能与比特家族相提并论。第十二代诺福克公爵以 99 年的租期将地产出租，同时修建了市中心的公共设施，比如在顿河上搭设了一座桥，在市中心新建一个邮局、交易所、建筑交易市场等。②

对于大郡城而言，单个贵族家族无法主宰城市建设，城市的开发往往由两家或者两家以上的贵族家族来主导。利物浦在工业革命时期是英国重要的工业城市，它的城市地产基本由德比伯爵、塞夫顿伯爵、利物浦房地产开发公司三家控制。德比家族和塞夫顿家族既从政又经商。他们参与了 19 世纪 30 年代利物浦—曼彻斯特铁路的建设，19 世纪 50 年代，第十四代德比伯爵在当地政治影响很大，他的小儿子第十六代德比伯爵担任了普雷斯顿市长、利物浦市长。曼彻斯特的地产面积小，土地纵横交错，分别由迪西伯爵、德比伯爵、布思戈尔男爵、埃杰顿男爵、莫斯利男爵等贵族拥有。零碎的土地在格拉斯哥星罗棋布，由商人安德森家族，地产商贝尔、克劳弗德、奥斯瓦尔德，地主麦克斯韦家族、坎贝尔男爵、格拉斯哥

---

① John Davies, *Cardiff and the Marquesses of Bute*, Cardiff: University of Wales Press, 1981, pp. 18 – 167.
② David Spring, "English Landowners and Nineteenth-Century Industrialism", in J. T. Ward and R. G. Wilson, ed., *Land and Industry: the Lnded Estate and the Industrial Revolution*, David & Charles: Newton Abbot, 1971, p. 43.

建筑公司等多家占有，其中坎贝尔男爵在市中心占有 590 英亩土地。① 所以，这些城市如果要想进行大规模的开发，就必须由多个占有者同时参与。

贵族不仅拥有城市土地，占有大量工业利益，而且还凌驾于政治之上。介于贵族与劳动阶级之间的中产阶级是工业革命时期社会的新生力量，商人、银行家、建筑师、律师、医生等均属于中产阶级，当他们缺少资金时、政治上需要帮助时，就求助、拥护贵族，这时贵族和中产阶级会因共同的利益而捆绑在一起。中产阶级一方面尊重贵族，与之和平共处，但另一方面又嫉妒贵族特权。当他们的权益受到损坏，或自身力量强大时，中产阶级又联合起来反对贵族。

从建筑对象来讲，由于每个城市的贵族数量有限，贵族虽然通过为自己建房，以此炫耀上流社会的财富和社会身份，但是他们更愿意为中产阶级建房。贵族之所以把中产阶级视为主要消费对象，是这个阶层的人们富有、有教养、守秩序，把楼房出售或者出租给他们容易获得较高的经济利益和社会效益。格罗夫纳家族开发伦敦西区的贝尔格拉维亚与梅费尔是如此，郡城的考尔索普男爵开发伯明翰埃德巴斯顿、德文希尔公爵开发伊斯特本、纽卡斯尔公爵开发公园地产等也是如此。

英国城市化进程中政府行政机构的建设常常跟不上城市的发展，这在大城市中体现得最为明显。19 世纪的伯明翰市政厅规模小，资金少，其成员多数是小商人，没有管理大笔资金的经验，而且，市政厅的社会声望也不高，没有人愿意请市长或者议员担任社会公共事务的赞助人或者主席，中产阶级认为只有贵族才能胜任。第三代考尔索普男爵就曾与支持谷物自由贸易的中产阶级结盟。在 1820—1831 年间，他作为代表向威斯敏斯特提交了 14 个议案，其中多个议案代表中产阶级的利益。② 然而双方的蜜月期非常短暂，1831 年议会改革方案通过后，中产阶级在议会中逐渐有了发言权，不再需要贵族充当信使，向威斯敏斯特传递信息，于是他们便抛弃了第三代考尔索普男爵。第三代考尔索普男爵开始转向保守的政治立场，第四代考尔索普男爵亦随其后，该家族最后放弃了地方政治。其他城市也出现了中产阶级反对贵族的声音。1800—1830 年，菲茨威廉伯

---

① John R. Kellett, *The Impact of Railways on Victorian Cities*, London: Routledge and Kegan Paul, 1969, p. 151, p. 176, p. 209, p. 215.

② David Cannadine, "The Calthorpe Family and Birmingham 1810 – 1910: A Conservative Interest Examined", *The Historical Journal*, Vol. 18, No. 4, December 1975, p. 734.

爵与设菲尔德城市制造业阶层关系融洽，双方相互扶持，但是在 1848 年选举中菲茨威廉伯爵却被中产阶级抵制，菲茨威廉伯爵对政治的兴趣开始降低，转而开发城郊的地产。[1] 19 世纪英国的三次议会改革、城市市政厅的建立、土地租赁特权解放运动等事件，都是在反对贵族的特权。贵族开发地产被置于公众的监督之下，例如在工业城市伯里，市政厅一致通过决议反对维护贵族特权的土地租赁制度。[2]

三 贵族开发郡城的方案及其对郡城的管理

从开发策略来看，贵族往往采取三种方案开发城市地产。第一种办法是他们把土地的自由持有权卖给建筑商或开发商；第二种办法是他们把土地出租给开发商；第三种方法是亲自参与开发。有些贵族选择第一种方案，诺丁汉、普特茅斯、赫尔、利兹、雷斯特等几乎一半的建设用地是通过这种方式卖给开发商或建筑商。例如诺丁汉是通过一系列的圈地法扩展该城周围的公共土地而兴起的，为了支援市政建设，18 世纪 80 年代至 90 年代，纽卡斯尔公爵和拉特兰公爵把诺丁汉附近的土地卖给开发商建城。[3] 一些比较强势的贵族常常采取第三种方案，自行设计开发地产，例如加的夫的比特侯爵、胡德斯菲尔德的拉姆斯登男爵、伊斯特本的德文希尔公爵等，这一类贵族也不多见。出售土地毕竟不是多数贵族所为，亲自设计开发地产只是少数贵族的行为，出租地产，把风险转移给开发商才是最保险的策略，因此第二种方案最普遍。在这种方案中，贵族制定一些建筑规则，通过签订地租合同长期攫取地产利润。从合同租期来看，贵族在伦敦的地产合同通常是 99 年的租期。而郡城的地租合同比较复杂，许多城市采用 99 年的租约，兰开夏郡部分地区流行 999 年的合同租期，英格兰西南部地区采用租期为三代人的合约，利物浦、伯明翰、设菲尔德、牛津、格里姆斯比、雅茅斯等城市采用短期租约。[4]

1700 年，英国仍然不是一个城市化的国家，全国 3/4 的人口都居住

---

[1] David Cannadine, *Lords and Landlords: The Aristocracy and Towns, 1774 – 1967*, Leicester: Leicester University Press, 1980, p. 43.

[2] David Cannadine, *Lords and Landlords: The Aristocracy and Towns, 1774 – 1967*, Leicester: Leicester University Press, 1980, p. 50.

[3] Robert Mellors, *Old Nottingham Suburbs Then and Now*, Nottingham: J. & H. Bell Ltd, 1914, pp. 30 – 36.

[4] David Spring, "English Landowners and Nineteenth-Century Industrialism", in J. T. Ward and R. G. Wilson, ed., *Land and Industry: the Lnded Estate and the Industrial Revolution*, David & Charles: Newton Abbot, 1971, p. 60.

在农村。伦敦作为首都也只有 50 万人,而位居第二的郡城诺里奇仅有 3 万人,位居第三的布里斯托尔仅有 2 万人。① 18 世纪下半期英国人口快速增长,城市规模不断扩大,贵族也开始积极参与郡城的建设。贵族在郡城开发中居于主导地位是在 19 世纪的前 40 年,贵族广泛参与郡城建设,控制城市发展。例如,加的夫每一位议员都是由比特侯爵提拔的;② 在威斯敏斯特,贝尔法斯特的议员或者是都尼盖尔家族的成员,或者受到该家族的控制。③ 这些城市势必按照贵族意志进行发展。随着议会改革的推进、城市政府机构的完善、中产阶级的壮大,以及贵族阶层的衰落,19 世纪中期贵族逐渐退出房地产开发。与此同时,一个值得关注的现象是,许多贵族在 19 世纪末期 20 世纪初期却担任了城市市长的职务,参见表 5—2:

表 5—2　　　　　　1890—1919 年的郡城贵族市长

城市	贵族家族	任期时间（一届）	任期时间（二届）	任期时间（三届）
加的夫	比特	1891		
怀特黑文	朗斯代尔	1895—1896		
华威	华威	1895—1896	1902	1916
里彭	里彭	1896		
加的夫	温莎	1896		
郎顿	萨瑟兰	1896		
阿普尔比	霍斯菲尔德	1896		
伍斯特	比彻姆	1896		
利物浦	德比	1896	1912	
达德利	达德利	1896—1897		
里士满	泽特兰	1896—1897		
设菲尔德	诺福克	1896—1897		
设菲尔德	菲茨威廉	1910		

---

① C. W. Chalklin, *The Provincial Towns of Georgian England: A Study of the Building Process, 1740-1820*, London: Edward Arnold, 1974, p. 3.
② John Davies, *Cardiff and the Marquesses of Bute*, Cardiff: University of Wales Press, 1981, p. 220.
③ David John Owen, *History of Belfast*, Belfast: W. & G. Baird, 1921, p. 255.

续表

城市	贵族家族	任期时间（一届）	任期时间（二届）	任期时间（三届）
亨廷顿	沙明治	1897—1898		
蒙默思	兰加托克	1897—1898	1907—1908	
文洛克	福雷斯特	1899—1900	1910	
奇平诺顿	布拉西	1899—1902		
拉姆西	沙夫茨伯里	1899—1903		
威尔顿	彭布罗克	1900		
达勒姆	达勒姆	1900		
达勒姆	伦敦德里	1911		
彼得伯勒	菲茨威廉	1901		
普雷斯顿	德比	1902		
阿伦德尔	诺福克	1903		
贝尔法斯特	沙夫茨伯里	1907		
伍德斯托克	马尔伯勒	1908—1909		
格兰瑟姆	布朗洛	1910		
斯坦福德	埃克塞特	1910		
伯顿	安格尔西	1912		
契斯特菲尔德	德文希尔	1912		
博尔顿	利弗休姆	1919		

资料来源：David Cannadine, *Lords and Landlords: The Aristocracy and Towns*, 1774 – 1967, Leicester: Leicester University Press, 1980, p. 34, p. 51。

表5—2中显示，1896年是贵族担任郡城市长最多的一年，贵族多在小郡城担任市长，在大郡城任职的较少。其中诺福克公爵、德比伯爵、菲茨威廉伯爵在两个城市担任过市长，德比伯爵、兰加托克男爵、福雷斯特男爵出任过两届市长，华威伯爵还担任过三届市长。这表明，这一时期贵族虽然没有充当城市开发者的角色，但是凭借丰富的管理经验、社会地位与个人综合素质仍然承担着城市管理者的角色，这个现象也至少说明了贵族对城市发展的影响是长期的、深远的。

总之，贵族权力的大小、地产的规模、地形、经营策略、土地市场、当地人口数量与特征等因素均会对城市地产的开发产生影响。从实际情况来看，由于贵族与中产阶级毕竟人数有限，贵族不得不将大地产的一部分地产开发给中下层百姓。例如，埃德巴斯顿土地面积太大，在满足了上层阶级的需求之外，还有一些地产为下层中产阶级与上层工人阶级开发，甚至在19世纪50年代埃德巴斯顿最北面的哈格利路、博福特路、女公爵路之间还形成了一个新的工人阶级住宅区。①

另外，值得注意的是，无论在伦敦还是其他城市，均存在逆城市化现象，即贵族因城市房价、物价、噪音、疾病、犯罪率等因素反对城市地产开发，反对进入城市生活。例如斯坦福德的塞西尔家族严格限制土地用于城市房地产开发。② 当然，这毕竟是少数，大多数英国贵族还是积极投身于城市建设中。我们可以设想，如果他们也像俄罗斯、波兰、西班牙的贵族那样鄙视城市开发，英国城市化进程肯定会受到严重阻碍。事实上，贵族对城市的认同经历了一个漫长的过程。有些贵族一开始不愿意进城，把农村看作安身立命的根据地。但是随着社会经济的变迁，越来越多的贵族参与并领导了城市建设，加快了英国城市化的进程，表现出强烈的身份优越感和城市认同感。贵族的城市化显示出贵族对传统文化的反叛，对现代工业文明的趋同和接纳。这种对自我的不断超越与突破，也展示了贵族接纳新事物的眼光和开放的胸襟以及迎接时代挑战的勇气。

第三节　贵族与矿泉海滨城市的兴起

英国贵族开发城市的大致演化路径是：伦敦→郡城→矿泉城市→海滨城市。伦敦虽然一直保持着英国城市的龙头地位，但在19世纪时发展速度缓慢下来，开发的重点转向伦敦郊区的扩展，工业革命时期工业郡城的发展非常迅猛，1820—1830年代曼彻斯特、利兹、伯明翰和利物浦等新兴工业城市极度膨胀，之后发展速度逐渐放缓。18世纪下半期至19世纪末期的内陆矿泉城市和海滨休闲城市的发展速度更为惊人，贵族、乡绅和中产阶级纷纷涌向海滨城市度假娱乐，后来工人大众先后加入，推动了英国休闲城镇的崛起，其增长速度甚至超过了伦敦和其他郡级城市。

---

① David Cannadine, *Lords and Landlords: The Aristocracy and Towns, 1774 – 1967*, Leicester: Leicester University Press, 1980, pp. 100, 403.
② David Cannadine, "The Calthorpe Family and Birmingham 1810 – 1910: A Conservative Interest Examined", *The Historical Journal*, Vol. 18, No. 4, December 1975, p. 726.

一 矿泉城市和海滨城市的兴起

从伊丽莎白一世以降，英国贵族和乡绅在内陆水边的娱乐活动空间先是在内陆矿泉城市，然后再延伸到海滨城市。巴斯是内陆矿泉城市的代表，位于英格兰东南部的埃文郡，伦敦以西，距离伦敦大约 100 英里的路程，城区面积 29 平方公里。"巴斯"（Bath）在英语中是"浴室"的意思，而这个地名正是来源于当地的浴室。公元 1 世纪时，古罗马人在这里发现了矿泉，便修建了浴室，吸引了众多的旅游者。罗马人离开后，巴斯一度沉寂下去。伊丽莎白一世（1533—1603 年）时，英国继承古罗马时代的欧洲传统，开始实行公共洗浴。巴斯和巴克斯顿成为洗浴之地，伊丽莎白女王曾经亲自去巴斯洗浴。斯图亚特时期，君主和王室把在郡城的洗浴看作是可以接受的社会时尚。贵族和乡绅在澡堂和温泉会面，没有正式场合的礼仪约束，这种轻松的氛围有利于王室贵族和地方贵族的交流。首都和当地社区的轻松交流方式，其政治和社会含义以前从未出现过。①

罗马帝国时期人们认为海水浴和饮用矿泉水可以增进健康。许多温泉成为朝圣之地，16 世纪时贵族开始饮用矿泉水，并把饮用矿泉水看作是一种时尚。17 世纪时王室开始赞助扩建改造矿泉城市，例如查理二世和王后在医生的陪同下参观巴斯。英国最早的矿泉城市是斯卡伯勒，1626 年时该地发现温泉，当时的住宿条件极其简陋，1684 年当地旅馆只能供应 74 张床位，到 1733 年时住宿设施才完备起来，一次可以接纳大约一千人。② 17 世纪时，人们在韦茅斯和布赖顿又发现带有矿物质的温泉，结果韦茅斯和布赖顿也演变成为重要的矿泉城市。

饮用矿泉水是否具有医疗价值，英国医学界曾经进行过宣传与争论。1562 年，威廉·特纳博士曾著书讨论巴斯矿泉水的治疗效果，17 世纪 30 年代卢多威克·罗兹博士又撰文宣传坦布里奇矿泉水的功效，这些都推动了上述两地演变为矿泉疗养中心与旅游胜地。到了 18 世纪，医学界更是大力宣传矿泉水的独特疗效。1705 年，巴斯和坦布里奇韦尔斯的医生相互攻击，贬低和嘲弄对方，各自赞美自己家乡的矿泉水。可以肯定的是，到 17 世纪末，几乎所有较大的矿泉疗养中心，都有大量医疗人员为旅游

---

① Phyllis May Hembry, *The Englis Spa, 1560 - 1815: A Social History*, London: Fairleigh Dickinson University Press, 1990, pp. 1 - 2.

② John Hassan, *The Seaside Health and the Environment in England and Wales since 1800*, Aldershot: Ashgate, 2003, p. 15.

者服务。在这方面,矿泉疗养胜地即使不是像宣传所说的那样神奇,至少也促进 17 世纪的医疗业的发展。①

贵族经常举家前往矿泉城市洗浴和饮用矿泉水,由此产生了住宿问题。当时矿泉城市的建筑落后,旅馆拥挤。于是施鲁斯伯里伯爵在巴克斯顿、坦布里奇韦尔斯、韦灵伯勒修建旅馆以满足游客的需求。随着众多新建温泉疗养设施的出现,许多著名建筑物应运而生,城市也因此兴起,巴斯在中世纪时只是一个小城镇,建筑风格秉承罗马传统。直到 17 世纪末,巴斯除了郊区发展外,仍保持中世纪模样,图 5—4 显示的是吉尔摩在 1694 年的巴斯城市设计规划图。

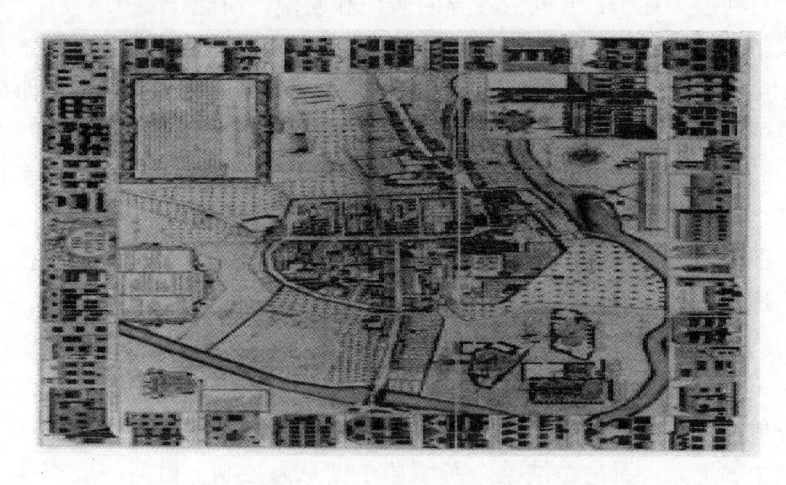

图 5—4 17 世纪末的巴斯

图片来源:Peter Borsay, *The Image of Georgian Bath 1700 - 2000*:*Towns, Heritage and History*, London:Oxford University Press, 2000, p. 12。

18 世纪时,休闲城市巴斯的发展蔚为壮观。1700 年,巴斯大约有 2000—3000 人,1750 年人口增长很快,大概是 6000—8000 人,1800 年则达到了 33000 人。② 换言之,18 世纪初,巴斯大约有 700 个家庭,后来逐渐扩大到 2000 个家庭,他们控制了巴斯的土地并且用法律来加以保护,以防止王室和普通人来干预。巴斯在当时是一个集赌博、赛马、跳舞和嫖妓于一体的度假场所。加上一些医生大肆宣传饮用矿泉水增进健康,人们

---

① Peter Clark and Paul Slack, *English Towns in Transition 1500 - 1700*, London:Oxford University Press, 1976, pp. 33 - 34.
② Michael Forsyth, *Bath*, New Haven & London:Yale University Press, 2003, p. 16.

便纷纷涌向巴斯，掀起了巴斯在 18 世纪的第一次建筑热潮。

在巴斯城市建设的早期阶段，许多精致的房屋采用意大利帕拉第奥古典建筑风格修建，体现英国上流绅士的品位和风格，其中建筑大师约翰·伍德父子做出了重要贡献。1725—1727 年约翰·伍德住在牛津街，他学习了英国城市建筑的最新理念，回到巴斯后设计的第一件建筑作品是女王广场，构思奇异，装潢华丽。约翰·伍德还深受罗马建筑思想影响，追求美学和自然环境的和谐。18 世纪的巴斯有两处举世闻名的建筑——圆形广场和皇家新月楼，均出自约翰·伍德父子之手。圆形广场建于 1754—1767 年，长 92 米，包括三栋整齐排列的多层建筑，圆形广场旁边的房屋上、石柱上共有 528 个风格各异的徽记和雕塑，而建于 1767—1775 年的皇家新月楼是巴斯最为气势恢宏的大型古建筑群，采用意大利式装饰，共有 114 根圆柱。皇家新月楼的道路与房屋都排列成新月弧形，这种布局尽显英国贵族的高雅气质。圆形和新月形建筑排列样式不仅为郡级城市所仿效，而且反过来又被伦敦所采用。后来乔治时期的古典建筑也与之有异曲同工之妙。

即便如此，建筑师们还是更注重建筑的商业价值而不是美学价值，因此当地建筑师和贵族根据个人需要四处建房。18 世纪的前 25 年中，公共建筑物显得非常零乱。资本和土地不能自由进入房地产市场，而且土地被各种土地保有者分割，也成为一个障碍。巴斯的北面、东面和南面的土地被分成小块，以自由持有、公簿持有、租赁身份三种形式存在。在土地比较集中的地方，无论是被某个组织还是被私人控制，租期一般都是三代人，这严重阻碍了大规模开发土地。除非这些终身协约纳入市场经济的轨道，否则转变为可以自由交易的有限年限非常困难。只有巴斯的西面才进行了真正的房地产开发，这里共有三大块地产。第一处是市政委员会为大众利益而托管的 90 亩公地，整个 18 世纪都没有开发过这块地。第二处是大金斯米德和小金斯米德的草坪，草坪地势低矮适宜开发。第三处是罗伯特·盖伊在巴顿占有的 85 亩土地。盖伊是一位具有商业头脑的贵族，同时也是一位成功的伦敦理发师兼外科医生。这处地产的合同是属于长期性质，如果它要成为主要的开发区，只有通过立法来解决这个难题。[①] 18 世纪的巴斯人坚信私人财产权和英国启蒙思想家洛克（1632—1704 年）的"绝对财产"观念，政府为此制定了灵活的土地买卖租赁政策，允许土地

---

① R. S. Neale, "Society, Relief and the Building of Bath, 1700 – 1793", in C. W. Chalklin and M. Havinden, ed., *Landscape and Society, 1500 – 1800*, London: Longman, 1973, p. 62.

所有者出租、抵押土地，小块土地如果用来建房就可以出售，几乎所有楼房的租期都是 99 年。① 巴斯通过资本主义市场经济的方式解决土地开发的问题，之后便大兴土木，其中的三位贵族普尔特尼、海恩斯和盖伊曾经立下汗马功劳。1776 年，巴斯经过扩建，形成规划良好、建筑整齐的新城市格局。如图 5—5 所示。

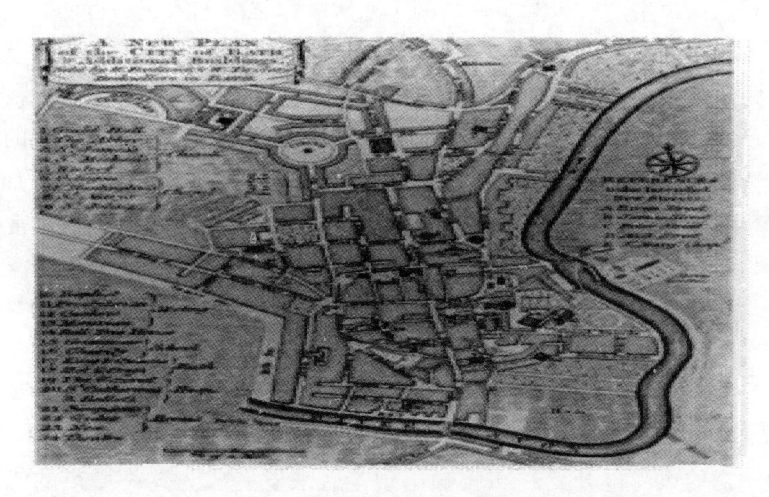

图 5—5　18 世纪的巴斯

图片来源：Peter Borsay, *The Image of Georgian Bath 1700 – 2000: Towns, Heritage and History*, London: Oxford University Press, 2000, p. 14。

值得一提的是，伦敦和巴斯相距不远，交通便利。1680 年，两地之间的班车每周 1 次，1750 年，增加到每周 20 次，18 世纪 80 年代则超过了 100 次。路程所花的时间也由 1680 年的 60 多个小时缩短到 1760 年的 24 个小时，到 18 世纪末期仅仅需要 10 小时。② 伦敦的贵族和商人往返于两地，享受着舒适的休闲生活。

18 世纪晚期至 19 世纪初期海滨城市逐渐取代内陆矿泉城市，如果说巴斯是 18 世纪矿泉城市的代表，那么韦茅斯和布赖顿就是 19 世纪的海滨城市的代表。英国海边度假兴起于乔治时代（1760—1830 年），1789—

---

① R. S. Neale, "Bath: Ideology and Utopia, 1700 – 1760", in Peter Borsay ed., *The Eighteenth Century Town: A Reader in English Urban History, 1688 – 1820*, London: Longman, 1990, p. 229.

② S. C. McIntyre, "Bath: The Rise of a Resort Town, 1660 – 1800", in Peter Clark, ed., *Country Towns in Pre-Industrial England*, Leicester: Leicester University Press, 1981, pp. 209 – 210.

1809年，乔治三世携王后及三位公主几乎每年都到韦茅斯旅游，频率甚至超过了去巴斯和切尔腾纳姆。贵族去矿泉城市主要是为了进行医疗保健和社交活动，后来更多地去海滨城市则是在进行医疗保健的同时，还可以享受新鲜的空气和明媚的阳光，这一变化展示了贵族寡头的消费时尚和时代风貌。布赖顿的崛起扩大了这种转变的范围，海滨休闲娱乐不再是贵族的专利，城市中产阶级乃至以后的工人阶级都逐渐加入这一行列。

布赖顿最初人烟稀少，是一个名不见经传的小渔村，濒临英吉利海峡，距离伦敦南部大约160里，是距离伦敦最近的海岸度假胜地。在这里可以享受沙滩、阳光和海水，错综复杂的街巷和充满神秘东方气息的皇家宫殿使它成为英国最著名的海滨度假区。据安东尼·雷尔汗博士的记载："1761年，布赖顿有300名渔夫、11首轮船、57首渔船，渔夫常常把打捞的鱼送到伦敦，布赖顿是伦敦附近最近的捕鱼海港。"① 伦敦经济的发展推动了布赖顿的捕鱼业，这是布赖顿后来发展为海滨休闲城市的一个原因，布赖顿迅速扩展的原因还不止于此，另外两个因素更重要。

第一个因素是医疗的刺激作用。英国人在海边洗浴的习惯大约可以追溯到18世纪30年代，最早在斯卡伯勒城镇流行开来。紧接着，1736年海边洗浴的风尚也开始在布赖顿出现，后来发展成为这一城市的流行时尚，其中离不开理查德·拉塞尔医生的推波助澜。1753年理查德·拉塞尔在布赖顿行医；他在1750年曾经出版了一本书，讨论海水的医用疗效。他认为海水与矿泉水一样，极具保健功能，因而建议人们饮用和洗浴海水。该书在当时引起了较大的轰动，人们为了健康，络绎不绝地来到布赖顿，当地房地产行业由此得到迅猛发展，布赖顿最后超过巴斯，成为健康度假的胜地。学者吉尔伯特如此称赞理查德·拉塞尔对开发布赖顿的贡献："拉塞尔医生可以叫做近代布赖顿之父，他对布赖顿发展为海滨度假城市有着重要的影响。"②

第二个因素是英国王室赞助开发布赖顿。由于布赖顿的海水浴非常出名，1750—1780年，国王乔治三世和众多的皇族成员经常到此一游。1765年，格罗斯特公爵是到布赖顿旅游的第一个王室成员，不过，他只做了短暂的停留，1766年，约克公爵跟着前来旅游，1771年，坎伯兰公爵在此待了一周，此后他频繁穿梭于布赖顿。但是对布赖顿历史产生重大

---

① E. W. Gilbert, "The Growth of Brighton", *The Geographical Journal*, Vol. 114, No. 1, July 1949, p. 34.
② Ibid., p. 35.

影响的大事是 1783 年 9 月 7 日威尔士王子的驾临，威尔士王子在第一次光临之后就对布赖顿产生无限眷恋之情，接下来的岁月中，他经常光临此地，并一直持续到 1827 年。① 威尔士王子经常眷顾此地间接带来了当地建筑业的兴旺，如 1787 年 7 月专门为他修建的马林行宫是一所用于休闲的宅第，后来马林行宫不断被约翰·纳斯改建和扩大，成为布赖顿标志性的建筑。该行宫结构独特，外观气势宏大，一半体现了中国建筑的特色，一半融合了印度的建筑风格，具有独特的"东方哥特式"建筑风格。此外，布赖顿的多数建筑体现了新古典建筑传统，因而被誉为"摄政时期英格兰最佳城镇"。历史学家科尔宾特别强调王室开发布赖顿的重要性，在他看来，布赖顿在乔治四世和威廉四世统治期间实际上是英国的"第二个首都"②。由此可见，矿泉城镇和海滨城镇得以兴旺离不开统治阶级的支持。

二 开发海滨城市的背景和特征

19 世纪贵族地主之所以热衷于修建海滨城市，是基于下列有利条件：第一，英国是一个岛国，河流港口众多，海岸线长，由于英国实行土地私有制，地主占有大多数海滨土地。第二，当时的英国交通发达。1825 年英国第一条铁路通车，到 1835 年，英国已经有 471 英里铁路线，1845 年铁路线增加到 3277 英里，1850 年这个数字为 13411 英里，1885 年又增加到 30853 英里。③ 可见其铁路发展速度之快。在以马车为主要运输工具的时代，伦敦到布赖顿的旅途时间，1762 年为一天，1791 年为 9 小时，1811 年为 6 小时，1833 年大约是 5—6 小时。④ 但是进入铁路时代，两地的往返时间只需 2 个小时，布赖顿很快变成"首都的心肺"⑤。铁路不仅方便了贵族地主，而且广大中产阶级和工人也可以很方便的外出旅游。除了铁路以外，英国的公路、运河同样发达，便利的交通缩短了内陆城市和海滨城市的距离。第三，上流阶层的富有。19 世纪英国成为世界工场，

---

① E. W. Gilbert, "The Growth of Brighton", *The Geographical Journal*, Vol. 114, No. 1, July 1949, p. 37.
② John Hassan, *The Seaside Health and the Environment in England and Wales since 1800*, Aldershot: Ashgate, 2003, p. 18.
③ James Walvin, *Leisure and Society, 1830 – 1950*, London: Longman, 1978, p. 21.
④ John K. Walton, *The English Seaside Resort: A social History, 1750 – 1914*, NewYork: Leicester University Press, 1983, p. 21.
⑤ James Walvin, *Beside the Seaside: A Social History of the Popular Seaside Holiday*, London: Allen Lane, 1978, p. 39.

建立了海上霸权，成为首屈一指的世界金融中心，社会物质极度丰富。贵族、乡绅、实业家、商人等中产阶级非常富有，他们必然会追求较高层次的物质享受和精神享受，社交和时尚中心由此从内陆城镇转移到自然条件更好的海滨城市，海滨城市也随之变成了上流社会的休闲场所。

贵族支持和参与海滨城市开发有如下值得关注之点：

其一，贵族在海滨城市的土地多，开发规模较大，但在开发时间上要晚于伦敦、郡城，并且持续时间较短。海滨城市一般是未开发的新城，土地面积一般较大，德文希尔公爵在伊斯特本拥有2600英亩地产，斯卡伯勒伯爵在斯克格尼斯拥有2200英亩土地，① 而号称伦敦地产最大的格罗夫纳家族也仅仅只有500英亩地产，在1880年名列伦敦地产前五位的格罗夫纳家族、波特兰家族、卡多根家族、波特曼家族、贝德福德家族，其五家地产之和是1277英亩，② 远远小于德文希尔家族的土地。近代以来，伦敦是英国政治、经济和文化的中心，地产价格最高，因而成为贵族最理想的栖居之地和开发最多的地方。19世纪随着城市化的深入，贵族才把目光转向海滨城市，作为城市建设的"发起人""赞助人"和"投资者"，矿泉城市与海滨城市比较有代表性的贵族家族主要是：巴斯的盖伊巴斯、普尔特尼、海恩斯和盖伊、伊斯特本的德文希尔、福克斯通的拉德勒、伯恩茅斯的泰普斯—杰维斯—梅里克、托奎的帕科和霍顿、绍斯伯特的赫斯克斯和斯卡利斯布里克，莱尔的莫斯泰、斯克格尼斯的斯卡伯勒家族。上述贵族中最引人注目的是德文希尔公爵开发伊斯特本，从19世纪50年代开始，直到19世纪80年代末期，伊斯特本一直在第七代德文希尔公爵（1808—1891年）的控制之下，当时伊斯特本被称为"公爵城"，该家族控制了城市的规划蓝图、公共事业机构以及当地议会，在1883年德文希尔公爵的代理人担任了伊斯特本首届市长，直到19世纪90年代该家族对伊斯特本的控制力才开始减弱。即便如此，第八代德文希尔公爵（1833—1908年）于1897—1898年出任伊斯特本市长，他的继承人第九代德文希尔公爵（1868—1938年）于1910年担任伊斯特本市长。③ 该家族对伊斯特本的管控可见一斑。

尽管贵族在矿泉城市、海滨城市土地面积大，但这些城市通常是小城

---

① David Cannadine, *Lords and Landlords: The Aristocracy and Towns, 1774 - 1967*, Leicester: Leicester University Press, 1980, p. 392.
② Ibid., p. 392.
③ Ibid., pp. 63 - 64.

市，而且贵族地产开发的对象是上流社会人士，因而常常在小块地产上修建精致优美的别墅，例如巴斯与布赖顿。当然，要把一个小城市打造成上流社会居住休闲之所的过程是非常艰辛的。1883 年，托奎的第二代霍顿男爵发现开发海滨城市的成本非常高，尤其是港口和铁路，整个家族为此债务累累。1885 年后，霍顿男爵不得不逐渐卖掉了大部分城市地产，留下的烂尾建筑直到 19 世纪最后 30 年，才由商人改造成旅馆和酒店。[①] 贵族参与海滨城市仅仅持续几十年，到 19 世纪 70 年代时，除了极少数开发较为成功者外，如斯克格尼斯的斯卡伯勒家族和伊斯特本的德文希尔公爵等，大多数贵族的投资热情逐渐消失，纷纷退出房地产建筑行业，房地产开发公司由此承担地产开发的任务。这主要由于贵族作为"收租者"的身份，把地产租给开发商后，主要精力和时间放在了政治事务、社会事务和奢侈消费上的缘故。而且，地方政府在城市地产开发中的地位和作用越来越大，贵族在房地产建筑行业受到了极大的排挤。

其二，与郡城贵族一样，贵族还担任海滨城市市长，承担对城市的管理职能。无论是郡城还是海滨城市，贵族虽然不再参与城市地产开发，但是他们凭借自身优势竞选为城市市长（参见表5—3）。海滨城市与小郡城一样，城市规模小，人数少，贵族在这些城市当市长的比率比他们在大城市高得多。从数量上讲，贵族在郡城担任市长的数量远多于海滨城市。

表5—3　　　　贵族担任海滨城市市长：1890—1914 年

城市	贵族家族	任期时间（一届）	任期时间（二届）
德文波特	勒范	1891—1892	
普尔	温伯恩	1897	
伊斯特本	德文希尔	1897—1898	1910
福克斯通	拉德勒	1902	
贝克斯希尔	沃尔	1904—1905	
贝克斯希尔	布拉西	1908	1909
迪尔	阿伯康	1910	

资料来源：David Cannadine, *Lords and Landlords*: *The Aristocracy and Towns*, 1774 - 1967, Leicester: Leicester University Press, 1980, p. 69。

[①] John K. Walton, *The English Seaside Resort*: *A social History*, 1750 - 1914, NewYork: Leicester University Press, 1983, p. 123.

其三，从消费的角度讲，人口增长的消费需求直接推动了英国小城镇的城市化进程。从矿泉海滨城市的兴起来看，王室和贵族都是发起人，他们最先享受城市文明的成果。18世纪矿泉城市涌现了许多商店、剧院、舞厅等设施，同时也是贵族和绅士谈婚论嫁的场所。19世纪，海滨休闲城市是人口增长最快、发展最快的城市，因其出现的时间较晚，吸取了早期大城市规划杂乱无章的教训，其建筑整齐、豪华、舒适。随着英国工业化、城市化的深入，伦敦等大城市的生活节奏加快，社会生活压力大，环境污染严重，人们自然更乐意到乡间海边寻求宁静、缓解精神压力。以贵族为首，中产阶级紧随其后，再次是工人阶级，都先后加入到了海滨休闲生活的行列，各类人口在海滨城市的增长大大超过了其他城市。1851年人口普查资料显示，英国在1801—1851年间，11个海滨休闲城市人口增长率为314%，伦敦为146%，制造业城镇为224%，矿业和金属业城镇为217%，海港城镇为195%，郡城为122%。①

从消费对象来看，贵族修建矿泉城市、海滨城市与郡城一样，均着眼于社会上流人士，考尔索普男爵开发埃德巴斯顿基于这样的目的，德文希尔公爵开发的伊斯特本也是如此。德文希尔公爵在地产规划中采取了类似考尔索普男爵的措施，严禁将地产用于工业建设。不像埃德巴斯顿与其他城市距离较近，伊斯特本完全是一个远离其他城市的新城，铁路、公路交通便利，更适合为上流社会提供一个休闲娱乐的安居之家。

其四，不同阶层的人群都能先后享受到海滨城市的休闲生活方式。18世纪的内陆矿泉城市主要是英国王室和贵族的时尚和社交中心，贵族垄断了矿泉城市的消费娱乐，其他阶层很少有机会光临。从19世纪开始，中产阶级在工业革命中经济实力上升，不仅在财富上赶超封建贵族，而且在行为举止上处处模仿封建贵族，他们通过在海滨城市的消费来确立自己的身份和地位，海滨休闲城镇逐渐演变为中产阶级的娱乐中心。19世纪晚期工人的生活水平逐步得到改善，工人和普通大众也可以轻松地到海边度假。当然，我们需要特别指出的是，社会等级仍然决定了不同阶层有不同的休假方式。贵族有着与生俱来的傲慢，不屑与社会下层为伍。最初贵族不愿意和中产阶级接触，随着中产阶级经济实力强大，他们可以与贵族在休闲生活上展开角逐，贵族因而也逐渐改变了态度。即便如此，在同一个度假胜地，不同阶层的界限还是有所区别。例如在同一个沙滩上，不同阶层的人有着不一样的衣着样式，所聚集在沙滩上的位置也有所不同。用社

---

① Edmund W. Gilbert, *Brighon*, *Old Ocean's Bauble*, England: Flare Books, 1975, pp. 2–3.

会学的知识来解释此类现象，自然的沙滩和旅客都是符号，单个游客的个性特征已经减弱，沙滩更多地反映整个社会所创造的价值符号和精神诉求，同一阶层的集体认同占据上风。

第四节　贵族城市地产开发的经济收益

贵族开发城市的一个主要目的就是出于经济利益驱动，贵族把地产出售给开发商，可获得一次性的丰厚利润，但如果是签署长期土地协议，贵族赚取的利润更高。长期租地可以从以下两个方面获得收益。其一，土地增值。1746年，伯明翰的科尔摩尔地产法案的律师告诉贵族院，如果开发此地产，每亩土地价值会从30先令增加到15英镑，这一预见被后来的事实所证明，1747—1750年开发商买地的成本，每亩在12—16英镑之间。[①] 其二，贵族凭借着土地所有权，如果签署长期土地协议，土地随着时间的推移不断增值，其租金也不断增加，贵族赚取的利润会更高。以土地价值为例，据估计，1845年，英国城市土地价值为3百万英镑，1857年为8.6百万英镑，1867年为16.6百万英镑，1882年为30.1百万英镑。[②]

贵族在得到预期的资金之后，为了获得长期收益，需要把最初的收入花在建筑设计或者修路排渠等方面。以修路和排渠为例，贵族在伦敦、郡城和海滨城市的开销差别较大。虽然伦敦的贵族努力将修建费用降到最低，他们还是逃避不了必要的经济开支。1782年，贝德福德公爵借了22500英镑修建贝德福德广场，其他大笔资金从圣·乔治布卢姆斯伯里建筑公司借来的。1726—1729年威斯敏斯特公爵也贷款11800英镑清理下水道。[③] 郡城的修路和排渠费用开支同样不可小觑。1810—1888年，第三代考尔索普男爵试图把为埃德巴斯顿修路和下水道的费用转嫁到开发商头上，结果未能如愿，考尔索普男爵只好自己花了47000英镑来完成这项工程，拉姆斯登男爵用于此项的开支则更大，到19世纪80年代，这项费用超过125000英镑。与前二者相比，海滨城市在修路和排渠方面的开支最

[①] J. V. Beckett, *The Aristocracy in England, 1660–1914*, Oxford: Blackwell, 1986, p. 280.

[②] David Spring, "English Landowners and Nineteenth-Century Industrialism", in J. T. Ward and R. G. Wilson, ed., *Land and Industry: the Lnded Estate and the Industrial Revolution*, David & Charles: Newton Abbot, 1971, p. 39.

[③] Donald J. Olsen, *The Growth of Victorian London*, London: Holmes & Meier, 1976, p. 37.

高。1788—1799 年，理查德·霍特汗男爵在伯格勒投资 120000 英镑，1850—1893 年德文希尔家族在伊斯特本投资 711000 英镑，1878—1890 年斯卡伯勒在斯克格尼斯投资 53000 英镑。①

贵族的投资收益在各类城市大小不一，他们从伦敦地产得到的回报最大，郡城其次，矿泉城市和海滨城市投入最多，却收益最少。伦敦地理位置优越，伦敦贵族坐享高额地产租金收入。17 世纪 60 年代，贝德福德家族的考文特花园，每年地租收入为 1500 英镑，1669 年他们出租了布卢姆斯伯里，每年获得地租 1200 英镑，他们仅从其中的布卢姆斯伯里市场就能获得 400 英镑的地租费。1732 年，他们从布卢姆斯伯里和考文特花园获得的总租金接近 10000 英镑，1750 年增加到 18000 英镑，1775 年则达到 20000 英镑。布卢姆斯伯里的许多地产一开张，增值就快，1805 年租金为 13800 英镑，1816 年是 25000 英镑，1830 年布卢姆斯伯里的总租金为 66000 英镑。19 世纪 70 年代贝德福德广场合同到期后，新订立的租金立即上涨，1880 年上涨到 104880 英镑，考文特花园市场每年的租金收入也达到了 32000 英镑。②

下面列举的几位土地贵族在伦敦的地产投资中经济收益非常显著。1768 年，威斯敏斯特公爵从梅菲尔地产上收取 1133 英镑房产地租（ground rents）和 312 英镑的上涨租金（improved rents），加上续约后所收取的租金，1789—1792 年之间平均每年所获取的租金是 7268 英镑。1768—1782 年，梅费尔地产每年的租金大约是 3450 英镑，1802 年增加到 5550 英镑，1820 年增加到 8000 英镑。关于梅费尔 1721 年签订的 99 年的契约到期后，再次进行续约，地产收入呈现跳跃式增长势头，租金 1821 年是 20000 英镑，5 年后翻了一倍，1835 年则达到 60000 英镑。威斯敏斯特家族那年在伦敦的地产总收入是 88000 英镑，1865 年是 96000 英镑，1894 年增加到 179000 英镑。而且在 1845—1864 年之间，梅费尔地产收入的总和是 108538 英镑，1874—1899 年收入达到 650000 英镑。其中有两年收入特别突出，1893—1894 年威斯敏斯特家族在伦敦的地产总收入分别为 491135 英镑和 427533 英镑。18 世纪 30 年代中期，波特兰公爵从索霍地产获得大约 3000 英镑租金和改建费，到了 18 世纪 40—50 年代这笔费

---

① David Cannadine, *Lords and Landlords*: *The Aristocracy and Towns*, *1774 - 1967*, Leicester: Leicester University Press, 1980, p. 414.

② David Spring, "English Landowners and Nineteenth-Century Industrialism", in J. T. Ward and R. G. Wilson, ed., *Land and Industry*: *the Lnded Estate and the Industrial Revolution*, David & Charles: Newton Abbot, 1971, pp. 41 - 42.

用超过 4000 英镑，18 世纪 90 年代上升为 4200 英镑。① 当然也有一些伦敦贵族经营房地产失败的情形，例如，福尔克·格雷维尔·霍华德于 1819 年买下汉普斯特德，他没有赚到钱反而赔了本，却让开发商大发横财。

郡城的收益虽无法与伦敦相提并论，总体看来还算良好。1810 年，伯明翰的考尔索普家族在埃德巴斯顿的地产总收入达到 5024 英镑，1850 年激增至 12917 英镑，到了 18 世纪 90 年代收入超过 30000 英镑。1769 年，拉姆斯登家族从胡德斯菲尔德的收入为 3654 英镑，一个世纪以后猛增至 42331 英镑。1850—1894 年，比特家族从加的夫的收入由最初的 3487 英镑激增至 28348 英镑。1800—1860 年，诺福克家族在设菲尔德的地租收入翻了 2 倍多，19 世纪 80 年代纯收入每年累计 10000 英镑。②

相对伦敦和郡城来说，开发海滨城市的收益相对要差一些，这主要体现在最初的收益上，当然经过后来的再订立新合约，租金也有明显的提高。例如，1851 年，拉德勒伯爵从福克斯通的收入仅仅为 838 英镑，到了 1886 年时收入就达到了 8222 英镑。1861 年，绍斯伯特的斯卡里斯布里克信托地产建筑合同收益只有 1052 英镑，1901 年增至 22270 英镑。1885 年，德文希尔公爵开发伊斯特本获得 10000 英镑，大约在同一时期霍顿在托奎的收益达到了 16000 英镑。另外，德文希尔公爵也投资城市基础设施建设例如自来水和天然气，从中获益匪浅，1850—1893 年他的收入总计超过 100000 英镑。需要注意一点，并非所有贵族的投资和回报都让人乐观。1896 年，斯卡伯勒家族从斯克格尼斯的收入仅仅是 2961 英镑。③

总体而言，在开发伦敦、郡城、矿泉海滨三类城市上，贵族的投资与利润关系不成正比例，他们在投资伦敦地产费力最小，获得的利润反而最大，开发海滨城市费力最大，然而获得的利润却相对较小。

---

① J. V. Beckett, *The Aristocracy in England, 1660－1914*, Oxford: Blackwell, 1986, p. 282.
② David Cannadine, *Lords and Landlords: The Aristocracy and Towns, 1774－1967*, Leicester: Leicester University Press, 1980, pp. 415, 432.
③ David Spring, "English Landowners and Nineteenth-Century Industrialism", in J. T. Ward and R. G. Wilson, ed., *Land and Industry: the Lnded Estate and the Industrial Revolution*, David & Charles: Newton Abbot, 1971, pp. 33－34, p. 44.

第六章 交通革命与贵族地产开发

近代英国贵族外出旅游、狩猎、参观、进城、建房、运输煤铁大宗货物、工农业产品等均涉及交通的改进，另外，政府或者其他机构改善交通状况又得经过贵族的允许，双方势必因此而发生争执。英国贵族集团对于交通变革的态度，有的袖手旁观、有的冷嘲热讽、有的极力阻止、有的直接参与、有的倾囊资助，还有的先是反对，后来支持，到最后绝大多数贵族都支持交通改进。本章主要探讨贵族是如何利用地产资源开发公路、运河和铁路，拟探讨贵族开发地产与英国交通革命关系。

第一节 贵族对公路建设的投资

运河时代以前，公路是英国最基本和最传统的运输手段之一。罗马时代和中世纪时期英国陆地运输极端落后，中世纪晚期国家才开始重视道路的维护和管理工作。1555年议会法案确立了教区负责道路管理体制，此后这种制度延续了一百多年。其弊端颇多，如每个教区道路监理员（Surveyor of Highways）的劳动是无偿的，他们并非管理道路的专职人员；全体居民需无偿进行法定劳动，劳动时间为每年4天（1562年增加到6天）等，由此导致了道路的管理不善、资金不足、道路严重失修，以及陆地运输长期依靠畜力驮运等问题。17世纪以后，商品经济日趋活跃，新的重型马车开始使用，更是对道路提出了新的要求。

1663年英国议会通过了第一个收费公路法案（Turnpike Road Acts），即在某些公路上征收通行费的法令，这个法令规定政府不承担道路建设任务，以避免政府会借此扩大权力、增加税收，所以每段路均由当地负责维修与管理。后来，政府允许公路信托公司（Turnpike Trusts）承包和维修公路，授予公路信托公司对使用者收取通行税的权力。公路信托公司首次在伦敦至约克的公路段实行管理，而负责征收通行费的检察员和监督员由各地的地主选出，教区则不再管理道路。公路信托公司盛行于17—19世纪初，负责英国主要公路的修建和投资。

公路信托公司投资者的来源渠道十分广泛，1750年前主要是绅士、地主、约曼农、农场主和贵族；后来商人、制造业主、工匠比重不断增大，牧师、当地慈善机构也加入。参与者虽然身份复杂，不过大部分的资金来源于土地利益（Landed Interest）阶层，其投资明显要多于工商业阶层。例如，18世纪末，工业投资人萨谬尔·欧德娄参与了他工厂附近的交通计划，包括四条公路和皮克森林运河。资料显示，他只是象征性地投资修路。其中的两条路，一条是从查珀伦勒弗里斯公路至昂特尔克拉夫大桥，萨谬尔·欧德娄的资助甚微；另一条是从格洛瑟普路至马普尔大桥，由当地的贵族和农场主大力出资修建，这一条路比前一条更长，路况也更好。优质的道路可以提高一个地区的竞争力，有利于圈地、接近市场、减少交通费用，道路维修的责任虽然落在贵族手里，但他们可以从中受益。所以，当时的公路大多由贵族投资便不足为奇。M. W. 弗林曾说："正常消费所需的剩余资本高度集中在地主阶级手里，如果经济要继续发展，资金首先理应出自他们之手。"[1]

工业革命开始后，英国公路的发展突飞猛进。1750年伦敦形成了13条主要的公路线，连通了伦敦和曼彻斯特、布里斯托尔、伯明翰、约克、多佛等主要的大城市。143家信托公司管辖的范围达到3400英里。1770年，500家信托公司负责管辖15000英里长的公路。[2] 18世纪前半期，英国的道路立法平均每年大约为8个，1750—1770年，平均每年增加到40个以上，1770—1790年略有下降，平均每年37个，1790年以后又开始增加。1791—1810年，平均每年超过55个，1810—1830年，平均每年超过60个。[3] 除了立法之外，政府和一些公司还加大资金投入，据估计，1809年收费公路的开支超过2百万英镑，到1814年，公路的开支每年是140万英镑。19世纪初，英国的公路和桥梁的总开支达350万英镑。[4] 总之，英国各地公路网建立起来，其变化速度惊人，英国人曾经这样自豪的称

---

[1] Derek H. Aldcroft and Michael J. Freeman, ed., *Transport in the Industrial Revolution*, Manchester: Manchester University Press, 1983, pp. 53 - 54.
[2] R. Porter, *English Society in the Eighteenth Century*, London: Allen & Unwin, 1982, p. 208.
[3] Phyllis Deane and W. A. Cole, *British Economic Growth, 1688 - 1959*, Cambridge: Cambridge University Press, 1969, p. 236.
[4] Francois Crouzet, *The First Industrialists: The Problem of Origins*, Cambridge: Cambridge University Press, 1985, p. 110.

赞道：

> 在一个国家的内陆交通方面，人们从未见过任何革命能够比得上英国在几年时间内所实现的那种变革。谷物、煤炭、各种货物的运输，几乎只需以前所用的马匹的半数。商业旅行快了一倍以上。农业进步与商业进步并肩前进。一切都呈现繁荣的样子，我们的一切出产都增加了价值。作为这个大运动的枢纽的东西就是我们道路的改革。[①]

英国公路系统的进步降低了运输成本与运输价格，增加了商品的流通速度，为工业革命奠定了良好的基础。

一 贵族支持修建公路的原因

公路的改进离不开贵族的大力投资，贵族支持修路的原因可从以下两个方面进行分析。

首先，改善商品运输条件是影响贵族积极参加公路改造的一个重要动因。1766年林肯郡地主威廉·德瑞克在管家的劝说下投资波士顿——威伏理特公路和帕特尼公路，还投资了500英镑改善现有路面。威廉·德瑞克投资的回报利润惊人，其中一个原因即是在于他的羊毛不仅在夏季而且能在任何时候都可以通过修建的公路运输出去进行交易。[②] 18世纪60年代，格罗斯韦勒勋爵关心收费公路的立法，支持"大型车辆法"，从而改善了他的矿产品从威尔士运到英格兰。斯塔福德郡的比尔家族、乡绅、矿主支持当地工商业巨头斯鲁斯伯瑞伯爵和巴哥特爵士开发运河，同时对改建道路深感兴趣，1780年他们计划在自己的地产附近购买一家农场，以便改建附近的公路，目的是方便把石灰运给佃户。再以运煤为例，如果用马车来拉，显然可以提高运输效率，但这反过来又对路况的要求比较高，因此近代英国仅仅是为了运输煤炭就催生了许多修路计划。1725年，修建利物浦——普雷斯科特公路的主要动机就是为了运煤。莱韦森—高尔家族地产资源丰富，运输矿产品需要改善当地交通，该家族的几位成员以及

[①] [法] 保尔·芒图：《十八世纪产业革命——英国近代大工业初期的概况》，杨人楩等译，商务印书馆1997年版，第90页。

[②] William Albert, *The Turnpike Road System in England*, 1663 – 1840, Cambridge: Cambridge University Press, 1972, pp. 113 – 114.

他们的地产代理人被提名为斯塔福德郡公路法的委托人，他们积极支持1728年、1735年斯塔福德郡公路法在议会上通过。① 18世纪五六十年代萨默塞特郡和沃里克郡煤田因为修路而使地主受益。煤的重要性有时反映在运输煤时往往收取较低的通行费，所以德比郡和南威尔士的煤矿主很热心的支持修路。②

其次，贵族为方便圈地而大力支持改造教区道路。道路不通畅是影响贵族圈地的一个因素，为此，贵族通常通过圈地法案来改造道路，圈地法案往往授权由贵族组成的圈地委员会废除旧路、重建新路。1781年议会制定了一个方案，授权圈地委员会执行这样的决议，即修建的道路必须宽40英尺，而且必须在当地法官的检验之下方能验收合格，并对当地教区维修和保护公共道路作出了详细规定。③ 道路新修的好处可以从圈地前后的地图上反映出来。林肯郡北部亨伯河畔的巴顿在圈地前只有2条道路通往整个教区，圈地发生时另修建了6条新路，这极大便利了教区与附近村庄的联系。在圈地委员会授权下，很多新修的道路都长期存在，其宽度、长度、承载量和坚固性等指标远远超过以前的道路，甚至在200年以后，英国人仍旧能够感觉到这些道路带来的好处。④

与运河和铁路不同，公路改造不发行股票。公路信托被认为是维持现有服务的临时手段，是教区路面维修的一种补充。虽然路面修补、建收费站等需要资金，但是这些资金需求额度有限，而且可以贷款以备急用。总之，贵族的贡献是其他集团难以比拟的。他们有义务维护水陆交通干线（King's Highway）的日常运转，并继续投资公路的建设。例如，煤矿主罗杰·纽迪盖特爵士投资了考文垂—欣克利公路，18世纪七八十年代，达德利和高尔勋爵投资了西米德兰的信托公司。设菲尔德的德文希尔公爵占有6条公路的股份，还占有公路股份的贵族地主分别有诺福克公爵（5条）、波特兰公爵（3条）、利兹公爵（2条）、豪德尼斯公爵（2条），当地许多其他贵族都拥有1条公路的股份。

---

① J. R. Wordie, "Aristocrats and Entrepreneurs in the Shropshire Mining Industry, 1748 – 1803", in C. W. Chalklin and J. R. Wordie, ed., *Town and Countryside*: *The English Landowner in the National Economy, 1660 – 1860*, London: Unwin Hyman, 1989, p. 195.
② M. W. Flinn, *The History of the British Coal Industry, 1700 – 1830, Vol. 2*, Oxford: Clarendon Press, 1984, pp. 147 – 148.
③ G. E. Mingay, *Parliamentary Enclosure in England: An Introduction to Its Causes, Incidence, and Impact, 1750 – 1850*, New York: Longman, 1998, p. 48.
④ Ibid., pp. 49 – 50.

有时候贵族愿意投资大部分资金，1809年建立的公路信托基金用来改建罗瑟勒姆北部到斯温顿的公路，其大部分资金由菲茨威廉伯爵和他的继承人米尔顿勋爵提供。贵族的号召力、公信力非常强，只要贵族支持修路，公路信托组织就能够筹集到足够的资金，当德文希尔公爵和诺福克公爵为修路作出私人担保时，那些不愿意出钱的投资者也积极提供一定的资金。①

19世纪初，当铁路出现时，交通运输的任务主要由铁路承担，公路成为铁路的"支线"，可以从中赚取利润收费公路逐渐从英国的公路系统中消失，公路的功能逐渐演变成为民众提供有保障的定期服务和经常性公益服务。

二　因贵族反对而流产的修路计划

一些贵族，特别是全靠农业为生的贵族，则反对交通改良。反对的主要原因是他们害怕交通改良会加剧当地市场的竞争、引起地租和价格下降。金斯顿文献记载了收费公路带来的后果。1763年白金汉郡汉斯洛佩地区的管家是这样来解释农场主拖欠巨额租金的，汉斯洛佩的土地每年都出租，地租比以前高，由于距离伦敦远，交通得到改善之后，收费公路方便了伦敦市场。因在市场竞争中失利，当地佃农反而变穷，伊格顿公爵因此不得不考虑相应减少佃农要交付的地租。②

直到19世纪中期，英国议会仍由地主阶级控制，贵族在议会里常常发生利益冲突，交通改善计划的实行并非一帆风顺。托管（trusts）和联合股份公司经营收费公路、运河、铁路、码头，这些机构都需要立法审批，申请者的议案和诉求要想成功，必须获得当地议院和贵族的支持。1801年，格林希尔莫尔公司游说菲茨威廉伯爵支持一条收费公路延伸到设菲尔德。不幸的是，该公司的受托人冒犯了诺福克公爵，诺福克公爵感到利益受到威胁，于是加以反对。最后各方只好按照各自利益进行妥协解决。另外一条收费公路申请批准照旧困难重重，原计划从设菲尔德修建一条公路到巴德比，途中主要经过诺丁汉，但是波特兰公爵在18世纪80年代反对该计划，最后导致该计划流产。③

---

① J. V. Beckett, *The Aristocracy in England, 1660–1914*, Oxford: Blackwell, 1986, p. 252.
② G. E. Mingay, *English Landed Society in the Eighteenth Century*, London: Routledge & Kegan Paul, 1963, p. 196.
③ J. V. Beckett, *The Aristocracy in England, 1660–1914*, Oxford: Blackwell, 1986, p. 258.

第二节 贵族掀起的"运河热"

在铁路时代之前，陆路运输费用昂贵，运输大宗商品，例如煤、铁矿、砖、木材、石头、农产品等常常步履维艰，这限制了区域经济的发展。重物的运输主要靠运河来完成，修筑运河的初因就是为了满足煤炭运输的需要。英国最初的运河开发都与煤矿的开采关系密切，1719—1727 年道格拉斯河的修建几乎与利物浦东北的威根周围的煤矿开采同时发生，1755 年圣基河的修建与圣海伦斯矿的开发也是同步进行。[1]

由布里奇沃特公爵开凿的英国历史上第一条运河——沃尔斯利运河也同样由于开采煤炭的缘故。布里奇沃特公爵在曼彻斯特附近有很多煤矿，由于运输成本偏高，使煤的开采受到极大的限制。布里奇沃特公爵是这个工程的投资者和倡导者，他最初投资了 300000 英镑建运河，目的是把煤从沃尔斯利运到曼彻斯特。后来他将自己几乎全部家产投入到运河的建设中去，其间历经艰辛，企业险些破产，但他敢冒风险，在工程师詹姆斯·布林德利的帮助下，于 1761 年建成了沃尔斯利运河。该工程的胜利使曼彻斯特的煤价下跌一半，价格从 7 便士降至 3.5 便士。[2] 布里奇沃特公爵几乎成了运河修建的代名词，他修建的运河被誉为最伟大的"贵族奇迹"。之后，许多贵族便接二连三地开凿运河，纷纷仿效布里奇沃特公爵。可以说是贵族开创了英国历史上的运河时代，在不到 30 年的时间里，整个英国出现了四通八达的航运网。

在米德兰地区，多数运河的开发也与开矿和运煤有联系。1775 年奈杰尔·格里斯利从他的煤矿区开隧道运煤，即从斯塔福德郡的阿佩戴尔到纽卡斯尔安德莱姆之间进行开凿。两年以后，萨尼特伯爵自己修建了斯基普顿卡斯尔运河，从而可以将石灰等原料运到利兹和利物浦运河。纽沃克勋爵投资德恩迪恩运河，其目的为大量开采煤矿提供了必需的运输条件，而斯塔福德侯爵在什罗普郡修筑运河的目的就是为了开发铁矿。与此同

---

[1] [法]保尔·芒图：《十八世纪产业革命——英国近代大工业初期的概况》，杨人楩等译，商务印书馆 1997 年版，第 95—96 页。
[2] G. E. Mingay, *English Landed Society in the Eighteenth Century*, London: Routledge & Kegan Paul, 1963, p. 198.

时，许多著名的土地贵族例如马尔伯勒公爵、巴克卢公爵、诺思勋爵、斯潘塞勋爵都纷纷支持1768年的考文垂和牛津运河方案。尽管英国南部的贵族对水上交通改良的愿望并不迫切，但还是受到"运河热"的影响，如果说设菲尔德勋爵是开发苏塞克斯乌斯河的领军人物，那么斯坦诺普勋爵就是修建比德运河的推手。虽然索尔兹伯里运河和南安普敦运河没有成功开凿，但贵族仍然是重要的支持者。① 贵族之所以对新的运输方法感兴趣，原因在于这可以大大增加他们在矿山、采石场、森林的收入，英国贵族历来懂得怎样充分利用经济革命和政治革命来达到目的。②

英国交通状况得以改进的功劳与贵族的贡献自然是密不可分，当议会允许贵族通过运河议案时，大地主在运河工程中的作用更为关键。早期的运河，如沃尔斯利运河、特伦特运河、墨西运河对贵族资本依赖性很大。上文提及的第二代高尔伯爵也积极投资运河建设。伦特特和墨西位于偏远的农村，第二代高尔伯爵决定在墨西和特伦特之间修建一条运河，这个修建运河的计划在议会得以通过很大程度上是工业家和贵族齐心协力的结果。首先，伯明翰的工业家支持该计划，其主要目的是为米德兰的工业家提供交通便利。塞缪尔·加伯特，这位伯明翰的工业家发起人之一，积累了相当丰富的议会游说经验。他曾经写信给亨廷顿伯爵寻求援助，请求高尔伯爵高抬贵手，获准修建运河的议案通过。其次，高尔家族在特伦特河和墨西河的修建中起主要作用。1758年，第二代高尔伯爵雇用詹姆斯·布林德利勘察特伦特和墨西之间地形，并论证在这两地修建运河的可行性。另外，一位名叫乔赛亚·韦奇伍德的工业家也赞成修建运河，他决定上书议会请求特伦特河和墨西运河方案通过。1765年12月，第二代高尔伯爵为此事亲自召开大会，他甚至允许自家的府邸——特伦萨姆大厅用作贵族和工业家开会的场所。会后高尔伯爵亲自向议会立法提出申请，在塞缪尔·加伯特看来，高尔伯爵的叔叔布里奇沃特公爵的名望大，由布里奇沃特公爵牵头会使其他议员帮助他通过立法。最终，在工业家和贵族地主的共同努力下，该计划获得立法通过。布里奇沃特公爵和高尔伯爵分别投资2000英镑赞助该计划，塞缪尔·埃杰顿出资3000英镑。③ 1766年1月17日，德比·默丘赖报告说："高尔伯爵下定决心支持修建运河完全凭兴

---

① G. E. Mingay, *English Landed Society in the Eighteenth Century*, London: Routledge & Kegan Paul, 1963, p.198.
② ［法］保尔·芒图：《十八世纪产业革命——英国近代大工业初期的概况》，杨人楩等译，商务印书馆1997年版，第100页。
③ J. V. Beckett, *The Aristocracy in England, 1660-1914*, Oxford: Blackwell, 1986, p.259.

趣,这种决心既是地方声音的表达,又是政治上的反映。"① 此外,高尔伯爵还在利勒沙尔地产上开凿唐宁顿伍德运河以便运输煤、石灰和铁等资源。1787年,他又投资什罗普郡运河和斯鲁斯伯里运河,这两个运河连通了他在利勒沙尔和凯特利的工厂。

其实,贵族从运河投资获得的利润回报率不尽相同。例如1782年,约克郡的菲茨·威廉姆斯以1300英镑出租德温特运河航运权,19世纪初他将租金增加到3000英镑,但是菲茨·威廉姆斯的收入如果与莱姆斯登家族的收入相比就逊色得多。到1841年,莱姆斯登家族每年从运河中得到的收入大约是5000英镑。②

贵族投资运河前会仔细衡量利弊,大多数运河公司往往从多种渠道吸收资金。J. R. 沃德博士认为贵族投资运河并不是一种普遍现象,贵族在运河公司资本中只占一部分比例。据沃德博士的计算,1755—1815年,在修建内陆河流所耗费的资本中,贵族资本占24.3%,资本家资本占21.4%,制造业主资本占14.7%,商人资本占17.6%,专业人士资本占10%。③ 贵族的投资虽然没有其他几个阶层投资的总和那么多,但是就单个阶层而论,贵族的投资总额还是最大的。

因投资运河所获得的经济效益可观,在1793年左右,英国掀起了一波修筑运河的热潮。出于对高额利润追求,出现一些贵族投资运河股票投机的事件。一些历史学家认为英国贵族在交通革命的初期起到关键作用。例如1758—1801年间通过的165项运河法中,至少90项与运煤有关,这期间运河股份公司发行的1300万英镑的股票中,多数为贵族地主购买。④ 哈罗德·珀金认为,大多数早期的运河和航运即使不是当地地主发起修建,也是得到了他们的支持,一般情况下,如果没有地主在议会的积极支持,交通革命几乎不可能发生。⑤ 罗伊·波特认为英国当时收费公路和运河修建公司所得到的主要资本来自各地方上的股东。⑥ 而这些股东中的大

---

① J. R. Wordie, *Estate Management in Eighteenth-century England: The Building of the Leveson-Gower Fortune*, London: Royal Historical Society, 1982, p. 56.
② J. V. Beckett, *The Aristocracy in England, 1660 – 1914*, Oxford: Blackwell, 1986, p. 260.
③ Derek H. Aldcroft and Michael J. Freeman, ed., *Transport in the Industrial Revolution*, Manchester: Manchester University Press, 1983, p. 120.
④ J. D. Chambers and G. E. Mingay, *The Agricultural Revolution, 1750 – 1880*, London: Batsford, 1966, p. 203.
⑤ Harold Perkin, *Origins of Modern English History, 1780 – 1880*, London: Ark Paperbacks, 1969, pp. 76 – 77.
⑥ R. Porter, *English Society in the Eighteenth Century*, London: Allen & Unwin, 1982, p. 205.

多数又是地方上的土地贵族。如果没有他们的支持，交通革命很难发生。

但是贵族对交通革命的态度也并非一成不变，许多全靠农业为主的贵族反对交通变革。1759年布里奇沃特第三代伯爵第一个运河方案被讨论时，几个贵族联合起来反对，理由是运河对贵族各自的财产和土地不公平。又如，威弗河航运议案也曾遭到大地主和佃户的反对，他们反对航运的主要原因如下：首先，他们认为交通的改善会加剧当地市场的竞争，引起地租和价格下跌。其次，航运往往令人讨厌：驳船经过时船员践踏庄稼、偷牲畜，他们的马会吃牧场上的草。农场主也持反对意见是因为运河常常影响水位，淹没岸边草地，冬季更容易引发洪灾造成重大损失。最后，很多农场主积极从事陆地运输业，害怕失去这份副业。以后的运河方案也以类似原因遭到反对，例如瓦伊河改良方案引起肯特伯爵和当地自由土地持有者的抗议，因为肯特伯爵铁厂的垄断地位受到威胁。1780年，侯沃德勋爵反对市民和商人扩建斯多特福德到剑桥的运河，同时贝辛斯托克运河和安多弗运河也遭到了当地地主的反对。①

第三节　贵族与铁路修建

一　贵族对修建铁路的态度

如果说18世纪是运河的世纪，那么19世纪可以被描述为铁路的世纪。1825年9月27日，世界上第一条行驶蒸汽机车的永久性公用运输设施——英国斯托克顿至达灵顿的铁路正式通车，这标志着近代铁路运输业的开端。铁路以其便利、迅速、经济等优点，深受大众的喜爱而取代了运河，此后英国掀起修建铁路的狂潮。铁路改变了贵族的生活方式，他们的农产品运输比以前更为迅速方便。铁路使贵族能够非常便捷地管理自己的地产、更方便的外出狩猎，还可以自由往返于伦敦和其他城市。事实上由于铁路提供了交通便利，有的贵族在乡村修建了住宅用于周末度假。不过，有些贵族对铁路的出现持否定和怀疑态度。一方面，火车使城市人很容易到达农村；另一方面铁路带来了负面影响，例如火车声音大、污染空气。铁路、火车在当时被视作为资本主义的明显标记，贵族对铁路持否定态度，在某种程度上也反映出他们对资本主义心存畏惧。

---

① G. E. Mingay, *English Landed Society in the Eighteenth Century*, London: Routledge & Kegan Paul, 1963, p. 197.

具体而论，许多贵族认为铁路会侵犯他们的隐私，于是尽力保护自己的花园和地产免遭开发。也就是说，是否要修建铁路，贵族一般会从如下几个方面进行考量：保护私人财产，佃农放弃种地转行去经营旅馆，保护佃农的庄稼和确保运河投资。利物浦——曼彻斯特铁路的修建计划刚提出时，德比勋爵和塞夫顿勋爵便极力反对铁路穿过他们的土地，埃克塞特勋爵批评大北铁路，原因是铁路太靠近布莱地区，菲茨威廉伯爵害怕铁路会引起森林的分割，破坏了打猎的风景。维林顿公爵最初坚持斯特拉特菲尔德萨伊在 5 英里以内不准建车站，后来才勉强答应在莫蒂默 3 英里以内建一处车站。一些贵族反对的态度非常坚决，例如在伦敦—洛维奇铁路建成后，萨菲尔德女士宁可从布利克林坐马车前往大城市，也不愿意在火车里面与人擦肩而过。[1]

贵族不仅仅要保护自己的花园和房屋免遭铁路干扰，还要顾全他们在伦敦的高级建筑和其他大城市的郊区免遭开发。贝德福德公爵成功地维护了布卢姆斯伯里地产，避开了伦敦—西北铁路从此穿过。19 世纪七八十年代，考尔索普家族力图避免伯明翰—布里斯托尔铁路的主线穿过埃德巴斯顿，反对无果后，他只得限制再建铁路支线和在铁路附近建工厂。在福克斯通，拉德勒伯爵为使自己能够开发一处高档别墅，阻止了东南铁路发展方案的实施。[2] 但是在经济利益的刺激下，贵族改变了以往强烈反对修建铁路的做法，转而开始支持铁路的建设。

贵族对铁路投资态度的转变，在修建伦敦—伯明翰铁路中表现得最为典型。伦敦—伯明翰铁路全长 112 英里，多数路段经过农业用地。1830 年该铁路刚刚宣布修建时就遭到了贵族的强烈反对。他们反对的理由甚多，具体而言，克莱雷登勋爵和埃塞克斯勋爵反对铁路穿过他们的花园和土地；约翰·司各特爵士认为铁路会破坏旅馆的住宿条件；黑斯廷斯侯爵认为铁路会破坏佃农的庄稼；格朗特先生害怕铁路会与运河竞争，因为他手上有运河股票；北安普敦的查理斯·莱特里、威廉·维克和格拉夫顿公爵谴责铁路是投机行为，故意侵犯私人权力；卡姆登侯爵以无法判断铁路是否对公众有益而加以反对；克莱文勋爵反对仅仅是为了附和邻居的意见，因为邻居约翰·斯科特爵士强烈反对。由此可以看出贵族反对的理由是多样化的，但主要还是基于经济利益的考虑。鉴于此，伦敦—伯明翰铁

---

[1] David Cannadine, *Aspects of Aristocracy: Grandeur and Decline in Modern Britain*, New Haven: Yale University Press, 1994, p. 56.

[2] Ibid., p. 57.

路董事会于 1832 年与一些有影响力的地主，例如克莱雷登勋爵、埃塞克斯勋爵、格朗特先生、约翰·司各特爵士、黑斯廷斯侯爵和迪格比勋爵等谈判，协商最后取得了成功。① 其实铁路对公私都有利。1845 年黑贝特·斯潘塞认为铁路建设十年的经历改变了他们的观念，他们都期待土地的增值价值。同一年贝德福德公爵对他的代理人克里斯托芬·海迪说："铁路成为全国性的大工程，地主应该在各自的线路上拥有股份。"②

二 贵族在铁路投资中取得的利润

许多贵族在面对农业土地遭到损失的情况下，期望能从铁路公司得到足够的赔偿。例如拉姆斯登家族所在的胡德斯菲尔德，西赖丁羊毛工业中心位于该城，1801—1841 年胡德斯菲尔德人口增加三倍，因而吸引了铁路公司前来投资，拉姆斯登家族占据的一条运河正好是主要的交通要道，这条运河把胡德斯菲尔德和赫尔、曼彻斯特、利物浦连接起来。毫无疑问，这条运河对城市发展有着重要的影响，它曾给拉姆斯登家族带来大约 5000 英镑的年收入。19 世纪 40 年代铁路竞争激烈，完善的管理尤为必要，在著名地产经理和顾问詹姆斯·洛赫之子乔治·洛赫的建议下，拉姆斯登家族将运河卖给新成立的胡德斯菲尔德—曼彻斯特铁路公司，价钱在 46000 英镑以上，土地的售价卖到了最高点。③

关于修铁路贵族所能得到的土地赔偿金是个敏感的问题，贵族通常要求铁路公司赔偿自己失去土地的经济损失，可是一些贵族趁火打劫，大肆索取过多的赔偿金。而铁路公司常常为了避免计划被严重推迟，只好忍痛花钱消除贵族的抱怨和反对。例如某个贵族同时也是一位议员，他在里本附近有一小块地，兰卡斯特—卡里斯勒公司为了征用他的土块修建铁路，付出了 3000 几尼（几尼是英国货币单位，价值 21 先令，现值 1.05 英镑）的赔偿金。1845 年菲茨威廉伯爵写信给胡德森讨论彼特巴罗—塞斯顿铁路议案的情况，他说："我希望你乘机与哈博罗勋爵搞好关系。议会还没有同意铁路穿过哈博罗勋爵家的花园，我知道议会决不同意，对此我万分焦急。"菲茨威廉伯爵讨厌大北铁路从王家大道经过约克，这条铁路经西

---

① David Spring, "English Landowners and Nineteenth-Century Industrialism", in J. T. Ward and R. G. Wilson, ed., *Land and Industry: the Lnded Estate and the Industrial Revolution*, David & Charles: Newton Abbot, 1971, pp. 21 – 22.
② Ibid., p. 25.
③ J. V. Beckett, "Landownership and Estate", in G. E. Mingay, ed., *The Agrarian History of England and Wales*, *Vol. VI*, Cambridge: Cambridge University Press, 1989, p. 577.

奇恩、威尔赖恩和哈特菲尔德，但是没有经过林科恩、纽沃克、斯塔福德郡和贝德福德郡，这既不是一条最便捷的铁路线，而且打猎的森林将受到破坏。① 相对于贵族大地主来说，铁路公司发现小地主往往索要更不合理，他们甚至要求赔偿高出20倍的土地价格。为了不让贵族反对铁路议案，J. 弗朗西斯说："为避免反对，小块土地赔偿费用为5000英镑、6000英镑、10000英镑、30000英镑、甚至35000英镑不等。"②

  贵族索要高额的赔偿金是引起地价上涨的主要因素。铁路建设的前25年（1825—1850年），土地赔偿费用占26家大公司开支的17%以下，远远低于修建铁路成本的25%，贵族因没有获得足够的利益，而反对之声最高。所以后来贵族开始在赔偿金上面提出了更高的要求，其中最典型的例子是东部郡县铁路赔偿了彼特勋爵120000英镑，而彼特勋爵那块地实际只值5000英镑。当然这只是一个较为极端的例子，其他贵族索赔的金额要适度一些。例如，埃利斯贝利侯爵从大西铁路获得19000英镑，而乔治·雷恩佛克斯很乐意把地卖给14家英格兰和爱尔兰公司。诺森伯兰公爵煤矿利润丰厚，于1847—1851年获得铁路赔偿费23000英镑。这样往往会导致铁路的修建成本大大超过预算，例如，利物浦—曼彻斯特铁路预计费用为510000英镑，最后总共耗资739165英镑，其中土地费用高达95305英镑。伦敦—伯明翰铁路总耗资4751135英镑，土地费用预算是250000英镑，最后的土地费用是原来的两倍多，具体数额为537596英镑。③

  事实上，铁路对城市和郊区的地产价值产生了较大的影响，它比其他工程更能增加土地经济效益，一旦铁路沿线的地产价格增加，铁路公司的赔偿金就随之上升。铁路公司给贵族的土地赔偿金通常是土地市场价格的两倍，特别是用来开发城市的土地。铁路沿线的地价飞涨，有时候城市郊区土地涨幅达到10—20倍。19世纪60年代雅布洛伯爵曾鼓励林肯郡兴建铁路，林肯郡的土地经纪人认为车站附近的农田出租金额增加了5%—20%，该郡之所以成为英格兰主要的小麦生产地，很大程度上是由于这里建成了铁路。④ 随着经济的发展，贵族意识到了这些间接收益的重要性。

---

① F. M. L. Thompson, *English Landed Society in the Nineteenth Century*, London: Routledge & Kegan Paul, 1963, pp. 258 – 259.
② Harold Pollins, "A Note on Railway Constructional Costs, 1825 – 1850", *Economica*, Vol. 19, No. 76, November 1952, p. 398.
③ Ibid., p. 404.
④ J. V. Beckett, *The Aristocracy in England, 1660 – 1914*, Oxford: Blackwell, 1986, p. 243.

例如德比伯爵曾反对 1825—1826 年的利物浦—曼彻斯特铁路公司法案，1830 年铁路开通时，他反而第一个表示祝贺。1825 年，邓弗里斯郡的绅士提议让一条铁路经过他们的土地而不收赔偿费。19 世纪 30 年代初理查德·厄多斯顿自愿提供土地来资助大章克申铁路的修建。东北部的很多煤矿主也无偿提供土地建铁路，例如修建伦敦—克罗顿铁路时就很少遇到过赔偿金之类的麻烦，修建巴罗的铁路时也是如此。①

当铁路的优势开始超过运河时，一些贵族的利益面临严重挑战，即他们面临利益选择的冲突，莱韦森·高尔家族是一个典型。1750 年，莱韦森—高尔家族参与收费公路和运河建设，1803 年，该家族继承了布里奇沃特第三代公爵的地产，并从中获利。第二代斯塔福德侯爵终身占有该地产，他死后传给二儿子弗朗西斯·埃格顿·高尔勋爵。这笔可观遗产价值在 200 万英镑以上，但在 19 世纪 20 年代传给斯塔福德侯爵时带来了挑战。1824 年，利物浦—曼彻斯特铁路修建，这对水上交通提出了挑战，运河公司明确表示反对，并且试图争取公众的支持。1825 年这场争议，以利物浦—曼彻斯特铁路公司的失败而告终，这预示着运河改良出现转机。于是，斯塔福德侯爵在布里奇沃特运河投资了 58000 英镑，同时在伯明翰—利物浦联通运河公司里占有 200 个股份。1825 年年底，斯塔福德侯爵决定改变策略，把未来的投资放在铁路上。在他刚刚支持当地运河股东反对伯明翰—利物浦铁路的三周以后，他购买了利物浦—曼彻斯特铁路的 1000 个股份，在利物浦—曼彻斯特铁路公司投资了 100000 英镑，占整个股份的 1/5，这对铁路的修建至关重要，因为这实际上保证了修建这条铁路的议案在议会可以顺利通过。1826 年，议会果然通过该议案。1827 年，该铁路和伯明翰—利物浦运河同时开工。对此，他投资铁路公司以求未来的发展，同时防止运河的利润被削减，事实证明此举实乃明智。1830 年他在利物浦—曼彻斯特铁路、布里奇沃特运河、伯明翰—利物浦运河取得了三倍利润，他为此深感自豪。1833 年斯塔福德侯爵去世，其在铁路的利润传给大儿子第二代萨瑟兰伯爵，布里奇沃特运河传给二儿子，幸亏他们兄弟没有内讧，而是一起参与了英国的交通建设，直到 19 世纪，布里奇沃特运河仍旧为莱韦森—高尔家族创造了利润。②

---

① Harold Pollins, "A Note on Railway Constructional Costs, 1825 – 1850", *Economica*, Vol. 19, No. 76, November 1952, p. 399.
② J. R. Wordie, *Estate Management in Eighteenth-century England: The Building of the Leveson-Gower Fortune*, London: Royal Historical Society, 1982, p. 142.

三　19世纪的英国铁路建设

1825—1850年英国铁路建设处于早期阶段，铁路主干线基本上是在这一时期修建完成的。贵族总体上对铁路主线和主干道的修建不太感兴趣，他们始终认为铁路是一项危险的投资，因此他们并没有把资金投到主要的铁路干线修建上来。他们更关心铁路支线的修建，这些支线往往会更方便运输煤炭、农产品。尤其是涉及煤矿运输的铁路线，吸引了大批的贵族资本，19世纪三四十年代，贵族投资在运输煤炭的铁路上的资金要高于投资在公路上的资金。在这一时期，贵族和乡绅是莱斯特和斯瓦林顿铁路的最大投资者，他们的资金占到总投资额的41%。

一般而言，在铁路开发的初期，铁路公司主要的资金来自制造业和商业部门，来自贵族、缙绅等土地阶层的资金稍逊一筹。表6—1反映了这一特点。

表6—1　　　　　　1833—1845年贵族投资铁路公司

公司	日期	贵族、绅士、缙绅投资所占百分比
大汇	1833	20%
	1845	34%
伦敦—伯明翰	1833	16%
	1837	31%
伦敦—南安普敦	1834	27%
	1839	40%
大西	1835	20%
	1835—1836	31%
莱塞斯特—斯瓦林顿	1830	41%
	1833	40%
	1837	41%
斯多克顿—达灵顿	1823	15%
	1830	10%
	1838	12%
	1844	38%
大北	1836	24%
	1838	12%
	1845	9%

资料来源：M. C. Reed, *Investment in Railways in Britain, 1820-1844: A Study in the Development of the Capital Market*, London: Oxford University Press, 1975, p.124。

从表 6—1 可以看出，贵族和乡绅对铁路的投资波动性较大，投资比例时升时降。例如 1833 年他们在伦敦—伯明翰铁路中的投资占 16%，1837 年上升至 31%。1834 年他们在伦敦—南安普敦铁路中的投资占 27%，1839 年增加到 40%。而对于英国的大北铁路，1836 年他们占有 24% 资金，1845 年只有 9%。铁路投资的资金数额巨大，周期长，风险大，贵族往往在看到了铁路的潜在经济效益时，才非常积极地参加。

总体而言，贵族在铁路建设中的重要作用与日俱增。1845 年西赖丁贵族阿利斯伯里侯爵夫妇与威克姆家族签约赞助铁路修建工程，他们分别出资 59333 英镑和 33635 英镑。第二年，博蒙特出资 10750 英镑，拉尔夫·克雷凯出资 19375 英镑先后加入其中，壮大了贵族在铁路中所占股份的比例。1843—1852 年之间，里布斯顿的约瑟夫·登特在 11 个公司投资大约 31380 英镑，费兰德家族在大西铁路公司、10 家其他铁路公司、8 家运河公司拥有股票。[1] 从 19 世纪 40 年代末开始，许多贵族把修建铁路视作开发非农业地产的基本方式。如诺森伯兰公爵投资波德郡铁路，因为修建这条铁路可以方便运输他在北林汉的铁矿和普莱西兹的煤矿，诺福克公爵修建了一条铁路支线连接格罗索普，曼彻斯特和设菲尔德铁路因此连通。又如，弗内斯铁路 1846 年建成，它的主要功能就是运煤，这条铁路的原始资本是 75000 英镑，巴克卢公爵、伯林顿伯爵、本杰明·柯勒、德文希尔家族和代理人各出 15000 英镑。1848 年本杰明·柯勒去世，伯林顿伯爵成为公司的主席，1854 年他的铁路股份增值到 400000 英镑，1864 年增加到 600000 英镑，1865 年飙升至 1500000 英镑，1870 年达到 3000000 英镑，1882 年又翻了一倍，攀升至 6000000 英镑。[2] 弗内斯铁路把巴罗港与内地连接起来，可以非常便捷的运送铁和石灰，这为巴罗成为海港和工业城市奠定了基础。约克郡的第五代菲茨威廉伯爵是南约克郡铁路的一名股东，他支持当地的铁路建设，尤其赞同修建涉及运煤的路线。铁路对他经营煤矿意义重大，为了资助约克郡南部运煤铁路的修建，他卖掉了德文河的航运权。[3]

维多利亚中期（19 世纪 50—70 年代）铁路支线极大地提高了贵族地产的经济效益，因此贵族以一种传统意义的"贵族义务"和自我利益相

---

[1] J. V. Beckett, *The Aristocracy in England*, 1660 – 1914, Oxford: Blackwell, 1986, p. 254.

[2] Sidney Pollard, "Barrow-in-Furness and the Seventh Duke of Devonshire", *The Economic History Review*, Vol. 8, No. 2, December 1955, p. 214.

[3] F. M. L. Thompson, *English Landed Society in the Nineteenth Century*, London: Routledge & Kegan Paul, 1963, p. 262.

结合的姿态开始支持地方铁路。诺森伯兰万斯贝克峡谷铁路几乎全是由当地的两位贵族——沃尔特·特韦尔雅先生和卡里斯勒伯爵出资修建,该铁路共集资44260英镑,其中沃尔特·特韦尔雅出资30000英镑,卡里斯勒伯爵出资9500英镑。德文希尔公爵曾大力投资里斯莫和丹格伍朗铁路,他之所以这样做,在很大程度上是希望他在爱尔兰的地产因此而受益,1873年他的铁路股票价值为117810英镑,1885年股票价值几乎翻倍。①

在这一时期,贵族经济实力的增强,他们不可避免地频繁出现在铁路公司的董事会里,成为董事最能体现贵族在铁路建设中的利益。贝克特曾列举出贵族担任公司主席的名单:伯灵顿伯爵(菲利斯铁路)、卡里斯勒伯爵(莫尔顿和德里菲尔德)、亚尔波罗伯爵(曼彻斯特、设菲尔德、林肯郡)、朗斯代尔伯爵(海特海文联通铁路)、珀韦斯伯爵(斯罗普郡联合运河铁路公司)、达克尔爵士(罗斯顿和海奇恩)。另外有40名贵族、从男爵、贵族的儿子也在董事会任职。许多贵族在董事会里作用突出。1853年,第三任白金汉公爵担任英国最大的伦敦西北铁路公司的董事长,他的任命绝不仅仅只是获得了一个名义上的头衔,事实上他颇具商业才能,推动了白金汉郡当地的铁路建设。担任过铁路公司高级管理者的贵族还有菲茨威廉伯爵和第三代索尔兹伯里侯爵,前者在东约克郡铁路的投资额最大,并理所当然地成为公司主席,后者担任大东铁路公司的董事长,将公司管理得很出色。②所列举的这些贵族占有铁路公司相当大的股份,又由于具有较高的社会声望,号召力强,大铁路公司的管理层往往由贵族来担任。

值得注意的是,也有一些担任董事的贵族,自恃天生尊贵,把员工当作"仆人",仇视工会,根本不懂商业管理,往往招来不少非议,在管理中还出现了利润下跌、股息减少、成本上升、政府调控增多、劳资矛盾突出的境况。大北铁路的主席科尔维尔勋爵退休时,公司出现危机,他的继任者W. L. 杰克逊被描述为"极具商业实战经验的人才",他很快为公司赚取了大笔利润。相反,克劳德·汉密尔顿勋爵到铁路公司上任后思想陈旧,办事迂腐,他的决定常常出现失误,他被同时代的人形容为"毫无经商头脑"③。

---

① David Cannadine, *Aspects of Aristocracy: Grandeur and Decline in Modern Britain*, New Haven: Yale University Press, 1994, p. 58.

② J. V. Beckett, *The Aristocracy in England*, *1660 – 1914*, Oxford: Blackwell, 1986, pp. 250 – 251.

③ David Cannadine, *Aspects of Aristocracy: Grandeur and Decline in Modern Britain*, New Haven: Yale University Press, 1994, p. 61.

附带一提的是，19 世纪末期，随着铁路在英国工业化、城市化进程中的作用日益突出，贵族从中获得的利润越来越高，他们投资的范围和力度也随之扩大。当时的铁路公司风险变小，因此最大的铁路公司通常是英国最大、最保险的商业组织。铁路股最初在国内吸引力较大，随着贵族陆续进入股票市场，贵族开始把目光投向海外。1870 年之前，雷塞斯特伯爵在诺福克铁路的股份是 15000 英镑，19 世纪 70 年代他们在大东铁路、东北铁路、大西铁路投资 50000 英镑，在印度铁路投资 40000 英镑。19 世纪 80 年代他们从英国铁路公司购买了价值 110000 英镑的股票，而且大力投资加拿大、美国和南美铁路建设。其他投资了国外铁路公司的还有波特兰公爵、德文希尔公爵、贝德福德公爵和萨塞兰公爵等。①

第四节　贵族在交通革命中的历史地位

诚然，贵族从铁路中大大受益，但他们并未认识到铁路在慢慢改变他们的身份和地位。托马斯·阿诺德经常引用那句著名的话："火车的出现预示着贵族的衰落，对此我欣喜若狂。"他继续说到："看见火车让人想到封建主义永远消失。"② 火车的噪音和烟雾传到宁静的乡村，铁轨破坏了贵族土地的完整性，普通民众也可以去远方旅游。这是工业革命新时代来临的标志，预告了商业和财富结构的主要变革。过去这些贵族乘坐豪华的马车成对出游，佣人在他们面前卑躬屈膝，但在火车上下层民众与其他有钱的乘客一样几乎没有分别，在大型的火车站这些人群的身影常常交织、融合在一起。

19 世纪 60 年代沃尔特·巴奇霍特（1826—1877 年）认为贵族的力量在消失。他解释说一位成功的贵族形象是强加在人们想象中，这种强加的想象会慢慢消失。随着社会异己力量的发展，土地贵族的政治活力在削弱，直至消失。沃尔特·巴奇霍特对此没有作解释，他在《英国宪法》一书中只是说：

每天，我们的公司、铁路、债券、股票不断出现在贵族周围，而

---

① David Cannadine, *Aspects of Aristocracy: Grandeur and Decline in Modern Britain*, New Haven: Yale University Press, 1994, pp. 59 – 60.
② Ibid., p. 56.

且及时隐藏起来，这些隐藏的东西在不断发展壮大。贵族在慢慢衰落，贵族再也没有力量大放光彩，虽然社会每天都动荡不安，但是贵族的权力似乎没有变。①

沃尔特·巴奇霍特的叙述虽然如此，但贵族的政治权利、经济实力依然像以前一样强大。贵族的衰落是一种缓慢的过程，不易觉察，虽然工业革命加速了这一过程，但需要漫长的时间才能发觉。因此少数贵族把铁路的来临当作魔鬼不足为奇。②

用经济学的术语来说，贵族投资交通业可以视为"经济人"的体现。英国的公路、运河、铁路都不是国有，全靠私人出资建立。贵族对公路、运河和铁路的支持程度有差别。一般来说，贵族对交通最有建设性的贡献是公路，他们通常占据捐助者名单的大部分。③ 公路为大众服务，所有的公民都对部分公共管理负责。而且贵族地主有权利对没有进行道路维护的教区罚款，在那些地区贵族有义务带头确保有充足的设施以备人员和货物流动。贵族在公路建设上表现出来的道德上的强制性、自律性没有体现在修筑运河和修建铁路上，因为修筑运河和修建铁路被认为是为了个人目的进行私人改良活动。相比而言，新兴的中产阶级很大程度上负责开发运河和铁路的资金，在一些特例中贵族在其中的作用非常重要，例如蒙哥马利郡运河，贵族是其中的主要的捐助者。贵族的投资清楚表明他们认为商人和企业主应承担主要责任，所以他们自身没有尽全力支持这些计划。事实上，贵族为了农业和矿业利益常常支持运河和铁路修建计划。如果利益不明确或者有风险，贵族会持观望的态度。总之，虽然交通革命没有贵族的支持也许不会发生，但如果认为交通革命完全靠贵族的首倡精神和投资才发生，这是值得商讨的。

贵族对交通变革的贡献不具有连贯性和完整性。除了布里奇沃特、斯塔福德、伦敦德里、比特等少数开明贵族外，总有一些贵族心怀恶意，急于维护私人利益，不关心大众利益。大多数还是希望从交通改进中得到好处。煤矿主见风使舵，只要有矿产，便迅速下手发展交通，而没有矿产的

---

① Walter Bagehot, *The English Constitution*, New York: Doubleday & Company, 1966, p. 79.
② David Spring, "English Landowners and Nineteenth-Century Industrialism", in J. T. Ward and R. G. Wilson, ed., *Land and Industry: the Lnded Estate and the Industrial Revolution*, David & Charles: Newton Abbot, 1971, p. 53.
③ William Albert, *The Turnpike Road System in England, 1663–1840*, Cambridge: Cambridge University Press, 1972, p. 103.

贵族反应迟钝，根本不能从农业中获取巨大的收益。贵族地主试图保持贵族的优越感，认为水陆交通干线不该他们负责，应该是管理人士承担责任。

　　贵族在议会的作用十分关键，单纯从经济的角度来衡量贵族地主对交通革命的贡献是错误的，因为交通立法是否在议会通过由贵族决定。如果没有他们的支持，交通计划方案或工程项目根本不能通过。正是由于地主阶级在议会中掌权，一些贵族地主在交通革命方面投资巨大，在董事会里尽职尽责，在议会里大公无私，公共交通计划才得以实现。如果说贵族的主动性对引发交通革命至关重要，有点言过其实，那么更准确地讲，是贵族促进了交通革命。因为贵族愿意推动交通立法，接受合理赔偿，支持交通计划，不贪污受贿。[①] 英国的大多数贵族能够主动适应经济变化的节奏，并能抓住时机积累财富。总而言之，我们不能因少数贵族的反对和劣行而歪曲绝大多数贵族的积极贡献。

---

① J. V. Beckett, *The Aristocracy in England, 1660－1914*, Oxford: Blackwell, 1986, p. 261.

第七章 结语与余论

一

17世纪至19世纪，英国处于从农业社会转向工业化社会的转型过程中，社会经济变革异常激烈。一些贵族采用旧式的封建生产方式，固守农本，渐趋衰落，其社会地位、经济地位每况愈下。一些贵族主动适应社会变革，一返以农为本的思想，采用资本主义生产方式，在地产的基础上投资非农产业，他们通过圈地养羊，开采矿产，参与交通革命，开发房地产等一系列经济活动，增加了收入，维护了贵族的地位和权势。其实，贵族阶层发起圈地运动、倡导农业革命、投资工商业、交通业和城市建设都是建立在地产开发的基础之上，正是地产开发加速了英国从传统社会进入现代社会的步伐与节奏。

英国贵族占据了近代英国最具开发价值、数量最大的地产，其地产的数量与英国贵族家族的命运紧密相连，他们历来重视地产的累积。在土地的经营过程中，有些贵族亲自从事地产的开发，有些因地产事务日益增多，雇用地产代理人管理地产。代理人虽然在地产管理中具有一定的主动权，但始终是贵族利益的忠实代表，贵族可以干预代理人的经营策略，在地产经营中拥有最终的决策权。贵族对地产经营的重视还反映在他们一般不愿意轻易卖地，除非是在遇到经济窘迫的情况下，贵族才被迫出售土地。即使卖地，他们首先也是考虑出售那些家族外围分散的零星地产。因为，对于英国贵族来说，土地代表着地位、财富和统治的长远利益。长子继承制、家族严格授产制保证了贵族对土地的世袭占有，但却妨碍了土地在市场上的流通。

在英国工业社会来临之前，农业一直是国民经济的主要部门。英国农业生产的变革是从贵族发起的圈地运动开始的。圈地运动从15世纪一直持续到19世纪，它摧毁了敞田制，导致了地产的渐趋集中，贵族的大地产制因而得到了发展。经过圈地之后，租地农场在农业生产上占据了优势，农业劳动生产率得到了提高，粮食产量也大幅度提高，人们把诸如此类的变化称为"农业革命"。革命是根本性的剧烈变革，那么农业生产技术的变革算不算"革命"呢？笔者从制度性和技术性两个层面来定义农业革命。农业革命开始于18世纪，结束于19世纪中叶，圈地运动实现了土地所有权的变革和农业生产技术的变革。虽然从技术性因素来说，农场主、地产管家和佃农是真正的农业生产技术的实践者，但是从制度性因素来看，贵族掀起圈地运动，倡导农业改良和投资，在大农场采用资本主义生产方式，一定程度上改变了英国传统农业制度，因而笔者认为贵族是农业革命的发起人。为了突出贵族在农业地产开发中的地位，笔者特别地提到贵族的农业生产的改革精神和投资精神。在重商主义的深深影响之下，他们对农业生产的认识发生了变化，他们像资本家一样，把土地当作资本来经营，把农场当作工厂来经营，故常常在农业改革中起到重要的模范带头作用，在某种程度上可以视为资本主义精神的反映。即贵族对农业的重视逐渐转变为对商业的青睐，他们的农业身份亦转化为资本家的身份。如果用比较的眼光来看，无论是在欧洲还是在中国，地主都视农业为本，对农业都进行过投资和改革，但其规模和深度不及英国。英国常被视为农业资本主义的典型，因为土地贵族采用资本主义方式经营农业，计算其投入和收益，最大限度地牟取利润。

  概括性的论断不足以说明贵族在农业革命中的改良和投资精神，不足以证明贵族对农业革命的贡献，寻找代表性或者典型性的个案尤其重要，西方学术界往往把诺福克的科克（莱斯特伯爵）和第三代斯宾塞伯爵当作典型案例。通过推广"诺福克轮作制"、采用租佃农场制的经营方式、长期契约制和长期的高投入，科克成为18世纪后期英国进行农业革命的典型代表之一，这反映了他那个时代英国资产阶级化地主的本色。个案研究方法是否具有普遍性的问题备受批评，走出个案研究的方法是扩展个案研究，斯宾塞伯爵的例子可以视为科克的延伸和补充。斯宾塞伯爵是辉格党贵族的代表，同样是农业型进步地主。他提倡农业生产技术改革，爱好农业生产实验，主动适应新时代。由此看来，科克和斯宾塞伯爵都主张农业生产技术改革，并躬身实践，可视为贵族经营农业地产的榜样。

  对于那些具有悠久农业经营传统的贵族来说，如果在经济危机中不及时调整经营策略，其衰败在所难免。贝德福德家族农业地产经营的最成功范例是18世纪下半期的贝德福德第五代公爵，他大力推广农业生产技术革新，成为与时俱进的农业改良家。然而到了19世纪该家族的农业经营开始走下坡路，农业土地收入的大幅度锐减引起了家族的衰落，贝德福德家族的衰败发生在19世纪70年代英国的农业危机大背景之下，贵族大地产制遭到了严重削弱，贵族昔日曾经高居社会的顶层，他们的贵族身份在政治改革和社会动荡中危机四伏。即使是19世纪中叶出现的"高级农业"也未从根本上挽救贵族的没落，英国的"高级农业"为时不长，到了19世纪70年代英国农业开始萧条，农业在国民经济中的主体地位随着工业化的深入逐渐让位于工业，因此从这个意义上来说，农业革命是英国从农业社会向工业社会过渡的桥梁。从形式上来说，就是贵族的地主身份逐渐演化为资产阶级化地主身份。如果贵族固守农本，不适应时代变革的要求，注定遭到淘汰，第三代斯宾塞伯爵和19世纪的贝德福德公爵正好从正反两面证明了这个规律。

贵族之所以热衷于进行农业地产的改革，与苏格兰启蒙运动具有很大的关联性。启蒙运动宣扬改革与进步，促进了贵族在农业领域的改革热情。贵族是苏格兰启蒙运动的赞助人，他们大力支持启蒙思想家的农业科学实验。巴克卢公爵、阿盖尔公爵、巴肯伯爵、比特伯爵等既参加了农业地产改革，又亲自从事过农业科学实验，他们与农学家、生物学家、数学家、化学家、地质学家、哲学家等众多领域的启蒙思想家进行交往，参加社团活动，探讨农业问题，出版农业期刊，甚至有的贵族本身就是具有启蒙思想的科学家，所以他们更容易接受启蒙思想家的农业改革思想，为提高农业产量而使用新肥料、新作物、新品种、新轮作制度、新科学技术、新管理经营制度等。亚当·斯密与约翰·沃克仅仅是启蒙思想家影响贵族农业改革的两个代表，窥一斑而知全豹，事实上亨利·霍姆、威廉·库伦、詹姆斯·哈顿、约瑟夫·布莱克、柯林·麦克劳林等不同学科的启蒙思想家从理论上、实践上都曾给予贵族科技咨询与帮助，在更大范围内影响着近代英国贵族地产的开发。可见，苏格兰启蒙思想家对贵族开发农业地产影响深远，启蒙思想极大地影响了英国的农业革命。

一般而论，工商业利润往往高于农业利润，贵族不再单纯专注于务农，而是热衷于从工商业投资中追逐经济利润，积累财富。贵族在工业领域的投资要大于在商业领域的投资，他们主要投资的工业部门是基于自家地产之上的采矿业，而非制造业。贵族在16—17世纪对煤和铁的开采至关重要，这些企业一般需要大量资金，风险性极大，贵族本人发挥了企业家的功能，劳伦斯·斯通也肯定了近代早期贵族在工业中的贡献。事实上，煤的开发与利用是英国工业革命的核心部分，18世纪工业革命不是一下子突然爆发，而是长时间开采煤、铁等矿产的结果。贵族对工业的贡献应重其质量而非数量。从收入上看，贵族仍然以土地收入为主，工业收入为辅。从数量上看，无论贵族还是乡绅只占了工业家人数的一小部分，绝大多数工业家来自中产阶级。如果与欧洲大陆的贵族相比，英国贵族资产阶级化程度最深。总之，他们是英国工业革命早期阶段的"革新者""冒险者"和"投资者"。

随着工业革命的深入，贵族对工业的认同感并非越来越强。18世纪贵族经营工业的典型代表——莱韦森—高尔家族对西米德兰近代工业的崛起息息相关，该家族几代人积极投资农业改良、道路、运河、铁路建设和开矿等事业，是农业贵族转化为工业贵族的经典个案。即使这样，工矿业收入在该家族的总收入中的比例仍然不高，莱韦森—高尔家族坚持传统的出租农场收取地租的方式，到19世纪20年代时，由于当时的社会和政治原因该家族直接退出矿产企业经营活动，恢复到收租者的身份。贵族转变为工业家时，身份认同发生危机。贵族阶层严格排斥其他阶级融入其中，虽然他们有时迫于形势向商人和工业家转化，但是他们的潜意识里还是认同自己是贵族，不是资本家。换言之，对于资产阶级化地主或者贵族资本家而言，资本主义或者资本家只是外表和形式，贵族可以采用资本主义生产方式，但其本质还是属于地主阶级的贵族。尽管英国社会具有开放性和流动性的特点，但是资本家在诸多限制条件下很难融入贵族行列。资本家和贵族地主难以同化的根本原因在于：资本的本质不是物，而是人与人之间的一种生产关系，资本家与工人是一种雇佣剥削关系，资本家生产的目的就是赚钱，不需要对工人承担责任和义务，而贵族和佃农之间是一种因土地而产生的依附关系，贵族有时要监护和照顾佃农及其家庭。

英国的工业化伴随着城市化，英国土地贵族在投资工业的同时，也开始了城市房地产的开发与建设。英国城市的建设深受贵族意志的控制，由于地产是土地贵族的私人财产，如果贵族拒绝出让地产，英国城市化的进程肯定会受阻，从理论上讲，他们有权力在契约里写明房地产建筑标准，制定建筑蓝图。他们往往采取三种开发房地产的方案：把地产卖给建筑商或开发商、把地产出租给开发商，以及亲自设计开发。贵族从农村来到城市分别参与了伦敦、郡城和矿泉海滨休闲城市的建设过程。

伦敦是英国政治、经济和文化的中心，地产价格最高，因而成为贵族最理想的栖居之地和开发最多的地方。贵族在与王室的利益博弈中掀起了英国城市地产开发的热潮，不自觉地充当了城市规划与建设的管理者与组织者。掌握伦敦地产常常都是贵族大地主，贝德福德公爵、威斯敏斯特公爵、德文希尔公爵和诺森伯兰公爵等贵族大家族对伦敦的房产开发举足轻重，他们往往修建大量的广场以体现其身份和地位。伦敦广场从居住型广场到花园广场的演变刻上了英国从农业社会向工业社会过渡的历史印记。

近代伦敦贵族率先把乡村自然风景引入城市广场，并注重其建设的系统性和整体性，这种规划观念一直影响到今天世界各国的城市建设。郡城的开发时值工业革命之机，伯明翰、利物浦、曼彻斯特、设菲尔德等城市发展异常迅速，这些城市的兴起离不开考尔索普、德比、塞夫顿、菲茨威廉等土地贵族家族的参与。与伦敦相比，英国郡城的开发则维护了各自的传统与特色。虽然在19世纪末期贵族退出了郡城的开发建设，但是他们凭借着丰富的管理经验、社会地位与个人综合素质在20世纪初期仍然承担着城市管理者的角色，这表明贵族对城市发展的影响是长期的，深远的。工业革命期间，巴斯和布赖顿的开发得益于王室和贵族阶层的垂青，成为上流社会度假娱乐的首选之地。与郡城相类似，贵族在20世纪初期虽然直接退出城市建设，但是仍然担任矿泉城市和海滨城市的市长，履行着管理城市的职责。从开发的先后顺序来看，贵族最早开发伦敦，郡城次之，海滨休闲城市最晚。从开发的方式来看，贵族采用了建筑租赁制，与承租者合作完成了房地产开发，建筑租赁制体现了土地资本与商业资本的结合，以及保持了开发各方的利益最大化。从投入和收益来看，伦敦地产投入最少，收益最大，而矿泉城市和海滨城市投入最多，收益最少。从房屋居住的对象看，贵族一般喜欢把富有、有教养的中产阶级作为主要的消费对象，并且也为本阶层建房，其建筑豪华，质量上乘，品位极佳，以此炫耀贵族地主的财富和社会身份。

贵族对交通改良的态度经历了从最初的反对到后来的大力支持的转变，折射出贵族在经济变革的浪潮中主动适应社会变化，善于抓住投资机会。英国的公路、运河、铁路全部依靠私人出资修建。虽然我们不能简单地把贵族地主投资交通全视为经济的动机，但大量的事实证明贵族地主投资交通的目的直接地或间接地都与经济有关。归纳起来，交通改进的理由有：提高道路质量、方便农产品运输、开采矿产、索取赔款等。为了达到这些目的，他们在议会里通过立法来支持修路、开凿运河和修建铁路。总的来说，地主在交通中的资金投入远远不及工商业资产阶级，尽管贵族地主一开始就清楚投资的经济回报，但贵族地主还是把运河、铁路、港口的一些大工程留给工商业资产阶级，贵族地主的主要兴趣是开发主要的交通干线。[①] 仅仅从经济的视角来衡量贵族对交通的贡献难免有片面之嫌。贵族牢牢控制议会上院，每一项交通方案的实施必须得到他们的立法批准，

---

① J. V. Beckett, *The Aristocracy in England, 1660–1914*, Oxford: Blackwell, 1986, p. 261. 贝克特所说的"主要的交通干线"是指公路和运河的主干线，没有包括早期修建的铁路。

否则根本不能通过。有的贵族常常扮演多种角色，书中再次以莱韦森—高尔家族为个案。莱韦森—高尔家族担任过议员、掌玺大臣和理事会的总裁，该家族不仅在政治上和工业上颇有建树，还积极投身交通建设。例如高尔伯爵申请出资连接特伦特运河和墨西运河的方案获得通过，当铁路沿线的土地价值增加时，莱韦森—高尔家族又不失时机地瞄准利物浦—曼彻斯特铁路的投资。可是当贵族醉心于从交通改进中获取巨额财富时，他们没有料想到交通越进步，他们所在阶级的活力越被削弱，身份再一次出现危机。最终，贵族在交通革命中越来越让位于工业资产阶级，社会的进步毕竟不是以个人意志为转移。

贵族具有前现代性的特征，他们在农业革命、工业化、交通改进和城市化的过程中普遍经历着身份认同危机，贵族开发地产会导致他们的身份发生变化，我们可以从身份认同的角度来看英国贵族的经济贡献。当贵族在农场采用资本主义经营方式时，贵族由封建化贵族转变为资本主义贵族；当贵族转而从事非农业行业——工商业时，身份又开始出现嬗变，有的成为资本家，有的成为工业家，还有的成为企业家；当贵族从反对交通变革转变为支持交通改进时，贵族对火车、铁路的态度也由抵制转变为支持，有的贵族因此担任铁路公司的股东；当贵族开发城市地产时，贵族从乡村奔向城市，开始了对城市的认同之旅，逐渐从乡村统治者转变为城市建设者、规划者、管理者。如果从"他者"的视角来审视这种转变，农业的"他者"是工业、交通业和城市，贵族的"他者"是资本家、工业家、股东、矿主等。那些固守传统经营方式的土地贵族逐渐落伍，而那些采用资本主义生产方式的土地贵族却在现代化的进程中大显身手，与时俱进，透过身份的转换可以窥视英国封建主义向资本主义的过渡。总之，贵族经济地位的变迁经历了深刻的身份认同危机，这种变迁体现出英国从传统农业社会转向近代工业社会。正是基于这个缘由，下面将进一步讨论贵族地产开发与贵族身份认同的问题。

二

近代以降，英国的资本主义、工业主义、城市化、议会民主等几股洪流使得作为统治阶级的贵族乡绅产生了严重的身份认同危机，贵族的衰落和乡绅的崛起令世人瞩目。随着贵族自我意识的觉醒，视野日益扩大，认识程度的逐渐加深，他们产生了多重身份认同问题。贵族身份的转变往往兼具复杂性、多样性的特点。他们或者是矿主、厂主、商人、股东等，或者是以上身份的一种，或者集各种身份于一身。追逐利润是资本家的天性，贵族投身工商业也是只为了利润吗？这些经济活动对他们的贵族身份会有多大影响？要考察贵族在个体活动和集体活动中的作用是非常困难的。学术界试图利用一些社会学理论来认识这些问题。

当代学者亨利·弗伦奇在《1500—1800 年英国的认同和机构》一书里对个人的或者群体的行为作出了这样的解释，人们集体活动的动机是比较复杂的，特别是在缺少直接证据的情况下，自我对集体的影响最大，历史学家很难就各种认同现象作出最有力的解释。为此，他尤其强调身份认同在解释群体活动的重要性，他用认同理论（identity theory）和社会认同理论（social identity theory）来解释人们的行为。认同理论强调个人如何获得自我认同，如何理解和回答社会对他多重角色的定义，即父母、工人、邻居、亲人或朋友对他的看法。社会认同理论则强调个人如何与他人认同，他们在一起如何产生一种归属感，他们在多大程度上彼此分离。[①]

认同现象广泛地存在于社会生活中，可以用来解释很多传统经济学无法解释的现象。学术界将身份认同引进经济学研究视野，源于阿克洛夫和克莱顿 2000 年在《经济学季刊》上发表的一篇文章《经济学与认同》[②]。因此本书试图把身份认同引入近代英国的经济社会史领域。就本书的研究内容而言，贵族身份转变的过程与英国经济和社会转型的过程是同步的，作为一个可以继续探讨的话题，笔者拟从身份认同的角度来审视英国贵族在近代地产开发中社会地位与经济地位的变迁。

英国贵族在开发地产的过程中是如何实现身份认同的转变呢？这还得从土地谈起。

土地是确认贵族身份认同的关键，贵族用严格家族继承制来维持身份。由于身份认同理论最能协调资本主义和严格家族继承制，根据身份认同理论，地产主关心身份地位胜过财富或者权力。贵族的社会作用是通过他对土地占有来定义和决定的。贵族通过严格家族继承制维持传统，如果家族土地没有代代相传，个人没有或很少有权力卖地，而是土地与人隔离，那么土地贵族长期作为监护人的作用将会停止。

如何判定贵族的身份？这可以从贵族把土地当作一种财产还是遗产中找到答案。如果贵族对待土地方法是与资本家对待资本的方式一

[①] Henry French and Jonathan Barry, *Identity and agency in England, 1500 – 1800*, New York: Palgrave Macmillan, 2004, pp. 1 – 2.

[②] George A. Akerlof and Rachel E. Kranton, "Identity and Economics", *The Quarterly Journal of Economics*, Vol. 115, No. 3, 2000, pp. 715 – 749.

样，那么身份认同理论不起作用。实际上贵族把地产视为自身的一种扩展，或者更准确地说，把自己当作地产和家族的扩展。例如当韦克家族、布鲁德内尔家族、菲茨威廉家族陷入经济困顿时，即使变卖家庭置业（seat）的条件成熟，他们也没有卖地。通过严格财产继承制和其他继承方式，贵族保证了土地不被贵族本人或继承人出售。[①] 其实，贵族的地产与贵族家族的名字是紧密联系在一起的，贵族认为自己属于一个独立的不同于其他阶级的精英阶级。每一位贵族都必须遵循社会对本阶级的要求与规范，去履行相应的社会义务。在英国封建社会，贵族统治阶级与被统治者之间存在着保护和服从的关系。在骑士阶层中，这种关系表现为被称为封臣制的特殊形式。贵族地主是由骑士阶层演化而来，在地产之上，佃农及其家庭受贵族监护和照顾。贵族地主理所当然地认为佃农应该对他忠诚和在某种程度对他服从。这种关系历经数代发展，支持和延续了贵族的地主身份。

贵族在经商过程中的身份可以是多样的，如资本家、企业家、工业家、矿主、厂主、商人、股东，称谓不同，实际上本质都一样，这些身份反映出贵族的非农特征或非地主特征。贵族往往身兼几种身份，比如既是矿主又是企业家。由于贵族对地产上的矿产具有所有权和使用权，矿厂和高炉几乎总是属于同一个企业，炼铁厂老板同时就是矿山主人。反过来也如此，铁矿所有人只有成为炼铁厂老板才能开采铁矿。一个企业同时有一个矿山、一个或两个高炉、往往还有一个狭义的炼铁厂，这样的企业必然具有一种资本主义的特征。[②]

贵族身兼大地产者和资本家双重身份，与资产阶级联系紧密。第一代阿什伯汉男爵于1656年出生，继承了苏塞克斯的地产，拥有地产上的森林、石矿、铁矿和熔炉，17世纪90年代其地产的价值每年大约3000镑。通过婚姻阿什伯汉男爵获得价值400镑的贝德福德郡的一块小地产。除地产外，他还从事抵押贷款，例如1705年给诺丁汉男爵贷款10000—15000镑。阿什伯汉男爵总是能迅速抓住机会，无论是提高贷款利息，还是在威尔士地产上开采煤矿，或者参与大型的国家工程。他没有雇用管家，而是亲自管理森林、煤矿和铁矿，算得上勤奋和高

[①] M. E. Finch, *The Wealth of Five Northamptonshire Families, 1540–1640*, London: Oxford University Press, 1956, p. 208.

[②] [法] 保尔·芒图：《十八世纪产业革命——英国近代大工业初期的概况》，杨人楩等译，商务印书馆1997年版，第221页。

效的典范。"秩序"和"方法"是阿什伯汉男爵管理地产的基础，也是他死后留给儿子的建议。① 阿什伯汉男爵财政上的业务很大程度上依赖伦敦银行家理查德·霍尔的帮助和建议，霍尔的银行以金瓶为标记，坐落在舰队街，是一家专为地主提供存款、贷款的银行。霍尔同时投资房地产和土地买卖，1718—1725年，他用14000英镑买下威尔特郡的斯托顿庄园，同时以9000英镑买了斯托顿考德尔和汉普郡夸莱的地产。他还花了37150英镑购买了斯托顿附近的一些小地产。②

在多数情况下，贵族本人就是地产者、矿主、企业家和资本家。前面提到的阿什伯汉男爵和银行家理查德·霍尔只是英国地主阶级与资产阶级之间的相互渗透的一例，此类现象非常普遍。18世纪初，克拉克教授说："在英国，很难找到一个纯地主阶级。"③ 利兹的丹尼森家族和威克菲尔德的迈尔尼斯家族是18世纪的两大商业家族，他们把大量资金从工业转向土地，用来改良农业。④ 由于工商业具有冒险性或者为了可以提高社会地位，给孩子提供良好教育，或者为资金寻找投放的安全之地，大多数工商业者在农村买田置地，修建豪宅，摇身变成贵族、乡绅。结果地主和工商业者的利益和观念日益接近。明盖指出：

> 在地主和商人之间不存在一成不变的鸿沟，而是恰恰相反，二者有着密切的联系。……随着地主扩大经营并使其利益多样化，地主和工业家之间的界限开始模糊，这种倾向早已存在于苏赛克斯原野和西部服装城镇等老工业区，然而行业溶合也是新兴工业区的一个特点。在那里，许多乡绅把大部分时间和钱财投入到工业中，与此形成鲜明对照的是成功的工厂主则在乡间购买地产，成为乡绅。⑤

---

① G. E. Mingay, *English Landed Society in the Eighteenth Century*, London: Routledge & Kegan Paul, 1963, pp. 61-66.
② C. G. A. Clay, "Henry Hoare, Banker, His Family, and the Stourhead Estate", in F. M. L. Thompson, ed., *Landowners, Capitalists, and Entrepreneurs: Essays for Sir John Habakkuk*, Oxford: Clarendon Press, 1994, p. 117.
③ E. L. Jones, *Agriculture and the Industrial Revolution*, Oxford: Basil Blackwell, 1974, p. 160.
④ R. G. Wilson, "The Denisons and Milneses: Eighteenth-Century Merchant Landowners", in J. T. Ward and R. G. Wilson, ed., *Land and Industry: the Lnded Estate and the Industrial Revolution*, David & Charles: Newton Abbot, 1971, p. 165.
⑤ G. E. Mingay, *English Landed Society in the Eighteenth Century*, London: Routledge & Kegan Paul, 1963, p. 190, p. 199.

这种局面一直延续到19世纪，巴林顿·摩尔这样写道：

> 在19世纪期间，正如更早些时候那样，富裕的贵族，乡绅与上层商人之间的界限已经变得模糊不清，它们之间的等级秩序也动摇了。在很多情况下，我们很难判断一个人究竟属于这个集团，还是属于另一个集团。这一点构成了英国社会结构的一个最重要的事实。①

以上事实说明英国社会存在大量的地主与资本家、商人、企业家身份认同的现实情况，但是另外一方面，英国也存在大量地主与资本家等不相容的事实。

贵族和商人难以同化，这种态度在农村得到证实。据劳伦斯·斯通和詹妮·劳伦斯的研究，贵族其实害怕商人渗透入地主阶级，"整整340年，只有137位商人通过购买土地在3个郡里进入地主阶级，他们只占了整个地主阶级人数的6%"②。R. G. 兰是这样描述农村商人的缺乏：

> 伦敦的大商人通过以下途径扎根在城市里：学徒生涯从十几岁一直延续到二十几岁；娶城里人的女儿；经商；担任政府公职；依靠城市里的朋友圈子，大多数人是依赖在城市里成功后所荣获的名望、声誉和地位生存，这些就像资本一样不能移植到另一种社会环境。③

商人不愿意失去在伦敦得到的地位是可以理解的。明盖说：

> 商人律师或者银行家在农村变成地主，要经过二三代人才会被农村社会吸收，旧式显赫的地主家庭瞧不起商人的财富，因为商人的铜板上似乎可以嗅出财务处或工厂办公室的味道。商人的家庭出身背景极其低微，甚至连农村的仆人也愿意服侍那些"真正的乡绅"，鄙视

---

① ［美］巴林顿·摩尔：《民主和专制的社会起源》，拓夫等译，华夏出版社1987年版，第26页。
② Lawrence Stone and J. C. F. Stone, *An Open Elite? England, 1540–1880*, London: Oxford University Press, 1984, p. 403.
③ R. G. Lang, "Social Origins and Social Aspirations of Jacobean London Merchants", *The Economic History Review*, Vol. 27, No. 1, February 1974, p. 47.

那些钱财来路不明的新富人。①

许多商人家庭赚钱后便买地变成贵族、乡绅，他们一旦变成地主，就进入社会精英集团，反对后面还想加入的人。菲茨威廉家庭通过经商发财后摇身变成贵族，进入了社会精英阶层，然后开始避免与商人来往。岂料世事多变，后来该家族经济陷入危机时又被迫重新与商人交往。商人一旦购买了土地，他们很少参加当地的社会公共服务事业，这与义务承担地方公共事务的贵族形成了鲜明的对比，在这种情况下，商人得不到社会大众的尊重与信赖。而且，商人没有贵族那样珍惜土地，商人在遭遇经济危机时很容易出售地产，而不是通过遗嘱把地产一代代继承下去。这说明贵族与商人这两个阶层难以相互融合，相互认同。

贵族在婚姻上也与商人存在一道鸿沟。为了维护贵族的财产与地位，贵族首选的结婚对象是贵族阶层人士，只是在经济上陷于窘境时才考虑与富商联姻。M. E. 芬奇说："菲茨威廉家族反对城市和商业收入，一个世纪之后，也就是在1638年，该家族深陷债务危机，在走投无路的情况下被迫与商人联姻以解燃眉之急。"② 17—19世纪贵族与商人结婚的案例并不多见，整个18世纪，只有3%的男贵族迎娶了富商的女儿，到了19世纪，情况依然如故。③ 这些为数甚少联姻成功的贵族，增加了家族财富，捍卫了贵族身份。另外一种情况，商人男子娶女贵族的情况极其罕见。丹尼尔·迪福描述过一位贵族年轻女子嫁给商人后所遭受的身份耻辱，最后与商人离婚的事件。④ 总之，因等级差别、阶级差别、文化教养等因素的影响，贵族与商人联姻的几率并不高。

综上所述，贵族认同和不认同商人、资本家的事实都存在。

商人、资本家、企业家和工业家都以赚钱为目的，在这一点上，他们的本质是相同的，属于同一类身份的人，本书曾用不同的称谓来揭示他们与贵族地主身份的区别——贵族认为商人、资本家、企业家、工业家们致富的途径与自身大不相同，即便贵族也曾投身于开发地产，并获取了高额

---

① G. E. Mingay, *Land and Society in England*, *1750 – 1980*, London: Longman, 1994, pp. 129 – 130.

② M. E. Finch, *The Wealth of Five Northamptonshire Families*, *1540 – 1640*, London: Oxford University Press, 1956, p. 102.

③ 阎照祥：《英国贵族史》，人民出版社2000年版，第289页。

④ Lawrence Stone and J. C. F. Stone, *An Open Elite? England*, *1540 – 1880*, London: Oxford University Press, 1984, p. 26.

利润。但在他们眼中，土地是他们自身的一种延展，他们对佃农和佃农的家庭有着强烈的义务感和责任感，这有别于资本家与工人之间体现的剥削与被剥削的雇佣关系。

在英国，有些贵族的祖辈是商人，但这些贵族仍然认为自己独立于商人，即使商人的财富接近或超过自己。贵族对土地和地位有很强烈的感情，商人融入贵族之中不是人们想象的那么容易。对此，M. E. 芬奇调查了7个贵族家族，尽管卖地可以让他们赚取巨大的经济利润，但是其中的艾沙姆家族、韦克家族、兰厄姆家族、菲茨威廉家族仍然拒绝这种行为。韦克家族、布鲁德内尔家族和兰厄姆家族严格执行长子继承土地的传统，艾沙姆家族、韦克家族、兰厄姆家族、菲茨威廉家族、布鲁德内尔家族对佃农则表现出强烈的义务感和责任感，这些家族显示出贵族和佃农的关系是地主关系而不是雇主关系。[1] 例如，北安普敦郡的第五代菲茨威廉伯爵是几个地产的主人，他仁慈和蔼，严守父训。1799年当面包出现紧缺时，他命令家人节衣缩食也要保证普通工人对面包的需求。菲茨威廉家族在英格兰北部有铁矿和煤矿，他对矿工的安全很重视，要求雇用的管理人员也重视安全。一位矿工说："没有人能真正理解菲茨威廉矿产带来的舒适和便利，只有那些为残暴的雇主而工作的人才体会得到。"[2] 矿区的病人和因工伤残者也受到他的照顾，矿工可以享受免费的医疗护理，如果受伤，他们的工资照旧发放或者得到一部分津贴。如果工人失业，矿区会提供工作机会。矿区还修建了学校（仅收取少量学费）和住房（仅收取少量房租）。如果工人死亡，他的家属照旧可以继续在房子里居住，遗孀可以得到一笔津贴；如果工人退休可以得到一笔退休金。学者格雷厄姆·米提醒我们注意这样的事实，菲茨威廉伯爵是优待工人的优秀雇主，"在地主企业家中，这类人相当典型"[3]。

菲茨威廉伯爵给予工人的福利待遇同样惠及佃农身上，他对待工人的态度与他对待佃农的态度一样。菲茨威廉伯爵没有把佃农当作雇员，相反，他只是把自己当作工人的地主。但是第七代卡地甘伯爵对佃农非常苛刻，类似于一些资本家的做法，即使他给佃农很多施舍，佃农还是很憎恨他。贵族与佃农之间实际上是一种依存关系。菲茨威廉伯爵对待工人的态

---

[1] M. E. Finch, *The Wealth of Five Northamptonshire Families, 1540 – 1640*, London: Oxford University Press, 1956, p. 210.

[2] Graham Mee, *Aristocratic Enterprise: The Fitzwilliam Industrial Undertakings, 1795 – 1857*, Glasgow: London and Blackie, 1975, p. 110.

[3] Ibid., p. 186.

度揭示了这样一个事实，地位等级高的人有义务管理工人，无论这些人是矿产上的工人还是土地上的佃农。这种观念是地主阶级中特有的，但在职业的资本家中找不到，因为当时很多资本家把工人看作会说话的机器，对工人缺乏人性关怀。

从自身的职业要求来看，商人、资本家、企业家和工业家以谋利为目标，认同资本主义经营方式。尽管贵族并不反对个人创造财富，实际上他们也愿意创造财富，但这不是贵族的主要诉求，他们也不认同资本主义生产方式。贵族拥有土地，按照传统惯例与习俗他就得对土地上的佃户承担义务，可是资本家就不必像贵族那样对雇用的工人承担更多的责任。贵族常常瞧不起资本家从事的职业，因为贵族或多或少有令人羡慕的地租或股票收入等，而且如果他们的次子放弃绅士派头去从事某一专门的职业或贸易，其承受的压力相对较小。相比之下，工业家从早到晚都在工厂里上班，企业经营的风险性大，要是遇上公司破产，工业家的生命甚至都存在危险。贵族企业家虽然比纯粹的工业家生存的环境宽松得多，但一些贵族经商往往粗心大意，虎头蛇尾，为了过上乡村的休闲生活，他们最后放弃了工厂的经营与管理。另一方面，贵族经商的才能不一定是遗传的，他们放弃工业活动，也许是为了让社会中能力更强的人来承担，而且人们也视贵族的这一行为是明智的选择。[1]

可见，贵族是一个不同于资本家的阶级，身份只是一种形式，贵族在从事地产开发时，身份会发生改变，但是与生俱来的阶级属性，却很难同时改变。克拉克、明盖和巴林顿·摩尔等学者描述了贵族身份认同改变的现象，但这种现象并不表明贵族完全认同资本主义。我们同时也发现了大量与之相反的事实。总之，贵族在从事各类地产开发时，一方面坚守贵族统治阶级的属性，另一方面也在及时地适应社会环境的变化，他们对资本主义、工业革命、城市化的认同经历了一个曲折而漫长的过程，其中的进步者最终艰难地资产阶级化。

---

[1] Francois Crouzet, *The First Industrialists: The Problem of Origins*, Cambridge: Cambridge University Press, 1985, p. 81.

附　　录

世界近代史教材的参考文献刍议

——以"新贵族"概念为个案

参考文献往往是反映一部著作研究基础的重要方面。对于教材来说，其参考文献从某种角度则反映了编撰者对学术界新成果的吸收与利用程度。纵观新中国建立后中国学者编写的世界近代史教材，尤其是20世纪90年代以前的教材，我们发现它们的参考文献范围极其狭小，参考马列主义著作较多，西方其他学者的英文著作甚少，或者根本没有参考或引用，显然教材的编撰者未能在更广阔的范围内参考学术界已取得的最新学术成果。本文以世界近现代史教材中出现的"新贵族"这一概念为例，从参考文献的角度来解析国内世界史教材编撰中存在的问题。

一　国内世界近代史教材的参考文献状况

1949年新中国建立之后，中国的世界史学科才开始组建起来，当时学习的对象是苏联的史学体系，即"苏联体系"来编写教材，开展教学与科研。"苏联体系"以马克思主义唯物史观来指导世界史的研究，其内容包含有：否定"西欧中心论"，将世界历史划分为五个阶段，强调阶级斗争等，该体系的代表作是苏联史学界于20世纪50年代开始编撰的多卷本《世界通史》。这种体系对中国的世界史教学与研究产生了持久而重大的影响，20世纪之前，中国大学的世界史教材基本上以"苏联体系"为主。新中国成立以来，由中国学者主编的世界近代史教科书主要有如下七种：周一良、吴于廑主编的《世界通史·近代部分》，王荣堂、姜德昌主编的《世界近代史》，吴于廑、齐世荣主编的《世界史·近代史》，王斯德主编的《世界通史》第二编《工业文明的兴盛——16—19世纪的世界史》，马克垚主编的《世界文明史》，刘宗绪主编的《世界近代史》，齐世荣、刘新成、刘北成主编的《世界史·近代卷》。

这些教材均具有一定的时代特征,凝聚着中国学者对世界近代史的认识与突破,体现了中国学者的研究水准。然而综观这些教材,它们的参考文献却一直存在着可再检讨的地方。请看表1:

表1　　　　　　　世界近代史教材的参考文献一览

教材	出版机构与出版时间	研读(参考)书目	参考文献
周一良、吴于廑:《世界通史·近代部分》	人民出版社1962年版	无	《马克思恩格斯文选》《列宁全集》《毛泽东选集》等
王荣堂、姜德昌:《世界近代史》	吉林大学出版社1984年版	无	《马克思恩格斯选集》《列宁全集》《列宁选集》《剩余价值学说史》《资本论》等
吴于廑、齐世荣:《世界史·近代史》	高等教育出版社1992年版	无	《马克思恩格斯全集》《马克思恩格斯选集》《列宁选集》《列宁全集》等
王斯德:《世界通史》第二编《工业文明的兴盛——16—19世纪的世界史》	华东师范大学出版社2001年版	无	包括《马克思恩格斯全集》在内的多种中文注释
马克垚:《世界文明史》	北京大学出版社2004年版	有	附有中英文注释,马克思列宁主义著作所占比例少
刘宗绪:《世界近代史》	北京师范大学出版社2005年版	无	《马克思恩格斯全集》《马克思恩格斯选集》《列宁选集》等
齐世荣、刘新成、刘北成:《世界史·近代卷》	高等教育出版社2007年版	无	《马克思恩格斯选集》《列宁选集》等多种中文注释

在20世纪90年代以前出版的世界近代史教材,均没有在书末的附录中列出参考文献,仅采用页下注的方式,标明了一些直接引用文献的出处。而这些引用文献几乎全是马列主义著作,最为常见的有《马克思恩格斯全集》《马克思恩格斯选集》《列宁选集》《列宁全集》等,而国外

其他学者的论著,尤其是英文原著,几乎就是一片空白。这种状况一直到2000年以后编写的教科书中才开始有所转变。在21世纪初期成书的世界史教科书,开始在书后附有参考书目。同时,对马克思、恩格斯著作的引用率在下降,也开始引用一些西方学者和中国学者的学术专著。例如,在表1所列教材的参考书目中,王斯德、刘宗绪、齐世荣、刘新成、刘北成等著名学者主编的教材一直偏重于利用中文文献,对外文文献也多参考其中文译本,其注释中未能看到外文文献。这种状况一直延续到北京大学马克垚先生主编《世界文明史》才有所改变,开始直接引用英文文献。不过,马列主义著作始终是中国世界近代史教材引用频率最高的参考文献。

马列主义著作长期占据了中国世界近代史教材参考文献的主要地位,这充分说明了中国的世界近代史教材始终坚持马克思主义的指导思想,毫无疑问,这彰显教材的思想性和科学性,也是中国的世界史学者应该长期坚持的原则,但是对国外大量研究新成果视而不见,也不可避免地带来学术上的缺陷。一些中国的世界史研究者长期固守一些片面或过时的观点,忽视乃至轻视国外其他学者的最新研究成果。教材参考文献的狭隘性,将会直接影响读者对学术界最新成果的利用与吸收,甚至会因为一些文献出处的缺失,而使读者无法了解一些重要学术概念的文本依据,从而在相当程度上降低了教材的严谨性。下面,我们拟以这些教材中的"新贵族"这一概念为个案,对上述问题进行一番探讨。

二 各种教材中的"新贵族"概念

"新贵族"一词的来源,较早可见于20世纪50年代出版的苏联史学论著中,如《中世纪史》[1]《十七世纪英国资产阶级革命》[2]《世界通史》[3]《史学译丛》[4] 等,苏联学者在上述论著中认为"新贵族"形成的时间是中世纪末,主要由乡绅构成,乡绅是贵族等级的一部分。比如,苏联学者巴尔格与拉甫洛夫斯基甚至明确指出是马克思最先使用了"新贵

---

[1] [苏]谢缅诺夫:《中世纪史》,叶文雄译,生活·读书·新知三联书店1957年版,第382页。

[2] [苏]谢敏诺夫:《十七世纪英国资产阶级革命》,刘祚昌译,人民出版社1954年版,第1页。

[3] 苏联社科院主编:《世界通史》第4卷上册,北京编译社译,生活·读书·新知三联书店1962年版,第439页;苏联社科院主编:《世界通史》,第5卷上册,北京编译社译,生活·读书·新知三联书店1962年版,第16页。

[4] [苏]M. A. 巴尔格、B. M. 拉甫罗夫斯基:《论17世纪上半期英国新贵族和自耕农的社会本质》,《史学译丛》1956年第4期,第93、88页。

族"这一提法:"今天被称为新贵族这个阶层的最初定义,是由马克思在其对基佐的'英国革命为什么成功?'这一小册子的评论文里提出来的。"从20世纪50年代至70年代,中国高校的世界近代史教科书基本上以苏联的高校教材为主,苏联史学界对英国"新贵族"的界定深深地影响了中国的世界史教材的编撰。

从20世纪50年代至80年代中国的世界史教材主要采用苏联史学家的观点。在20世纪50年代,中国学者直接照搬苏联教科书的提法,如刘祚昌在《英国资产阶级革命史》一书中说:"当时对于圈地最热心的是中小贵族,亦即乡绅(gentry)。"① 到了20世纪60年代,中国的世界史教科书照旧延续苏联学者的看法。1962年,周一良、吴于廑主编的《世界通史》是新中国成立以来中国人自己编写的第一部世界史教材,共四卷。其书的近代部分认为世界近代史始于1640年的英国资产阶级革命,因而对于革命前的阶级关系作了分析,书中对于"新贵族"是这样描述的:"新贵族主要是属于中、小贵族阶层的乡绅。"② 编者把乡绅归入贵族行列,没有区分贵族和乡绅这两个概念,可见,中国的世界史学者仍旧在照搬苏联的史学观点。接下来的"文化大革命"期间,中国的世界史教材几乎在原地踏步,无甚建树。20世纪80年代以来,中国世界史学界的同人开始反思"苏联体系"的得失,他们并不拘泥于固有成见,对"新贵族"这一名词进行了一番探究。例如,李德志认为马克思、恩格斯从未把乡绅归入贵族行列,"新贵族"首先必须是贵族,把乡绅当作"新贵族"的主要成分是错误的,③ 张伟伟把"新贵族"严格限定为"新受封的贵族",④ 侯建新认为乡绅不是贵族,乡绅地产被称为小贵族根本不符合英国的史实。⑤ 以上三位学者所指的"新贵族"均是指具有公侯伯子男爵位的贵族,乡绅与贵族虽然存在千丝万缕的联系,学术界早已判定二者是两个完全不同的概念,不能混为一谈。

遗憾的是,这些成果并未被教材编撰者吸收。20世纪八九十年代的

---

① 刘祚昌:《英国资产阶级革命史》,新知识出版社1956年版,第13页。
② 周一良、吴于廑主编:《世界通史·近代部分》,人民出版社1962年版,第181页。
③ 李德志:《试论英国新贵族的构成、特点及历史作用》,《史学集刊》1985年第3期,第57页。
④ 张伟伟:《十七世纪英国农业资产阶级的构成及其特征》,《世界历史》1987年第2期,第90页。
⑤ 侯建新:《英国的骑士、乡绅和绅士都不是贵族》,《历史教学》1998年第3期,第32—34页。

中国世界近代史教材，有的学者仍然在坚守苏联学者的观点，有的虽然未完全照搬苏联学者的看法，但总体上还是没有脱离"苏联体系"的影响。例如，王荣堂主编的教材虽然没有把乡绅当作贵族，但也没有明确界定"新贵族"的定义，他只是笼统说道："在英国，那些进行圈地并向农业资本家出租的贵族便是资产阶级化的新贵族，作为旧贵族时，他们收取的地租是直接生产者的全部剩余劳动，作为新贵族，如同前文所说，其地租则是租地农场主平均利润的余额。……新贵族有许多是从旧贵族转变而成的，也有许多是商人购买土地和贵族头衔而转化来的。"① 可见，王荣堂先生把旧贵族和商人看成"新贵族"的主要来源。

相比之下，刘宗绪主编的《世界近代史》曾经再版过多次，是同类教材中对"新贵族"描述较多的一种。刘宗绪先生在书中解释了"新贵族"的主要来源以及形成时间，他说："进行圈地的贵族领主们，由于从收取传统的封建地租改为收取资本主义地租（即农场主利润中的一部分），从而成为资产阶级化了的地主，历史上称他们为新贵族。"② 他进一步指出了"新贵族"的形成时间是在16世纪初期亨利八世进行宗教改革时形成的，亨利八世在没收天主教会的地产后将其全部抛售，购买地产"主要是商人、官吏、富有的自由农民以及部分大地主"。同时，他还指出："新贵族除来源于进行圈地的旧贵族外，相当多的人原来本是商人，因购买土地及贵族头衔而变成新贵族的。"③ 刘宗绪先生虽然注意到了"新贵族"构成的复杂性，但又将"商人、官吏、富有的自由农民以及部分大地主"视为"新贵族"的主要来源，这无疑又是不正确的。

1992年出版的吴于廑、齐世荣主编《世界史》六卷本，可以称得上是新中国成立以来中国世界史学界在教材建设中的最高成就，该教材至今普遍应用于国内各高校。其近代史卷主编刘祚昌曾是前文提及的《十七世纪英国资产阶级革命》一书的译者，他依然承袭了苏联学者的观点："新贵族主要是从乡绅转变而成的，但也有一部分大商人由于购买土地而加入了新贵族的行列。"④ 不难看出，这套教材还是沿袭了此前一系列教材的说法，并未出现新的创见。

进入21世纪，中国的世界史教材在英国新贵族的定义上仍没有多大

---

① 王荣堂、姜德昌主编：《世界近代史》，吉林文史出版社1984年版，第36页。
② 刘宗绪：《世界近代史》，高等教育出版社1986年版，第19页。
③ 同上书，第20页。
④ 吴于廑、齐世荣主编：《世界史·近代史》，高等教育出版社1992年版，第111页。

改观。2001年华东师范大学出版社出版了王斯德主编的世界近代史教材，该书写道："封建统治阶级——贵族，分裂为旧贵族和新贵族两大阶层。在英国北部地区，大部分贵族仍沿袭旧的剥削方式，靠榨取农民的地租生活，获得了'旧贵族'的称号。他们坚信英国国教，其中许多人担任着国家的官职，成为封建专制统治的支柱。而在东部及西南部地区，许多中、小贵族雇用农业工人，用资本主义方式经营农、牧场，或把土地出租给农业资本家，坐收地租，有些人还把从农业中赚得的利润投资到工商业中。这些头脑经营灵活的贵族被称为'新贵族'。"① 2004年，北京大学出版社出版了马克垚主编的《世界文明史》一书，该书以文明为视角探讨了农业文明与工业文明，马先生在描写工业文明的诞生地——英国时并没有提及新贵族。2007年，高等教育出版社出版了由齐世荣教授担任总主编，刘新成、刘北成教授主编的新版《世界史·近代卷》一书，该书附有将英文参考文献翻译为中文的注释以及《马克思恩格斯选集》《列宁选集》等马列主义著作。书中虽然提到了新贵族，但同样没有对此作出任何的解释。

三 关于"新贵族"概念的评论

是谁最先使用了"新贵族"这一概念呢？上文提到，苏联学者巴尔格与拉甫洛夫斯基认为马克思最先使用了"新贵族"这个概念，他们的根据在于，马克思在文中曾经说过这样的话："这个和资产阶级发生联系的大地主阶级——不过这已在亨利八世时期出现了——与1789年法国封建土地所有主不同，不但不和资产阶级生存条件相矛盾，反而与它充分地协调着。"② 苏联学者在此武断地把马克思所说的"大地主阶级"当作了"新贵族"。那么，马克思是否真的使用了"新贵族"这一概念呢？

中译本《马克思恩格斯选集》是这样翻译马克思在1848年发表的《资产阶级和反革命》一文中关于贵族的提法："在1648年，资产阶级和新贵族结成了同盟反对君主制度，反对封建贵族和反对统治的教会。"③ 对照其英文版，中译本把"modern aristocracy"翻译为"新贵族"，显然

---

① 王斯德主编：《世界通史》第二编《工业文明的兴盛——16—19世纪的世界史》，华东师范大学出版社2001年版，第50页。
② 转引自M. A. 巴尔格、B. M. 拉甫罗夫斯基《论17世纪上半期英国新贵族和自耕农的社会本质》，《史学译丛》1956年第4期，第88页；又见马克思著《评基佐著"英国革命为什么成功？"》，刘祚昌、潘碔基译，《文史哲》1953年第3期，第37页。
③ 《马克思恩格斯选集》第1卷，人民出版社1972年版，第320页。

这个翻译是不正确的。"modern aristocracy"可译为"近代贵族"或者"现代贵族",马克思在文中并没有对"modern aristocracy"的来源与构成进行解释,所以我们不能随意将之译为"新贵族"。

1848年12月11日,马克思发表的《英国革命为什么成功》一文中也未使用过"新贵族"一词,依笔者之见,该文中的"大地主阶级"既可能指贵族,也可能指乡绅,或者也可以这么说,"大地主阶级"可能包括贵族中的"新贵族",也可能包括"旧贵族",但绝不仅仅只是苏联学者所说的"新贵族"。英国是一个土地私有制的国家,贵族占有大量地产,是名副其实的大地主,但大地主未必就是贵族,因为有些乡绅和商人也占有大片土地,也是大地主,这两个阶级显然与贵族有别。而且,马克思并没有把乡绅也划入贵族的范畴,他对贵族的界定是十分谨慎的。比如1853年,马克思在《国防。——财政。——贵族的死绝。——政局》一文中说:"就拿大不列颠的贵族和从男爵为例来说吧。目前,诺曼贵族已经是绝无仅有;最初的詹姆斯一世时代的从男爵留下的也不多了。上院的绝大部分议员是在1760年被册封为贵族的。从男爵的称号始于1611年詹姆斯一世在位时期。当时获得从男爵这个称号的贵族,现今只剩下13家了;在1625年被封为这个爵位的贵族,现在只剩下了39家。"① 可见,马克思认为英国贵族的数量非常少,取得贵族的称号是有严格限制的,马克思决不会把数量众多的乡绅阶层也归入贵族之列。

马克思虽然没有直接使用"新贵族"一词,但他的文章中的确引用过类似于"新贵族"之说。1850年4月,马克思和恩格斯在《新莱茵报》第四期上发表书评评论托马斯·卡莱尔的《当代评论》,马克思和恩格斯在文章中引用了卡莱尔的原话:"In all European countries, especially in England, one class of Captains and commanders of men, recognisable as the beginning of a new, real and not imaginary Aristocracy, has already in some measure developed itself: the Captains of Industry; – happily the class who above all [...] are wanted in this time."这段话收录于《马克思恩格斯全集》第七卷,人民出版社1959年版的中译本将其译为:"在欧洲各国,特别是在英国,在一定程度上已经形成了一个长官和指挥员阶级,这个阶级可以说是真实的而不是假想的新的贵族阶级的萌芽——这就是工业长官,即幸而是我们这个时代最需要的阶级。"② 人民出版社1998年版则译

---

① 《马克思恩格斯全集》第8卷,人民出版社1961年版,第586页。
② 《马克思恩格斯全集》第7卷,人民出版社1959年版,第309页。

为:"在欧洲各国,特别是在英国,在一定程度上已经形成了一个人类的长官和指挥员阶级,这个阶级可以说是真实的而不是假想的新贵族阶级的萌芽——这就是工业长官,即幸而是我们这个时代最需要的阶级。"① 卡莱尔把"新的贵族阶级"与"新贵族阶级"当作了"工业长官",马克思在此并没有评论"a new, real and not imaginary Aristocracy",而是谈论"工业长官"(即工业资产阶级)与工人阶级的关系。

与马克思不同的是,1850 年夏,恩格斯在《德国农民战争》一文中多次使用"nobility",并且提到了"新贵族":"In Germany, the old nobility survived, while in England it was exterminated by the Wars of the Roses, only twenty-eight families remaining, and was superseded by a new nobility of middle-class derivation and middle-class tendencies. …while in England serfdom had been virtually eliminated, and the nobility had become plain middle-class land owners, with a middle-class source of income-the ground rent." 人民出版社 1959 年版的中译本是这样翻译的:"英国旧贵族却被蔷薇战争消灭得只剩下 28 家,并为资产阶级出身和有资产阶级倾向的新贵族所代替了。……在英国,农奴制几乎完全废除了,贵族就是单纯的资产阶级地主,其财源是资产阶级性的收入:地租。"② 从这句话可知,恩格斯认为英国新贵族产生于蔷薇战争(1455—1485)之后。

马克思、恩格斯的论著中出现了"新贵族"这个称号,20 世纪从事贵族专题研究的众多学者却没有使用过。例如,J. V. 贝克特的《1660—1914 年的英国贵族》、劳伦斯·斯通的《贵族的危机:1558—1641》与《开放的精英? 1540—1880 年的英国》、约翰·坎农的《贵族世纪:18 世纪的英国贵族》、M. L. 布什的《英国贵族:比较研究》等欧洲学者的著作,这些作品在国内外学术界产生了广泛的影响,他们的著作中没有明确提及和补充论述马克思、恩格斯所谓的"新贵族"。可是,中国的世界近代史教材却一直没有反映和总结这方面的学术研究动态和成果,这不能不说是教材编写的一个缺憾。

那么,如何认识"新贵族"这一称呼呢? 笔者以为,"新贵族"就是新封授的贵族,"新贵族"首先是贵族,不能将它的含义扩大,否则会产生混淆。具体而言,我们可以从如下方面来认识"新贵族":第一,苏联学者将乡绅视为"新贵族"的主要成分于英国的史实不符,中小贵族也

---

① 《马克思恩格斯全集》第 7 卷,人民出版社 1998 年版,第 320、438 页。
② 同上。

不是乡绅，这种观点早已受到批评。第二，苏联学术界曲解了马克思的相关论断，马克思从来没有说过乡绅就是"新贵族"，马克思对英国贵族的界定是严格的，认为具有公、侯、伯、子、男爵位的才是贵族，"新贵族"仍然属于公、侯、伯、子、男这五个爵位范围。笔者以为，马克思、恩格斯所谓的"新贵族"主要是指贵族阵营中采用了资本主义的经营方式，具有资产阶级倾向的贵族大地主，而不是苏联学者所谓的"大地主阶级"。第三，国内史学界没有正确理解"新贵族"的含义，肆意扩大了它的范围，将商人、金融家、官吏、富农以及部分大地主视为其主体。众所周知，近代英国贵族爵位的受封是十分严格的，虽然近代英国社会各阶层的流动十分活跃，但贵族集团对上述群体的"开放"十分有限，只有少数人最终才变成贵族。所以，"新贵族"的主体部分仍然是贵族。

英国新贵族在英国近代史上并非是一个人数庞大的群体，但是十分重要。多年以来，马克思的观点——资产阶级和"新贵族"结盟成为17世纪资产阶级革命的领导者这一观念可谓根深蒂固，"新贵族"在政治方面的突出作用往往遮蔽了他们在经济领域的重要贡献。我们知道，贵族经商在近代英国、法国、意大利、西班牙、葡萄牙、德国、瑞典、匈牙利等欧洲国家普遍存在，然而，贵族阶层，尤其是英国"新贵族"的经济贡献却常常得不到应有的重视，以至于学生鲜有思考英国贵族与工业革命、城市化等重大事件的关系。如何加深学生对于工业革命与城市化的认识，教师可以采取不同的研究视角进行启发，从"新贵族"的视角进行切入是一个新的尝试。同时，针对现有教材中英文参考文献的不足，在教材中列举有关英国贵族的英文参考文献，这样更能适应世界史升级为一级学科后对教材的新要求。

（原文发表于《历史教学》2014年第5期下半月刊，收入本书有修订）

参考文献

一 中文部分

（一）中文著作和译著

［法］保尔·芒图：《十八世纪产业革命——英国近代大工业初期的概况》，杨人楩等译，商务印书馆1997年版。

［美］巴林顿·摩尔：《民主和专制的社会起源》，拓夫等译，华夏出版社1987年版。

陈曦文和王乃耀主编：《英国社会转型时期经济发展研究：16世纪至18世纪中叶》，首都师范大学出版社2002年版。

《大美百科全书》第13卷，台北光复书局1991年版。

［美］道格拉斯·C.诺斯：《西方世界的兴起》，厉以平、蔡磊译，华夏出版社1999年版。

［美］哈罗德·J.伯尔曼：《法律与革命》，贺卫方等译，中国大百科全书出版社1993年版。

姜德福：《社会变迁中的贵族——16—18世纪英国贵族研究》，商务印书馆2004年版。

［德］卡尔·马克思：《资本论》第1—3卷，中共中央马克思恩格斯列宁斯大林著作编译局译，人民出版社2004年版。

［意］卡洛·M.奇波拉：《欧洲经济史》第2卷，贝昱等译，商务印书馆1988年版。［意］卡洛·M.奇波拉：《欧洲经济史》第3卷，吴良健等译，商务印书馆1989年版。

《马克思恩格斯全集》，第6卷、第23卷，人民出版社1972年版。

马克垚：《英国封建社会研究》，北京大学出版社2005年版。

［英］马歇尔：《经济学原理》上卷，朱志泰译，商务印书馆1964年版。

钱乘旦、陈晓律：《英国文化模式溯源》，上海社会科学院出版社2003年版。

［德］桑巴特：《现代资本主义》第1卷，李季译，商务印书馆1958

年版。

沈汉:《西方社会结构的演变——从中古到 20 世纪》,珠海出版社 1998 年版。

[美]斯塔夫·阿诺斯:《全球通史》,董书惠等译,上海社会科学院出版社 1999 年版。

[法]托克维尔:《论美国的民主》上卷,董果良译,商务印书馆 1997 年版。

王宁:《消费社会学——一个分析的视角》,社会科学文献出版社 2001 年版。

[英]威廉·配第:《赋税论·献给英明人士·货币略论》,陈冬野等译,商务出版社 1972 年版。

咸鸿昌:《英国土地法律史——以保有权为视角的考察》,北京大学出版社 2009 年版。

[美]伊利·莫尔豪斯:《土地经济学原理》,滕维藻译,商务印书馆 1982 年版。

阎照祥:《英国贵族史》,人民出版社 2000 年版。

[美]伊曼纽尔·沃勒斯坦:《现代世界体系》,庞卓恒等译,高等教育出版社 2000 年版。

[英] E. E. 里奇和 C. H. 威尔逊主编:《剑桥欧洲经济史:近代早期的欧洲经济组织》第 5 卷,高德步等译,经济科学出版社 2002 年版。

(二) 中文期刊论文

郭爱民:《土地产权的变革与英国农业革命》,《史学月刊》2003 年第 11 期。

郭爱民:《工业化时期英国地产代理制度透视——兼与中世纪庄官组织相比较》,《世界历史》2011 年第 3 期。

何顺果:《特许公司——西方推行"重商政策"的急先锋》,《世界历史》2007 年第 1 期。

姜德福:《国内学术界对 15—18 世纪西欧贵族的研究述评 (1979—2001)》,《安徽史学》2003 第 3 期。

欧阳萍:《"城市的无冕之王"——论贵族地主在近代英国城市发展中的作用》,《兰州学刊》2011 年第 4 期。

徐浩:《地主与英国农村现代化的启动》,《历史研究》1999 年第 1 期。

俞金尧:《近代早期英国经济增长与煤的使用——西方学者研究经济史的新视角》,《科学文化评论》2006 年第 4 期。

二 外文部分

(一) 外文著作及档案

Adam Smith, *An Inquiry into the Nature and Causes of the Wealth of Nations*, R. H. Campbell and A. S. Skinner ed., Oxford: Clarendon Press, 1976.

Adam Smith, *The Theory of Moral Sentiments*, D. D. Raphael and A. L. Macfie ed., Oxford: Clarendon Press, 1976.

Adam Smith, *Lectures on Jurisprudence*, R. L. Meek, D. D. Raphael and P. G. Stein ed., Oxford: Clarendon Press, 1978.

A. L. Beier, & F. Roger, *London 1500 – 1700: The Making of the Metropolis*, London: Longman, 1985.

A. R. Griffin, *The British Coalmining Industry*, London: Moorland, 1977.

A. R. H. Baker and D. Gregory, ed., *Explorations in Historical Geography: Interpretative Essays*, Cambridge: Cambridge University Press, 1984.

Alan Birch, *The Economic History of the British Iron and Steel Industry, 1784 – 1879*, London: Frank Cass, 1967.

Alexander Broadie, ed., *The Cambridge Companion to the Scottish Enlightenment*, Cambridge: Cambridge University Press, 2003.

Arthur Young, *A Travel in the Southern England*, London: Longmans, Green & Co., Ltd, 1772.

Asa Briggs, *Victorian Cities*, London: Harmondsworth, 1968.

B. R. Mitchell, *Abstract of British Historical Statistics*, Cambridge: Cambridge University Press, 1962.

Barrie Trinder, *The Industrial Revolution in Shropshire*, Chichester: Phillimore & Co Ltd, 1973.

Brian Bonnyman, *The Third Duke of Buccleuch and Adam Smith: Estate Management and Improvement in Enlightenment Scotland*, Edinburgh: Edinburgh University Press, 2014.

C. W. Chalklin, *The Provincial Towns of Georgian England: A Study of the Building Process, 1740 – 1820*, London: Edward Arnold, 1974.

C. W. Chalklin and M. Havinden, ed., *Landscape and Society, 1500 – 1800*, London: Longman, 1973.

C. W. Chalklin and J. R. Wordie, ed., *Town and Countryside: the English landowner in the National Economy, 1660 – 1860*, Boston: Unwin Hyman, 1989.

Charles Wilson, *England's Apprenticeship 1603 - 1763*, London: Longman, 1979.

Clifford Stephenson, *The Ramsdens and Their Estate in Huddersfield*, Huddersfield: County Borough of Huddersfield, 1972.

D. C. Coleman, *The Economy of England 1450 - 1750*, London: Oxford University Press, 1977.

Daniel Defoe, *A Tour Through the Whole Island of Great Britain*, New Haven: Yale University Press, 1991.

David Cannadine, *Lords and Landlords: The Aristocracy and Towns, 1774 - 1967*, Leicester: Leicester University Press, 1980.

David Cannadine, *The Decline and Fall of the British Aristocracy*, New Haven: Yale University Press, 1990.

David Cannadine, *Aspects of Aristocracy: Grandeur and Decline in Modern Britain*, New Haven: Yale University Press, 1994.

David Grigg, *The Agricultural Revolution in South Lincolnshire*, Cambridge: Cambridge University Press, 1966.

David John Owen, *History of Belfast*, Belfast: W. & G. Baird, 1921.

David Oldroyd, *Estates, Enterprise and Investment at the Dawn of the Industrial Revolution: Estate Management and Accounting in the North-East of England, c. 1700 - 1780*, Aldershot: Ashgate, 2007.

David Spring, *The English Landed Estate in the Nineteenth Century: Its Administration*, Baltimore: Johns Hopkins Press, 1963.

Denis E. Cosgrove, *Social Formation and Symbolic Landscape*, Madison: The University of Wisconsin Press, 1984.

Derek H. Aldcroft, ed., *Transport in the Industrial Revolution*, Manchester: Manchester University Press, 1983.

Derek Hirst, *Authority and Conflict, 1603 - 1658*, London: Edward Arnold, 1986.

Donald J. Olsen, *Town Planning in London: The Eighteenth And Nineteenth Centuries*, New Haven: Yale University Press, 1964.

Donald J. Olsen, *The Growth of Victorian London*, London: Holmes & Meier, 1976.

E. A. Wrigley, & R. S. Schofield, *The Population History of England, 1541 - 1871*, Cambridge: Cambridge University Press, 1981.

E. A. Wrigley, Continuity, *Chance and Change*: *The Character of the Industrial Revolution in England*, Cambridge: Cambridge University Press, 1988.

E. L. Jones, *Agriculture and the Industrial Revolution*, Oxford: Basil Blackwell, 1974.

E. L. Jones and G. E. Mingay, ed., *Land, Labour and Population in the Industrial Revolution*, London: Edward Arnold, 1967.

Edmund W. Gilbert, Brighon, *Old Ocean's Bauble*, England: Flare Books, 1975.

Eileen Spring, *Law, Land, & Family*: *Aristocratic Inheritance in England, 1300 – 1800*, Chapel Hill: The University of North Carolina Press, 1993.

Elie Halevy, *The Liberal Awakening, 1815 – 1830*, London: Ernest Benn, 1961.

Elizabeth McKellar, *The Birth of Modern London*: *The Development and Design of the City 1660 – 1720*, Manchester: Manchester University Press, 1999.

Eric Kerridge, *The Agricultural Revolution*, London: George Allen & Unwin, 1967.

Ernest Campbell Mossner and Ian Simpson Ross ed., The Correspondence of Adam Smith, Oxford: Clarendon Press, 1987.

F. C. Mather, *After The Canal Duke*: *A Study of the Industrial Estates Administered by the Trustees of the Third Duke of Bridgewater in the Age of Railway Building*, Oxford: Clarendon Press, 1970.

F. H. W. Sheppard, ed., *The Survey of London, XXXIX, The Grosvenor Estate in Mayfair, Part I*: *General History*, London: Athlone Press, 1977.

F. M. L. Thompson, *English Landed Society in the Nineteenth Century*, London: Routledge, 1963.

F. M. L. Thompson, ed., *Landowners, Capitalists, and Entrepreneurs*: *Essays for Sir John Habakkuk*, Oxford: Clarendon Press, 1994.

Francois Crouzet, *Capital formation in the Industrial Revolution*, London: Methuen & Co Ltd, 1972.

Francois Crouzet, *The First Industrialists*: *The Problem of Origins*, Cambridge: Cambridge University Press, 1985.

G. E. Mingay, *English Landed Society in the 18th Century*, London: Routledge & Kegan Paul, 1963.

G. E. Mingay, *The Gentry*: *The Rise and Fall of a Ruling Class*, London: Longman, 1976.

G. E. Mingay, ed. , *The Victorian Countryside*, *Vol. I*, *Vol. II*, London: Routledge & Kegan Paul, 1981.

G. E. Mingay, ed. , *The Agrarian History of England and Wales*: *Vol. VI*, *1750 – 1850*, Cambridge: Cambridge University Press, 1989.

G. E. Mingay, *Parliamentary Enclosure in England*: *An Introduction to Its Causes*, *Incidence*, *and Impact*, *1750 – 1850*, New York: Longman, 1998.

G. M. Young, *Today and Yesterday*: *Collected Essays and Addresses*, London: Rupert Hart-Davis, 1950.

G. M. Young and W. D. Handcock, ed. , *English Historical Documents*, *1874 – 1914*, *Vol. XII*, London: Eyre & Spottiswoode, 1977.

George Rude, *Hanoverian London*, *1714 – 1808*, London: Secker and Warburg, 1971.

Graham Mee, *Aristocratic Enterprise*: *The Fitzwilliam Industrial Undertakings*, *1795 – 1857*, Glasgow: London and Blackie, 1975.

H. J. Habakkuk, *Marriage*, *Debt*, *and the Estates System*: *English Landowership*, *1650 – 1950*, London: Oxford University Press, 1994.

H. M. Scott, *The European Nobilities in the Seventeenth and Eighteenth Centuries*, *Vol. I*: *Western and Southern Europe*, London: Longman, 1995.

Harold Perkin, *Origins of Modern English History*, *1780 – 1880*, London: Ark Paperbacks, 1969.

Henry French and Jonathan Barry, *Identity and agency in England*, *1500 – 1800*, New York: Palgrave Macmillan, 2004.

Henry Kamen, *European Society*, *1500 – 1700*, London: Routledge, 1984.

John Davies, *Cardiff and the Marquesses of Bute*, Cardiff: University of Wales Press, 1981.

J. D. Chambers and G. E. Mingay, *The Agricultural Revolution*, *1750 – 1880*, London: B. T. Batsford, 1966.

J. L. Sanford & M. W. Townsend, *The Great Governing Families of England*, *Vol. I*, Edinburgh: William Blackwood, 1865.

J. Lloyd, *The Early History of the Old South Wales Iron Works*, Bedford: Bedford Press, 1906.

J. R. Ward, *Finance of Canal Building in Eighteenth Century England*, London: Oxford University Press, 1974.

J. R. Wordie, *Estate Management in Eighteenth-century England: The Building of the Leveson-Gower Fortune*, London: Royal Historical Society, 1982.

J. T. Ward and R. G. Wilson, ed. , *Land and Industry: The Landed Estate and the Industrial Revolution*, David & Charles: Newton Abbot, 1971.

J. U. Nef, *The Rise of the British Coal*, Vol. I, London: Routledge & Kegan Paul, 1966.

J. V. Beckett, *The Aristocracy in England, 1660 – 1914*, Oxford: Blackwell, 1986.

James F. Larkin and Paul L. Hughes, ed. , *Stuart Royal Proclamations*, Vol. 1, Vol. 2, Oxford: Clarendon Press, 1983.

James M. Rosenheim, *The Emergence of a Ruling Order: English Landed Society, 1650 – 1750*, London: Longman, 1998.

James Walvin, *Leisure and Society, 1830 – 1950*, London: Longman, 1978.

James Walvin, *Beside the Seaside: A Social History of the Popular Seaside Holiday*, London: Allen Lane, 1978.

Jane Whittle, *The Development of Agrarian Capitalism: Land and Labour in Norfolk 1440 – 1580*, Oxford: Clarendon Press, 2000.

Jerzy Lukowski, *The European Nobility in the Eighteenth Century*, New York: Palgrave Macmillan, 2003.

Joan Thirsk, ed. , *The Agrarian History of England and Wales*, Vol. IV, *1500 – 1640*, Cambridge: Cambridge University Press, 1967.

Joan Thirsk, ed. , *The Agrarian History of England and Wales*, Vol. V, *1640 – 1750*, Cambridge: Cambridge University Press, 1985.

Joan Thirsk, *England's Agricultural Regions and Agrarian History, 1500 – 1750*, London: Macmillan, 1987.

John Bateman, *The Great Landowners of Great Britain and Ireland*, 4th edn, 1883, ed. David Spring, Leicester: Leicester University Press, 1971.

John Cannon, *Aristocratic Century: The Peerage of Eighteenth Century England*, Cambridge: Cambridge University Press, 1984.

John Chapman, ed. , *The Enclosure Maps of England and Wales 1595 – 1918: A Cartographic Analysis and Electronic Catalogue*, Cambridge: Cambridge University Press, 2004.

John Chartres and David Hey, eds. , *English Rural Society, 1500 – 1800: Essays in Honour of Joan Thirsk*, Cambridge: Cambridge University Press, 1990.

John Davies, *Cardiff and the Marquesses of Bute*, Cardiff: University of Wales Press, 1981.

John. E. Martin, *Feudalism to Capitalism: Peasant and Landlord in English Agrarian Development*, New Jersey: Humanitiies Press, 1983.

John Habakkuk, *Marriage, Debt, and the Estates System: English Landownership, 1650 – 1950*, Oxford: Clarendon Press, 1994.

John Harris and Roy Strong, *The King's Arcadia: Inigo Jones and the Stuart Court*, London: Arts and Council of Great Britain, 1973.

John Hassan, *The Seaside, Health and the Environment in England and Wales since 1800*, Aldershot: Ashgate, 2003.

John K. Walton, *The English Seaside Resort: A Social History, 1750 – 1914*, New York: Leicester University Press, 1983.

John Sinclair ed., *A Statistical Account of Scotland*, Vol. 2, Edinburgh: Creech, 1799.

John R. Kellett, *The Impact of Railways on Victorian Cities*, London: Routledge and Kegan Paul, 1969.

John Summerson, *Georgian London*, New Haven: Yale University Press, 2003.

John Walker, "Walker to Cardross", 12 April 1766, Edinburgh: National Library of Scotland, MS 588.

John Walker, *Adversaria (1766 – 1772)*, Glasgow: Glasgow University Library, MS Murray 27.

Jonathan Dewald, *The European Nobility, 1400 – 1800*, Cambridge: Cambridge University Press, 1996.

Keith Wrightson, *English Society, 1580 – 1680*, New Jersey: Rutgers University Press, 1982.

Lawrence Stone, *The Crisis of the Aristocracy 1558 – 1641*, London: Oxford University Press, 1967.

Lawrence Stone, *Family and Fortune: Studies in Aristocratic Finance in the Sixteenth and Seventeenth Centuries*, Oxford: Clarendon Press, 1973.

Lawrence Stone and Jeanne C. Stone, *An Open Elite? England, 1540 – 1880*, London: Oxford University Press, 1984.

Lord Ernle, *English Farming: Past and Present*, London, Longmans: Green & Co., Ltd, 1921.

M. A. Simpson and T. H. Lloyd, ed., *Middle Class Housing in Britain*, Newton

Abbot: David and Charles, 1977.

M. C. Reed, *Investment in Railways in Britain, 1820 – 1844: A Study in the Development of the Capital Market*, London: Oxford University Press, 1975.

M. E. Finch, *The Wealth of Five Northamptonshire Families, 1540 – 1640*, London: Oxford University Press, 1956.

M. L. Bush, *The English Aristocracy: A Comparative Synthesis*, Manchester: Manchester University Press, 1984.

M. W. Flinn, *The History of the British Coal Industry*, Vol. 2: 1700 – 1830, Oxford, 1984.

Mark Overton, *Agricultural Revolution in England: the Transformation of the Agrarian Economy, 1500 – 1800*, Cambridge: Cambridge University Press, 1996.

Martin J. Wiener, *English Culture and the Decline of the Industrial Spirit, 1850 – 1950*, Cambridge: Cambridge University Press, 2004.

Maurice Dobb, *Studies in the Development of Capitalism*, London: Routledge, 1946.

Michael Turner, *English Parliamentary Enclosure: Its Historical Geography and Economic History*, Folkestone: William Dawson and Sons, 1980.

Michael Forsyth, *Bath*, New Haven & London: Yale University Press, 2003.

Index to the Students in Natural History Class Lists 1782 – 1800, Special Collections Department of the Library, Edinburgh: University of Edinburgh.

Lists of Students at the Class of Natural History in the University of Edinburgh, March 1782, Special Collections Department of the Library, Edinburgh: University of Edinburgh, MS. DC 1. 18.

Nathaniel Kent, *Hints to Gentlemen of Landed Property*, London: J. Dodsley, 1775.

National Records of Scotland, GD224/386/11, Ilay Campbell to Archibald Campbell, 16 October, 1767.

National Records of Scotland, GD224/389/2/19, Draft Advertisement in Archibald Campbell's Handwriting, October, 1767.

National Records of Scotland, GD224/386/11, Ilay Campbell to Archibald Campbell, 20 October, 1767.

National Archives of Scotland, GD224/389/2/20, Draft of Archibald Campbell's Letter to Adam Smith, Regarding Management of the Buccleuch Estate, 29

October, 1767.

Peter Borsay, ed. , *The Eighteenth Century Town: A Reader in English Urban History, 1688 - 1820*, London: Longman, 1990.

Peter Borsay, *The Image of Georgian Bath 1700 - 2000: Towns, Heritage and History*, London: Oxford University Press, 2000.

Peter Clark and Paul Slack, *English Towns in Transition 1500 - 1700*, London: Oxford University Press, 1976.

Peter Clark, ed. , *Country Towns in Pre-Industrial England*, Leicester: Leicester University Press, 1981.

Peter Clark, *The Cambridge Urban History of Britain*, Vol. I, Vol. II, Cambridge: Cambridge University Press, 2000.

Peter Kriedt, *Peasants, Landlords and Merchant Capitalists: Europe and the World Economy, 1500 - 1800*, Warwickshire: Berg Publishers Ltd, 1980.

Peter Mathias, *The First Industrial Nation: The Economic History of Britain 1700 - 1914*, London: Routledge, 2001.

Phyllis Deane, *The First Industrial Revolution*, Cambridge: Cambridge University Press, 1979.

Phyllis Deane and W. A. Cole, *British Economic Growth, 1688 - 1959*, Cambridge: Cambridge University Press, 1969.

Phyllis May Hembry, *The English Spa, 1560 - 1815: A Social History*, London: Fairleigh Dickinson University Press, 1990.

R. A. C. Parker, *Coke of Norfolk: A Financial Agricultural Study, 1707 - 1842*, Oxford: Clarendon Press, 1975.

R. C. Allen, *Enclosure and the Yeoman: the Agricultural Development of the South Midlands, 1450 - 1850*, Oxford: Clarendon Press, 1992.

R. Dodgson and R. Butlin, ed. , *An Historical Geography of England and Wales*, London: Academic Press, 1978.

R. H. Tawney, *The Agrarian Problem in the Sixteenth Century*, New York: Harper & Row Publishers, 1967.

R. J. Olney, *Lincolnshire Politics, 1832 - 1885*, London: Oxford University Press, 1973.

Robert Kerr, *Memoirs of the Life, Writings, and Correspondence of William Smellie*, Edinburgh: Printed for John Anderson, 1811.

Robert Mellors, *Old Nottingham Suburbs Then and Now*, Nottingham: J. &

H. Bell Ltd, 1914.

R. Porter, *English Society in the Eighteenth Century*, London: Allen & Unwin, 1982.

R. Porter, *London: A Social History*, London: Hamish Hamilton, 1994.

Raymond Williams, *The Country and the City*, Oxford: Oxford University Press, 1973.

Richard Brown, *Society and Economy in Modern Britain, 1700 – 1850*, London: Routledge, 1991.

Richard Grassby, *The English Gentleman in Trade: The Life and Works of Sir Dudley North, 1641 – 1691*, New York: Clarendon Press, 1994.

Richard Rodger, *Housing in Urban Britain 1780 – 1914*, Cambridge: Cambridge University Press, 1995.

Robert Guerrina, *Europe: History, Ideas and Ideologies*, London: Arnold, 2002.

Robert Walcott, *English Politics in the Early of Eighteenth Century*, Oxford: Oxford University Press, 1956.

Roderick Floud and Donald McCloskey, ed. , *The Economic History of Britain since 1700, Vol. I: 1700 – 1860*, Cambridge: Cambridge University Press, 1981.

Scottish Record Office, GD/18/5118, 1764.

S. G. Finney, *Hints to Landlords, Tenants, and Labourers*, London: Piccadilly, 1860.

S. H. Goo, *Sourcebook on Land Law*, London: Cavendish Publishing Limited, 2002.

S. Jenkins, *Landlords to London: The Story of Capital and Its Growth*, London: Constable, 1975.

Samuel Smiles, *Industrial Biography: Iron-Workers and Tool-Makers*, Boston: Ticknor and Fields, 1864.

S. W. Martins, *A Great Estate at Work: Holkham Estate and Its Inhabitants in the Nineteenth Century*, Cambridge: Cambridge University Press, 1980.

T. S. Ashton, *An Economic History of England, the Eighteenth Century*, London: Longmans, Green & Co. , Ltd, 1972.

T. S. Ashton, *Iron and Steel in the Industrial Revolution*, Manchester: Manchester University Press, 1924.

T. S. Ashton and C. H. E. Philpin, ed., *The Brenner Debate: Agrarian Class Structure and Economic Development in Pre-Industrial Europe*, Cambridge: Cambridge University Press, 1985.

T. S. Willan, *The Early History of the Russia Company, 1553 – 1603*, Manchester: Manchester University Press, 1956.

Theodore K. Rabb, *Enterprise and Empire: Merchant and Gentry Investment in the Expansion of England, 1575 – 1630*, London: Routledge Thoemmes Press, 1999.

Trevor Boyns, *The Mining Industry, Vol. I, Pre – 1870: The Early Development of the British Mining Industry*, New York: I. B. Tauris, 1997.

W. G. Hoskins, *The Age of Plunder: The England of Henry VIII, 1500 – 1547*, London: Longman, 1979.

W. T. Jackman, *The Development of Transportation in Modern England*, Cambridge: Cambridge University Press, 1916.

Walter Bagehot, *The English Constitution*, New York: Doubleday & Company, 1966.

William Albert, *The Turnpike Road System in England, 1663 – 1840*, Cambridge: Cambridge University Press, 1972.

William Cullen, *Drafts of 4 Letters from William Cullen to the Duke of Argyll on the Subjects of Fossil Alkali and Salt Production*, Between 1750 and 1751, Glasgow University Library, MS Cullen 60.

William Hutton, *The History of Birmingham*, London: University of London, 2007.

William Marshall, *On the Landed Property of England*, London: G. and W. Nichol, 1804.

William Mure, *Selections from the family papers preserved at Caldwell*, Vol. I, Vol. II, Glasgow: Maitland Club, 1854.

（二）外文期刊论文

Arthur Channing Downs, Jr., "Inigo Jones's Covent Garden: The First Seventy-Five Years", *The Journal of the Society of Architectural Historians*, Vol. 26, No. 1, March 1967.

A. V. Dicey, "The Paradox of the Land Law", *Law Quarterly Review*, Vol. 21, 1905.

B. A. Holderness, " Landlord's Capital Formation in East Anglia, 1750 –

1870", *The Economic History Review*, Vol. 25, No. 3, August 1972.

Birch Alan, "The Haigh Ironworks, 1789 – 1856: A Nobleman's Enterprise During the Industrial Revolution", *Bulletin of the John Rylands Library*, Vol. 35, No. 2, 1953.

Camilla Beresford, "The Development of Garden Square", *Garden History*, No. 2, 2003.

C. E. Searle, "Customary Tenants and the Enclosure of the Cumbrian Commons", *Northern History*, No. 29, 1993.

Dianne Duggan, "London the Ring, Covent Garden the Jewell of That Ring: New Light on Covent Garden", *Architectural History*, Vol. 43, 2000.

David Brown, "Reassessing the Influence of the Aristocratic Improver: the Example of the Fifth Duke of Bedford (1765 – 1802)", *The Agricultural History Review*, Vol. 47, No. 2, 1999.

David Cannadine, "The Calthorpe Family and Birmingham, 1810 – 1910: A Conservative Interest Examined", *The Historical Journal*, Vol. 18, No. 4, December 1975.

David Cannadine, "Aristocratic Indebtedness in the Nineteenth Century England: The Case Re-opened", *The Economic History Review*, Vol. 30, No. 4, November 1977.

David Cannadine, "The Theory and Practice of the English Leisure Classes", *The Historical Journal*, Vol. 21, No. 2, June 1978.

David Cannadine, "Urban development in England and America in the nineteenth: Some Comparisons and Contrasts", *The Economic History Review*, Vol. 33, No. 3, August 1980.

David Spring, "The English Landed Estate in the Age of Coal and Iron: 1830 – 1880", *The Journal of Economic History*, Vol. 11, No. 1, Winter 1951.

David Spring, "English Landownership in the Nineteenth Century: A Critical Note", *The Economic History Review*, Vol. 9, No. 3, 1957.

Donald J. Olsen, "Modern Europe", *The American Historical Review*, Vol. 84, No. 1, 1979.

D. V. Glass, "Gregory King's estimate of the Population of England and Wales, 1695", *Population Studies*, Vol. 3, No. 4, March 1951.

Ellis A. Wasson, The Third Earl Spencer and Agriculture, 1818 – 1845, *The Agricultural History Review*, Vol. 26, No. 2, 1978.

Ellis A. Wasson, "The Spirit of Reform, 1832 and 1867", *A Quarterly Journal Concerned with British Studies*, Vol. 12, No. 2, Summer 1980.

E. L. Jones, "Agricultural origins of Industry", *Past and Present*, No. 40, July 1968.

E. L. Jones and M., Falkus, "Urban Improvement and the English Economy in the Seventeenth and Eighteenth Centuries", *Research in Economic History*, No. 4, 1979.

Eric Richards, "Leviathan of Wealth: West Midland Agriculture, 1800 – 50", *The Agricultural History Review*, Vol. 22, No. 2, 1974.

Eric Richards, "The Industrial Face of a Great Estate: Trentham and Lilleshall, 1780 – 1860", *The Economic History Review*, Vol. 27, No. 3, August 1974.

E. W. Gilbert, "The Growth of Brighton", *The Geographical Journal*, Vol. 114, No. 1, July 1949.

George A. Akerlof and Rachel E. Kranton, "Identity and Economics", *The Quarterly Journal of Economics*, Vol. 115, No. 3, 2000.

Harold Pollins, "A Note on Railway Constructional Costs, 1825 – 1850", *Economica*, Vol. 19, No. 76, November 1952.

Heather A. Fuller, "Landownership and the Lindsey Landscape", *Annals of the Association of American Geographers*, Vol. 66, No. 1, 1976.

H. J. Habakkuk, "English Landownership, 1680 – 1740", *The Economic History Review*, Vol. 10, No. 1, February 1940.

H. J. Habakkuk, "Marriage Settlements in the Eighteenth Century", *Transactions of the Royal Historical Society*, Vol. 32, No. 4, 1950.

H. J. Habakkuk, "Economic Functions of English Landowners during the Seventeenth and Eighteen Century", *Explorations in Entrepreneurial History*, Vol. 6, No. 2, December 1953.

Henry W. Lawrence, "The Greening of the Squares of London: Transformation of Urban landscapes and Ideals", *Annals of the Association of American Geographers*, Vol. 83, No. 1, March 1993.

John Martin Robinson, "Model Farm Buildings of the Age of Improvement", *Architectural History*, Vol. 19, 1976.

John Walker, "Account of the Irruption of Solway Moss in December 16, 1772; In a Letter from Mr. John Walker, to the Earl of Bute, and Communicated by His Lordship to the RoyalSociety", *Philosophical Transactions*, Vol. 62,

1772.

John Walker, "On the Natural History of the Salmon", *Prize Essays and Transactions of the Highland and Agricultural Society of Scotland*, Vol. 11, 1803.

Lawrence Stone, "The Nobility in Business, 1540 – 1640", *Explorations in Entrepreneurial History*, Vol. 10, No. 2, December 1957.

Lloyd Bonfield, "Marriage Settlements and the Rise of Great Estates", *The Economic History Review*, Vol. 32, No. 4, November 1979.

Lloyd Bonfield, "Affective Families, Open Elites and Strict Family Settlements in Early Modern England", *The Economic History Review*, Vol. 39, No. 3, August 1986.

Lynne Toombs Datema, The Strict Settlement: The Tool of the Capitalist Landlord or a Way to Delay Capitalism in Landed Society, Ph. D. dissertation, The American University, 1997.

M. W. McCahill, "Peers, Patronage, and the Industrial Revolution, 1760 – 1800", *The Journal of British Studies*, Vol. 16, No. 1, Autumn 1976.

Phyllis Deane, "Capital Formation in Britain before the Railway Age", *Economic Development and Cultural Change*, Vol. 9, No. 3, April 1961.

Robert Ashton, "The Aristocracy in Transition", *The Economic History Review*, Vol. 22, No. 2, August 1969.

R. A. Bryer, "Accounting for the English Agricultural Revolution: A Research Agenda, Part one: Genesis of the Capitalist farmer", *Warwick Business School Working Paper*, 2000; R. A. Bryer, "Accounting for the English Agricultural Revolution: A Research Agenda, Part Two: Genesis of the Capitalist Landlord", *Warwick Business School Working Paper*, 2000.

R. A. C. Parker, "Coke of Norfolk and the Agrarian Revolution", *The Economic History Review*, Vol. 8, No. 2, 1955.

Richard A. Gaunt, "Patrician Landscapes and the Picturesque in Nottinghamshire c. 1750 – c. 1850", *Rural History*, Vol. 26, No. 2, 2015.

Robert Brenner, "Agrarian Class Structure and Economic Development in Pre-Industrial Europe", *Past and Present*, Vol. 70, No. 1, February 1976.

R. G. Lang, "Social Origins and Social Aspirations of Jacobean London Merchants", *The Economic History Review*, Vol. 27, No. 1, February 1974.

R. Slater, "Landscape Parks and the Form of Small Towns in Great Britain", *Transactions of the Institute of British Geographers*, Vol. 2, No. 3, 1977.

Rosalind Mitchison, "The Old Board of Agriculture (1793 – 1822)", *The English Historical Review*, Vol. 74, No. 290, January 1959.

Richard Perren, "The Landlord and Agricultural Transformation, 1870 – 1900", *The Agricultural History Review*, Vol. 18, No. 1, 1970.

Sidney Pollard, "Barrow-in-Furness and the Seventh Duke of Devonshire", *The Economic History Review*, Vol. 8, No. 2, December 1955.

Thomas G. Barnes, "The Prerogative and Environmental Control of London Building in the Early Seventeenth Century: The Lost Opportunity", *California Law Review*, Vol. 58, No. 6, November 1970.

T. W. Fletcher, "The Agrarian Revolution in Arable Lancashire", *Transactions of the Lancashire and Cheshire Antiquarian Society*, Vol. 72, 1962.

中英文人名地名对照表

一 人名对照表

Ailesbury 艾尔斯伯里
Akerlof, G. A. 阿克洛夫
Albert, William 威廉·艾伯特
Aldcroft, D. H. 阿尔达克罗夫特
Aliesbury 阿利斯伯里
Allen, R. C. 艾伦
Althorp 奥尔索普
Anglesey 安格尔西
Argyll 阿盖尔
Arnold, Dana 达纳·阿诺德
Arundel 阿伦德尔
Ashton, Robert 罗伯特·阿什顿
Ashton, T. S. 阿什顿
Aubyn, John 约翰·奥宾
Auchinleck 奥金莱克
Bagehot, Walter 沃尔特·巴奇霍特
Baillie, James 詹姆斯·贝利
Baker, A. R. H. 贝克
Bakewell, Robert 罗伯特·贝克韦尔
Barnes, Thomas 托马斯·巴尼斯
Baron 巴伦
Baron Cathcart 凯斯卡特男爵
Barry, Jonathan 乔纳森·巴里
Bateman, John 约翰·贝特曼
Beauchamp 比彻姆
Beaufort 博福特
Beaumont 博蒙特

Beckett, J. V. 贝克特
Bedford 贝德福德
Beier, A. L. 贝耶尔
Beresford, Camilla 卡米拉·贝雷斯福德
Birch, Alan 艾伦·伯奇
Bishton 比什顿
Blaikie, Francis 弗朗西斯·布莱基
Blundell 布伦德尔
Bolingbroke 博林布罗克
Bonfield, Lloyd 劳埃德·邦菲尔德
Bonnyman, Brian 邦尼曼·布赖恩
Borsay, Peter 彼得·博尔塞伊
Boughey, John 约翰·博伊
Bowes 鲍斯
Boyne 博恩
Boyns, T. 鲍兹
Bradford 布拉德福德
Brassey 布拉西
Brenner, Robert 罗伯特·布伦纳
Briggs, Asa 阿萨·布里格斯
Brindley, James 詹姆斯·布林德利
Broadie, Alexander 亚历山大·布罗迪
Brown, David 戴维·布朗
Brown, Richard 理查德·布朗
Brownlow 布朗劳
Brudenell 布鲁德内尔
Bryer, R. A. 布里耶尔

Buccleuch 巴克卢
Buchan 巴肯
Buckingham 白金汉
Burlindun 伯林顿
Burton, James 詹姆斯·伯顿
Bush, M. L. 布什
Bute 比特
Butlin, R. 比特林
Byron 拜伦
Campbell 坎贝尔
Calthorpe 考尔索普
Cannadine, David 戴维·坎纳戴恩
Cannon J. 坎农
Cardigan 卡迪甘
Carlisle, Alexander 亚历山大·卡莱尔
Cecil, Robert 罗伯特·塞西尔
Chalklin, C. W. 乔克林
Chambers, J. D. 钱伯斯
Chapman, John 约翰·乔普曼
Chartres, John 约翰·查特斯
Chatham, Earl of 查塔姆
Chesterfield, Earl of 切斯特菲尔德
Clarendom, Earl of 克莱雷顿
Clark, Peter 彼得·克拉克
Clemens, P. G. E. 克莱门斯
Cleveland 克利夫兰
Clow, Archibald 阿奇博尔德·克洛
Clow, N. L. 克洛
Cobbett 科贝特
Cochrane, Archibald 阿奇博尔德·科克伦恩
Cockbum, Henry 亨利·科伯恩
Coke, T. W. 科克
Cole, W. A. 科尔
Coleman, D. C. 科尔曼
Colmore 科尔莫尔
Copper, Earl of 科博

Cornwall 康沃尔
Corbin 科尔宾
Cosby, Matthew 马修·科斯比
Cosgrove, D. E. 科斯格罗夫
Cowper 科博
Crafts, N. F. R. 克拉夫茨
Crawford 克劳福德
Creyke, Ralfh 拉尔夫·克雷凯
Crouzet, Francois 弗朗索瓦·克鲁泽
Cubitt, Thomas 托马斯·丘比特
Curwen 柯温
Daer 达尔
Daglish, Robert 罗伯特·达格利什
Dalrymple, Charles 查尔斯·达尔林铺
Dartmouth 达特茅斯
Datema, L. T. 戴特马
Daunton, M. J. 唐顿
Davies, John 约翰·戴维斯
Davies, Mary 玛丽·戴维斯
Deane, Phyllis 菲莉丝·迪恩
Defoe, Daniel 丹尼尔·迪福
Denison 丹尼森
Dent, Joseph 约瑟夫·登特
Derby 德比
Dering, Edward 爱德华·迪林
D'eresby, Willoughby 威洛比·德雷丝比
Devonshire 德文希尔
Dewald, Jonathan 德瓦尔德·乔纳森
Dicey, A. V. 戴西
Dilley, R. S. 迪利
Dobb, Maurice 莫里斯·多布
Dodgson, R. 多奇森
Dorchester 多切斯特
Downs, A. C., Jr. 小阿瑟·钱宁·唐斯
Downshire 唐希尔
Duchy 杜奇

Dudley 达德利
Duggan, Dianne 戴安娜·达根
Dumfries 邓弗里斯
Dunning, Richard Barre 理查德·邓宁
Durham 达勒姆
Glasgow 格拉斯哥
Egerton, Louisa 路易莎·埃杰顿
Egerton, Samuel 塞缪尔·埃杰顿
Egremont 埃格雷蒙特
Ellesmere 埃尔斯米尔
Ernle 厄恩利
Erroll 埃罗尔
Erskine, D. S. 欧斯金
Exeter 埃克塞特
Falkus, M. 福克斯
Fazackerley, Elizabeth 伊莉莎白·法扎科利
Ferguson, Adam 亚当·弗格森
Ferrand 费兰德
Fife 芬夫
Finch, M. E. 芬奇
Finney, S. G. 费利
Fitzwilliam 菲茨威廉
Fletcher, T. W. 弗莱彻
Flinn, M. W. 弗林
Floud, R. 弗拉德
Folkestone 福克斯通
Forester 福雷斯特
Forsyth, Michael 迈克尔·福赛斯
French, Henry 亨利·弗伦奇
Frederick 弗雷德里克
Fuller, H. A. 富勒
Galloway 加洛韦
Garbett, Samuel 塞缪尔·加伯特
Gay 盖伊
Gilbert, E. W. 吉尔伯特
Gilbert, Thomas 托马斯·吉尔伯特

Gilmore 吉尔摩
Glass, D. V. 格拉斯
Goo, S. H. 古
Gooch 古奇
Goodfellow, G. L. M. 古德费罗
Gorges 戈杰斯
Graham, James 詹姆斯·格雷厄姆
Granville 格兰维尔
Grassby, Richard 理查德·格拉斯比
Greasley, Nigel 奈杰尔·格里斯利
Greville, Henry 亨利·格雷维尔
Griffin, A. R. 格里芬
Grigg, David 戴维·格里格
Grosvenor, Ricard 里卡德·格罗夫纳
Guerrina, Robert 罗伯特·格里纳
Habakkuk, H. J. 哈巴卡克
Haedy, Christopher 克里斯托弗·哈迪
Haldon 哈同
Hales 黑尔斯
Halevy, Elie 伊利·哈勒维
Hamilton 汉密尔顿
Handcock, W. D. 汉德科克
Hardwicke 哈德威克
Harris, John 约翰·哈里斯
Hassan, John 约翰·哈桑
Hastings 黑斯廷斯
Hatherton 哈瑟顿
Havinden, M. 哈文登
Haynes 海恩斯
Hembry, P. M. 亨布里
Hesketh 赫斯基思
Hey, David 戴维德·海伊
Hirst, Derek 德里克·赫斯特
Holderness, B. A. 霍尔德内斯
Home, Henry 亨利·霍姆
Hopetoun 霍普顿
Hoskins, W. G. 霍西金斯,

Hothfield 霍斯菲尔德
Howard 侯沃德
Howe 豪伊
Howard, F. G. 霍华德
Hume, David 大卫·休谟
Hutcheson, Francis 弗朗西斯·哈奇森
Hutton, James 詹姆斯·哈顿
Hutton, William 威廉·哈顿
Isham 艾沙姆
Jackman, W. T. 杰克曼
Jenkins, S. 詹金斯
John, A. H. 约翰
Jones, E. L 琼斯
Jones, Inigo 伊尼戈·琼斯
Jones, S. J. 琼斯
Kamen, Henry 亨利·卡门
Kent, Nathaniel 纳撒尼尔·肯特
Kerr, Robert 罗伯特·克尔
Kerr, William 威廉·克尔
Kerridge, Eric 厄里克·克里奇
Kranton, R. E. 克兰顿
Kriedt, Peter 彼得·克瑞德特
Landsdowne 兰斯唐
Lang, R. G. 兰
Langham 兰厄姆
Larkin, J. F. 拉金
Lauderdale, Earl of 劳德戴尔
Lawrence, H. W. 劳伦斯
Leconfield 莱肯菲尔德
Le Roy Ladrie 勒华拉杜里
Leighs 利斯家族
Leverhulme 利弗休姆
Leveson-Gower 莱韦森·高尔
Llangattock 兰加托克
Lloyd, J. 劳埃德
Loch, James 詹姆斯·洛赫
Londonderry 伦敦德里

Lonsdale 朗斯代尔
Loudan 劳登
Lowther 劳瑟
Lukowski, Jerzy 卢科斯基·杰齐
Lupus, Hugh 休·卢普斯
Maclaurin, Colin 柯林·麦克劳林
Maltravers 马尔特拉弗斯
Manvers 曼弗斯
Marlborough 马尔伯勒
Marshall, William 威廉·马歇尔
Martins, S. W. 苏珊娜·韦德·马丁思
Mather, F. C. 马瑟
Mathias, Peter 彼得·马塞厄斯
McCahill, M. W. 麦克卡西尔
McCloskey, D. 麦克洛斯基
McKellar, Elizabeth 伊丽莎白·麦凯拉
Mee, Graham 格拉厄姆·米
Mellors, Robert 罗伯特·梅勒斯
Mercury, Derby 德比·默丘赖
Mexborough 梅克斯伯勒
Mingay, G. E. 明盖
Mitchell, B. R. 米切尔
Mitchison, Rosalind 罗莎琳德·米钦森
Mosley 莫斯利
Muir, J. R. B. 缪尔
Muncaster 芒卡斯特
Mure 穆雷
Mynshull 米恩沙尔
Nairn, William 威廉·奈恩
Nef, J. U. 内夫
Newcastle 纽卡斯尔
Newdigate, Roger 罗杰·纽迪盖特
Norfolk 诺福克
Normanby 诺曼比
North 诺思
Northumberland 诺森伯兰
Oldroyd, David 戴维·奥尔德罗伊德

Olsen, D. J. 奥尔森
Owen, D. J. 欧文
Orwin 奥温
Orrery 奥勒若
Overstone 欧文斯通
Overton, Mark 马克·奥弗顿
Palladio, Andrea 安德烈亚·帕拉迪奥
Parker, R. A. C. 帕克
Patten, John 约翰·帕滕
Pembroke 彭布罗克
Penrhyn 彭林
Perkin, Harold 哈罗德·珀金
Philpin, C. H. E. 菲尔宾
Plaxon, George 乔治·普拉克斯顿
Pollard, Sidney 悉尼·波拉德
Pollins, Harold 哈罗德·波林斯
Porchester, Baron of 波切斯特男爵
Porter, R. 罗伊·波特
Portland 波特兰
Prothero, Rowland 罗兰·普罗瑟罗
Pulteney 普尔特尼
Pumphrey, R. A. 庞弗里
Queensbury 昆斯伯里
Rabb, T. K. 拉布
Rachel 雷切儿
Radnor 拉德纳
Ramsden, John 约翰·拉姆斯登
Ravensworth 雷文斯沃思
Raybould, Trevor 特勒维·雷邦德
Reed, M. C. 里德
Relhan, Anthony 安东尼·雷尔汗
Reynolds, Richards 理查兹·雷诺
Richards, Eric 埃里克·理查兹
Richmond 里士满
Robertson, William 威廉·罗伯逊
Robinson, J. M. 鲁宾逊
Rodger, R. G. 罗杰

Rodger, Richard 理查德·罗杰
Roger, F. 罗杰
Romney 罗姆尼
Rosenheim, J. M. 罗森海姆
Rosslyn 罗斯林
Rude, George 乔治·鲁德
Rusell, William 威廉·拉塞尔
Russel, Richard 理查德·拉塞尔
Russell, Francis 弗朗西斯·拉塞尔
Rutland 拉特兰
Salisbury 索尔兹伯里
Sandys, Miles 迈尔斯·桑兹
Sandwich 沙明治
Sanford, J. L. 桑福德
Schofield, R. S. 斯科菲尔德
Scott, H. M. 斯科特
Searle, C. E. 瑟尔
Seafield 赛菲尔德
Sefton 塞夫顿
Senhouse 森豪斯
Shaftesbury 沙夫茨伯里
Sheppard, F. H. W. 谢泼德
Shrewsbury 施鲁斯伯里
Sinclair, John 约翰·辛克莱
Slack, Paul 保罗·斯莱克
Smith, Adam 亚当·斯密
Sneyd, Ralph 拉尔夫·斯尼德
Spencer 斯潘塞
Spring, David 戴维·斯普林
Spring, Eileen 艾琳·斯普林
Springett, Jane 简·斯普林格特
Stanhope 斯坦诺普
Stanley 斯坦利
Stone, J. C. F. 斯通
Stone, Lawrence 劳伦斯·斯通
Strong, Roy 罗伊·斯特朗
Stuart, Charles 查尔斯·斯图尔特

Suffield 萨菲尔德
Summerson, John 约翰·萨默森
Sutherland 萨瑟兰
Talbot 塔尔博特
Tawney, R. H. 托尼
Thanet 萨尼特
Thirsk, Joan 琼·瑟斯克
Thompson, F. M. L. 汤普森
Townshend, Charles 查尔斯·汤森德
Townsend, M. W. 汤申德
Tredegar 特德嘉
Trinder, Barrie 巴里·特林德
Tull, Jethro 杰思罗·塔尔
Turner, Michael 迈克尔·特纳
Wake 韦克
Walker, John 约翰·沃克
Walcott, Robert 罗伯特·沃尔克特
Wallace, Richard 理查德·华莱士
Walton, J. K. 沃尔顿
Walvin, Jame 詹姆斯·沃尔维恩
Ward, J. T. 沃德
Ward, William 威廉·沃德
Warwick 华威

Wasson, E. A. 沃森
Wedgwood, Josiah 乔赛亚·韦奇伍德
Wharncliffe 沃恩克利夫
Whetham, E. H. 惠商
Whittle, Jane 简·惠特尔
Wickham 威克姆
Wiener, M. J. 威纳
Willan, T. S. 威兰
Williams, Raymond 雷蒙德·威廉斯
Wilson, Charles 查尔斯·威尔逊
Wilson, R. G. 威尔逊
Windsor 温莎
Wood, John 约翰·伍德
Woolf, Stuart 斯图尔特·伍尔夫
Wordie, J. R. 沃迪
Wrightson, Keith 凯斯·赖特森
Wrigley, E. A. 里格利
Wriothesley, Thomas 托马斯·赖奥思利
Yarborough 亚伯勒
Young, Arthur 阿瑟·扬
Young, G. M. 扬
Yule 尤尔
Zetland 泽特兰

二 地名对照表

Albemarle 阿尔伯马尔
Aldwch 奥尔德韦奇
Alston Moor 奥尔斯顿·莫尔
Andover 安多弗
Apedale 阿佩戴尔
Appleby 阿普尔比
Arundel 阿伦德尔
Avon 埃文
Avonmouth 埃文茅斯
Barrow 巴罗
Barton-upon-Humber 亨伯河畔的巴顿
Basingstoke 贝辛斯托克

Bedfordshire 贝德福德郡
Belgravia 贝尔格拉维亚
Berkeley 伯克利
Bexhill 贝克斯希尔
Bilston 比尔斯顿
Birmingham 伯明翰
Black Country 黑乡
Blaikie, Francis 弗朗西斯·布莱基
Blickling 布利克林
Bloomsbury 布卢姆斯伯里
Bolton 博尔顿
Bow 鲍

Bradeshall 布拉德沙尔
Bradford 布拉德福德
Brecknockshire 布雷克诺克郡
Brighton 布赖顿
Bristol 布里斯托尔
Brunswick 不伦瑞克城
Buckingham 白金汉
Budby 巴德比
Bude 比德
Bueleigh 布莱
Burton-on-trent 伯顿
Bury 伯里
Buxton 巴克斯顿
Cambridge 剑桥
Cambridgeshire 剑桥郡
Cannock Chase 坎诺克蔡斯
Cardiff 加的夫
Cardiganshire 卡迪根郡
Chapel Brampton 查珀尔布兰普顿
Chapel en le Frith 查珀伦勒弗里斯
Chelsea 切尔西
Cheltenham 切尔腾纳姆
Cheshire 柴郡
Chesterfield 契斯特菲尔德
Chipping Norton 奇平诺顿
Clapham 克拉帕姆
Coalbrookdale 科尔布鲁克代尔
Cornish 科尼什
Cornwall 康沃尔
Coventry 考文垂
Coventry-Hinckley 考文垂——欣克利
Croydon 克罗伊登
Cumberland 坎伯兰郡
Cumbria 坎布里亚郡
Deal 迪尔
Dearne and Dene 德恩迪恩
Derbyshire 德比郡

Devon 德文郡
Donnington Wood 唐宁顿伍德
Dorset 多塞特郡
Dover 多佛尔
Devonport 德文波特
Drury 德鲁里
Dumfriesshire 邓弗里斯郡
Dungavron 丹格伍朗
Durham 达勒姆
East Riding 东赖丁
Eastbourne 伊斯特本
Eaton 伊顿
Ebury 伊布里
Edgbaston 埃德巴斯顿
Entreclough 昂特尔克拉夫
Essex 埃塞克斯
Esther Acklom of Wiseton 埃斯特克洛姆
Folkstone 福克斯通
Furness 弗内斯
Gateshead 盖茨黑德
Gerard 热拉尔
Glossop 格洛瑟普
Gloucestershire 格罗斯特郡
Golden Square 戈尔登广场
Grand Junction 大章克申
Grantham 格兰瑟姆
Great Wen 大文
Grimsby 格里姆斯比
Grove 格罗夫
Hampshire 汉普郡
Hampstead 汉普斯特德
Hanley 汉利
Hanslope 汉斯洛佩
Headingley 海丁利
Highbury 海伯里
Huntingdon 亨廷顿
Keele 基尔

Kelvinside 开尔文赛德
kemp 肯普
Kent 肯特郡
Ketley 凯特利
King Square 王室广场
Kingsmead 金斯米德
Kingston 金斯顿
Lancashire 兰开夏郡
Lancaster 兰开斯特
Leadhills 利德希尔斯
Leicester Square 莱斯特广场
Leicestershire 莱斯特郡
Lilleshall 利勒沙尔
Lincolnshire 林肯郡
Lismore 里斯莫
Long Acre 长阿克里
Longton 朗顿
Marine 马林
Marple 马普尔
Mayfair 梅费尔
Meir Heath 梅尔希斯
Mersey 默西
Millbank 米尔班克
Moffat 莫弗特
Monmouth 蒙默思
Montague 蒙塔吉
Montgomeryshire 蒙哥马利郡
Mortimer 莫蒂默
Mount Street 芒特街
New Exchange 新交易所
Newcastle-under-lyme 纽卡斯尔安德莱姆
Norfolk 诺福克
Northamptonshire 北安普顿郡
Northumberland 诺森伯兰郡
Norwich 诺里奇
Ouse 乌斯
Oxford 牛津

Oxfordshire 牛津郡
Peterborough 彼得伯勒
Pimlico 皮姆利科
Pittvile 比特韦尔
Poole 普尔
Portishead 波蒂斯黑德
Portman Square 波特曼广场
Preston 普雷斯顿
Primrose 普里姆洛斯
Prince's Street 王子街
Rhymney 拉姆尼
Ribston 里布斯顿
Richmond 里士满
Ripon 里彭
Romsey 拉姆西
Rotherham 罗瑟勒姆
Royal Crescent 皇家新月楼
Russell 拉塞尔
Scarborough 斯卡伯勒
Scarisbrick 斯卡里斯布里克
Severn 塞文
Sheffield 设菲尔德
Shelton 谢尔顿
Shropshire 什罗普郡
Skipton Castle 斯基普顿卡斯尔
Soho 索霍
Somerset 萨默塞特郡
Stamford 斯坦福德
Steine 斯泰讷
Stittenham 斯提坦哈姆
Stoke 斯托克
Stowheath 斯托希思
Strand 斯特兰德
Stratfield Saye 斯特拉特菲尔德萨伊
Suffolk 萨福克郡
Sussex 苏塞克斯
Sutherland 萨瑟兰郡

Swansea 斯旺西
Swinton 斯温顿
Tavistock 塔维斯托克
Teesdale 蒂斯戴尔
Tewkesbury 蒂克斯伯里切尔
Thanet 萨尼特
The Circus 圆形广场
the North 北方
Thorney 索尼
Trentham 特伦萨姆
Tunbridge Wells 坦布里奇韦尔斯
Upper Brook Street 上布鲁克街
Vauxhall 沃克斯豪尔
Waldorf 沃尔多夫
Wanlock 旺洛克
Warwickshire 沃里克郡
Weaver 威弗
Wellingborough 韦灵伯勒
Wenlock 文洛克
West Country 西乡
West End 伦敦西区
West Midland 西米德兰
West Ridings 西赖丁
Weymouth 韦茅斯
Whitehaven 怀特黑文
Wiltshire 威尔特郡
Wilton 威尔顿
Woburn 沃本
Wolverhampton 伍尔弗汉普顿
Wombridge 沃姆布里奇
Woodstock 伍德斯托克
Worcester 伍斯特
Wrockwardine 弗罗克沃戴恩
Wye 瓦伊
Yarmouth 雅茅斯
Yorkshire 约克郡

后　记

本书是在我的博士学位论文"18—19世纪英国经济转型时期土地贵族经济地位的变迁"的基础上修订而成。原来的博士论文侧重论述英国贵族在经济转型时期经济地位的变化，而本书则着重研究英国从农业社会向工业社会转型过程中贵族地产的开发，鉴于学术界尚无研究英国贵族地产开发的专著问世，因而题目也改为"近代英国贵族地产开发研究"。此书能够成功申报国家社科基金后期资助项目，离不开妻子刘玉珺的鼓励与支持。从申报题目的修改，书稿目录的排列，篇章结构的调整，句子的通顺与否乃至标点符号是否运用得当，无不凝聚着她的辛劳与智慧。在我修改博士论文期间，妻子默默地承担了全部的家务活以及孩子的教育重任。在此，我深深地表示谢意与敬意！

在完成项目期间，我有幸获得国家留学基金委资助到英国格拉斯哥大学访学一年，在格拉斯哥、爱丁堡、伦敦收集了关于英国贵族、苏格兰启蒙运动以及与本课题相关的图书资料与档案文献，与国外同行建立学术联系。本人与格拉斯哥大学、爱丁堡大学的历史学研究同行建立了良好的互动与交流，获得了较为丰厚的学术信息，例如，格拉斯哥大学的克里斯托弗·贝瑞教授、克里格·史密斯高级讲师介绍了亚当·斯密的图书资料。爱丁堡大学英国史著名学者哈里·迪金森教授、戈登教授为本人提供了查阅苏格兰国家图书馆、爱丁堡大学图书馆的学术信息，介绍了苏格兰启蒙思想家的研究现状，本人因此获得了苏格兰启蒙思想家约翰·沃克的手稿及其他第一手资料。对于他们的无私帮助与关怀，我心存感激之情，由衷地表示感谢！

另外，我在书末增加了一个附录，系2014年第5期发表于《历史教学》的一篇论文《世界近代史教材的参考文献刍议——以"新贵族"概念为个案》。该文讨论了新中国成立后国内世界史教材中对新贵族的认识与理解，收录此文意在丰富和补充本书第一章贵族概念的内涵与外延。

何洪涛
2017年7月22日于交大眷诚斋